일제침략에 대한 한·중의 공동항전

동양학 연구총서 ⑩

일제침략에 대한 한·중의 공동항전

한 시 준

단국대학교출판부

책머리에

지난 2014년에 있었던 일이다. 중국의 시진핑 주석이 한국을 방문했을 때, 박근혜 대통령에게 제안한 것이 있었다. 2015년이 중국으로서는 대일항전 승리 70주년이고 한국은 광복 70주년이 되는 해라며, 한국과 중국이 이를 함께 기념하자고 제안한 것이다.

한국과 중국은 20세기 전반기에 일제의 침략을 받았다. 일제의 침략을 받게 되면서 한중 양국은 '공동의 운명'이 되었고, 일제를 '공동의 적'으로 여겼다. 한중 양민족은 일제의 침략을 물리치기 위해 서로 협력하면서 함께 일제와 싸웠다. 그 결과 1945년 한국은 일제의 식민지지배로부터 해방되었고, 중국은 일제의 침략을 물리치고 승전을 거두었다. 시진핑 주석의 제안은 이러한 한중의 역사적 경험을 기억하고, 이를 한중이 공동으로 기념하자는 것이었다. 그렇지만 한국의 대통령은 응답이 없었다.

2017년에 있었던 일이다. 일본의 아베 총리가 인도를 방문하였을 때, 찬드라 보세의 후손을 만난 일이 있었다. 찬드라 보세는 인도의 독립운동에서 비폭력운동을 주도한 간디와 달리 무장투쟁을 이끌었던 인물이다. 일본은 1941년 12월 하와이 진주만을 공격하여 미국과 전쟁을 도발한 이후 태평양 일대를 장악하였고, 영국의 식민지였던 인도와 버어마도 침략하였다. 인도를 침략할 때, 일본군은 인도국민군을 지원하고 이들과 함께 영국군과 전쟁을 벌였다. 당시 인도국민군 사령관이 찬드라 보세였다.

인도는 모디 총리가 집권한 후, '역사 바로세우기' 작업을 하고 있다. 인도의 독립이 간디와 네루에 의한 비폭력운동에 의한 것이 아니라, 무장투쟁에 의한 것임을 내세우기 시작한 것이다. 아베는 후손을 만나 "많은 일본인들이 올곧은 항쟁을 펼친 보세에 깊이 감명을 받았다"며, 찬드라 보세를 추켜세웠다. 일본인들이 찬드라 보세를 기억하고, 그에게 감명을 받았다는 데 대해, 모디 총리는 감격해마지 않았다.

한국과 중국의 관계가 급속하게 냉랭해졌다. 여기에는 한국에 사드기지를 배치한 문제가 커다란 요인이 되었지만, 역사를 통해 슬기롭게 해결할 수 있는 여지도 없지 않았다. 일본과 인도의 관계는 급속하게 발전하였다. 국내의 각 언론들이 '인도와 일본 역대급 밀착'이란 활자를 뽑아 보도했듯이, 아베의 인도방문은 양국의 관계를 발전시킨 계기가 되었다.

일제의 침략을 물리친 공동의 역사적 경험을 함께 하자는 제안을 받아들이지 못한 한국, 인도를 침략하였으면서도 오히려 인도의 독립을 지원한 것처럼 역사를 활용하는 일본, 마음이 착잡하다. 착잡한 마음을 주워 담을 수 없어 생각한 것이 이 책이다. 그동안 중국에서 전개된 독립운동과 관련한 논문들을 발표한 것이 적지 않다. 이 중에서 한중 양 민족이 일제를 '공동의 적'으로 여기고 함께 일제와 싸운 글들을 뽑아 『일제침략에 대한 한중의 공동항전』이란 이름으로 엮어 보았다.

제1부에는 '안중근 의사에 대한 중국인의 인식'을 살펴볼 수 있는 글 2편을 수록하였다. 「중국인이 본 안중근」이란 글은 중국에서 발행된 안중근 의사 전기 2권을 분석한 것이다. 안중근 의거 직후 중국에서 2권의 안중근 전기가 발행되었다. 1914년 박은식이 저술한 『安重根傳』과 1920년 경 鄭沅이 저술한 『安重根』이 그것이다. 여기에는 박은식과 정원이 쓴 글 이외에도 당시 중국의 대표적 정치사상가인 梁啓超와 북경대학 학장인 蔡元培를 비롯하여, 많은 중국 지식인들의 글이 실려 있다. 이러한 중국인들의 글을 통해, 중국인들이 안중근 의사에 대해 어떻게 인식하고 있었는지에 대해 살펴보았다.

중국인들은 안중근 의사의 의거를 한국의 일로만 여기지 않았다. 이토 히로부미는 한국에 이어 중국에 대한 침략을 꾀하였다고 하면서, 안중근은 '한국의 功臣'일 뿐만 아니라, 일제의 중국 침략을 막아준 '동아의 공신'이라 하고 있다. 또 중국역사의 대표적인 자객으로 荊軻와 張良의 예를 들면서, 이들은 진시황을 죽이는 데 실패하였지만, 안중근은 이토를 죽이고 조국의 원수를 갚았다며, 안중근을 義俠烈士로 높이 평가하기도 했다 . 그리고 안중근이 중국에 끼친 공이 적지 않다고 하면서, 중국이 한국의 독립운동을 지원해야 한다고도 하였다. 한중 양 민족이 공동항전을 전개할 수 있었던 데에는 이러한 인식이 크게 작용했다.

「안중근에 대한 중국학계의 연구 성과와 과제」는 중국인들의 안중근 의거에 대한 반응과 중국학계의 연구 성과를 살펴본 것이다. 의거 당시 중국의 각 신문들이 보도한 실상, 안중근을 소재로 한 「英雄淚」, 「愛國鴛鴦記」 등의 소설, 후일 朱恩來의 부인이 된 鄧穎超가 안중근 역을 맡았던 연극 「安重根」 등, 1928년 상해에서 한국인 영화감독 정기탁이 안중근의거를 소재로 제작한 「愛國魂」이란 영화, 그리고 중국인 학자들이 안중근을 연구한 저술과 논문 등을 조사 정리하였다.

제2부에는 이봉창 · 윤봉길 의거 당시 중국신문들이 이에 대해 보도한 내용을 다룬 2편의 글을 수록하였다. 「이봉창 의거에 대한 중국신문의 보도」는 이봉창 의사가 1932년 1월 8일 일왕을 저격한 의거를 결행하였을 때, 중국신문들이 이에 대해 어떻게 보도하였는가를 살펴본 것이다. 이봉창 의거가 결행된 다음 날인 1월 9일부터 《民國日報》, 《申報》, 《時報》, 《時事新報》, 《大公報》, 《中央日報》 등 중국의 각 신문들이 앞 다투어 이를 보도했다. 보도는 1월말까지 계속 이어졌다.

사실에 대한 보도와 함께 주목되는 것은 논조이다. 큰 활자로 뽑은 제목에 '未成' '未中'이란 용어를 사용하고 있다. '未成'이란 '일왕을 처단하려고 하였지만 그 목적을 달성하지 못했다'는 뜻이고, '未中'이란 '폭탄을 투척하였지만 정확하게 맞지 않았다'는 뜻이다. 뿐만 아니라 '일왕이 열병식을 마치고 돌아가다가 저격을 받았는데 불행하게도 폭탄은 뒤따르던 마차에 떨어졌다'고도 했다. 폭탄이 일왕에게 적중하지 못하였음을 안타까워 한 것이다.

이러한 보도로 인해 중국은 엄청난 시련을 겪어야 했다. 일본측이 중국신문들의 보도논조에 대해 '천황에 대한 不敬'이라며 난동을 일으킨 것이다. 青島의 민국일보사를 습격 방화한 것을 비롯하여, 上海 · 福州 등 각지에서 일본 낭인배들이 중국인들을 살해하는 난동을 일으켰고, 일본영사관측의 항의도 빗발쳤다. 여기에만 그치지 않았다. 당시 상해시장 吳鐵城이 일본측의 요구를 받아주지 않자, 1932년 1월 28일 일본군이 상해를 침략하기도 했다. '淞滬戰爭' 이라 불리는 '상해사변'을 도발한 것이다.

이봉창 의거로 인해 이누까이(犬養毅) 수상이 암살되었다는 보도도 주목할 만하다. 의거 당일 오후 이누까이 수상이 일왕을 찾아가 내각 총사퇴서를 제출했다는 것과 일왕은 이를 반려했다는 사실, 이후 야당을 비롯하여 극우세력들이 이누까이 수상의 사퇴를 요구하다가 결국 5월 15일 해군의 청년장교들이 이누까이 수상을 암살하였다는 내용에 대해 소상하게 보도하고 있다. 이봉창 의사의 의거를 단순히 일왕을 처단하려 했던 시도로만 이해할 것이 아니라, 중국과 일본을 비롯한 동아시아 역사에 커다란 영향을 끼친 대사건으로 이해해야 할 것임을 일깨워준다.

「윤봉길 의거에 대한 중국신문의 보도」는 윤봉길 의사가 상해 홍구공원에서 의거를 결행하였을 때, 중국신문들이 이에 대해 보도한 내용을 살펴본 것이다. 1932년 4월 29일 윤봉길 의사가 홍구공원에서 거행된 천장절 및 상해전승기념식장에 폭탄을 투척하는 의거를 결행하였다. 석간신문인 《시사신보》는 당일 이를 보도하였고, 다음 날부터 상해 · 남경 등 중국 각지에서 발행되던 많은 신문들이 이를 대대적으로 보도했다. 보도는 6월에 이르기까지 두 달여 동안 거의 매일 계속되었다.

보도는 매우 다양하고 상세했다. 기념식 당일 일본인 거류지역의 모습과 기념식장의 상황을 비롯하여, 폭탄의 투척과 폭발 당시의 모습, 윤봉길 의사의 체포 및 신문과정, 일제 경찰이 프랑스조계에 들어와 임시정부 청사를 수색하고 안창호를 비롯한 한인청년들을 체포한 실상, 김구가 자신이 주모자임을 밝히는 내용, 그리고 일제요인들이 폭탄을 맞아 사망하거나 부상당한 정도와 치료하는 과정 등을 소상하게 보도한 것이다.

보도내용 중에는 지금까지 잘 알지 못했던 구체적이고 새로운 사실들이 적지 않아, 중요한 사료적 가치를 갖고 있다. 더불어 이를 통해 중국인들의 속내를 짐작할 수 있기도 하다. 일본거류민단장 가와바타(河端貞次)가 '내장이 모두 쏟아져 나왔다'거나 주중공사 시께미스(重光揆)의 다리절단 수술을 보도하면서 '수술용 톱으로 다리를 잘라냈다' '참혹한 광경' '잘라낸 다리 부위의 살과 근육이 한동안 꿈틀댔다'는 등 원색적으로 표현한 것이다. 상해사변에서 사실상 패한 중국인들의 심기를 드러낸 것이라 할 수 있다.

시라까와(白川義則) 육군대장의 죽음에 대한 보도도 마찬가지다. 시라까와는 육군대신을 끝으로 퇴역하였다가 상해파견군총사령관에 임명되어 다시 육군대장 군복을 입고 상해사변을 주도한 인물이라고 하면서, 그가 혼수상태에 빠져 5월 26일 사망할 때까지 상황을 상세하게 보도하고 있다. 시라까와가 혼수상태에 빠졌다는 보고를 받고 일왕이 賜酒를 내리고, 남작이란 爵位를 수여하고, '상해파견군사령관으로 임무를 완수한 노고를 가상히 여긴다'는 내용의 詔語를 보낸 사실을 보도한 것도 그런 의도였다고 할 수 있다.

시라까와가 보통 군인이 아니었음을 나타내려는 의도였다. 일왕이 높이 평가하고 일본군의 상징이나 다름없는 존재가 시라까와라는 사실, 그런 시라까와가 죽었다는 것을 드러내려고 한 것이다. 시라까와의 유해를 송환할 때 윤봉길 의사도 함께 일본으로 압송할 것이라고 하면서, "일본정부는 윤봉길을 처형하여 시라까와를 따라 순장시켜려는 것"이라는 보도도 있었다. 이는 오보였지만, 시라까와의 죽음에 대한 일본인들의 보복성과 심정을 말해주는 것이라 할 수 있다.

제3부에서는 일제침략에 대해 한중 양민족이 공동으로 항전한 사례를 다룬 5편의 글을 수록하였다. 「일제침략에 대한 한중 공동항전의 역사적 경험과 과제」는 만주지역 · 관내지역 · 화북지역에서 한중 양민족이 일제와 함께 싸운 역사적 사실을 언급하고, 한중은 이에 대한 역사적 경험을 공유할 것과 공동항전에 대한 역사를 함께 연구할 것을 제안한 것이다.

「중국의 군관학교를 통한 군사간부 양성」은 1910년대부터 1930년대까지 많은 한인청년들이 중국의 군관학교에 들어가 군사훈련을 받고 군사간부로 양성된 사실을 다루었다. 운남강무당 · 황포군관학교 · 성자군관학교 등 중국의 군관학교에 많은 한인청년들이 입교하여 군사훈련을 받았고, 이들 중 상당수는 중국군으로 복무하면서 함께 대일항전을 전개하였다는 사실을 언급하였다. 그리고 김원봉과 김구가 주도했던 조선혁명간부학교와 낙양군관학교도 중국측의 지원에 의한 것이었고, 이를 통해 양성된 군사간부들이 항일전에서 커다란 역할을 수행하였음을 살펴보았다.

「중국군으로 대일항전을 전개한 김홍일」은 한국인이 중국군으로 복무하며 대일전쟁을 수행한 사례를 연구한 것이다. 김홍일은 귀주육군강무학교를 졸업하고 중국군으로 복무하며 계급이 소장에 이르렀고, 중국군 최고급 교육과정인 육군대학을 수료한 인물이다. 그는 1926년 장개석이 이끄는 북벌전에 참전한 것을 비롯하여, 중일전쟁 시기에 사단장으로 萬家嶺 · 上高縣 전투를 지휘하여 이를 승리로 이끌었고, 일본군과 수많은 전투를 치렀다.

「중한문화협회의 결성과 활동」은 한중 양국의 인사들이 민간 우호단체를 결성하여 함께 활동한 것을 다룬 것이다. 중한문화협회는 重慶에서 한국의 독립운동가들과 중국 각계의 인사들이 참여하여 결성한 것으로, 회원 수가 6백 여 명에 이르렀다. 한중 역사상 가장 많은 인사들이 참여한 단체였다고 할 수 있다. 결성 후 중한문화협회는 강연회 · 좌담회 등을 개최하며, 대한민국 임시정부의 승인을 촉구하는 등 한국독립운동에 대한 지원과 문화교류 등의 활동을 전개하였다.

「중국을 움직여서 얻어낸 카이로선언과 자유 독립」은 카이로회의에서 전후 한국의 자유 독립을 보장받게 된 과정을 다룬 것이다. 카이로선언은 한국민족의 운명을 결정지은, 대한민국의 독립을 보장한 중요한 선언이었다. 그렇지만 카이로선언에 '한국의 자유 독립'이 어떻게 들어가게 되었는지에 대해서는 잘 알려져 있지 않았다. 중국에서 작성한 카이로회의일지(開羅會議

日誌) 등 카이로회의와 관련된 새로운 자료를 발굴하였고, 이를 통해 카이로선언에 한국의 자유 독립이 들어가게 된 과정을 새롭게 밝혀냈다.

1941년 미일간에 전쟁이 일어난 후, 미국과 영국은 전후 문제를 논의하면서 한국에 대해 국제공동관리한다는 방침이었다. 대한민국 임시정부는 이 소식을 접하고 일제가 패망하면 그 즉시 독립국이 되어야 한다며 국제공동관리에 대한 반대운동을 전개했다. 이 과정에서 장개석이 루스벨트를 만나 회담한다는 정보를 입수하고, 주석 김구를 비롯한 요인들이 1943년 7월 26일 장개석을 찾아갔다. 장개석에게 국제공동관리를 막아주고 독립을 주장해 줄 것을 요청하였고, 장개석은 '힘써 싸우겠다(力爭)'고 약속했다.

장개석은 약속을 지켰다. 카이로회의에서 루스벨트를 만나 한국의 자유 독립을 제안했고, 루스벨트의 동의를 얻어냈다. 그러나 아시아지역에 인도를 비롯하여 많은 식민지를 가지고 있던 영국은 강력하게 반대하고 나섰다. 중국의 실무자인 王寵惠와 영국의 외무차관 카도간 사이에 격렬한 논쟁이 벌어졌다. 왕총혜는 물러서지 않았고, 결국 카이로선언에 '적절한 절차를 거쳐 한국을 자유 독립되게 할 것을 결의한다'는 내용이 포함될 수 있었다. 한국의 독립은 그냥 얻어진 것이 아니다. 임시정부 요인들이 장개석을 움직여서 얻어낸 성과였다.

여순감옥에 있는 안중근 의사 전시실에 들어가면, 朱恩來가 쓴 글을 볼 수 있다. "갑오 중일전쟁(청일전쟁을 말함) 후 본세기

초에 안중근이 하얼빈역에서 이토 히로부미를 사살하였다. 두 나라 인민의 일본제국주의를 반대하는 공동투쟁은 이때부터 시작되었다"라는 글이다. 한국과 중국은 일제의 침략에 대해 공동투쟁하였다는 것이고, 그것은 안중근 의사의 의거부터 시작되었다고 한 것이다.

한국과 중국은 20세기 전반기에 모두 일제의 침략을 받았고, 이로 인해 엄청난 고통과 시련을 겪었다. 그렇지만 1945년 한국은 일제의 식민지지배로부터 해방되었고, 중국은 일제의 침략을 물리치고 승전을 거두었다. 해방과 승전을 맞기까지 한중 양 민족은 일제의 침략을 받은 '공동의 운명'이었고, 일제를 '공동의 적'으로 여겼다. 그리고 일제의 침략을 물리치기 위해 함께 대일항전을 전개하면서, 공동의 역사적 경험을 갖게 되었다.

한국과 중국은 70년이 넘도록 일제의 침략을 물리친 공동의 역사적 경험을 공유하지 못하고 있다. 또 이에 대한 역사를 정리하거나 연구하지 못하고 있다. 공동항전에 대한 자료를 수집하고 연구하는 일, 한국과 중국이 수행해야 할 과제라고 생각한다. 이 책이 일제의 침략을 물리친 한중의 공동의 역사적 경험을 공유하고, 한중 공동항전에 대한 연구를 촉발하는 계기가 될 수 있기를 기대한다.

2019년 2월

죽전 연구실에서 한 시 준

목 차

제3부 한 · 중의 공동항전과 성과

제1부

안중근 의사에 대한 중국인의 인식

제1장

중국인이 본 안중근

Ⅰ. 머리말

平生營事只今畢 (평생 벼르던 일 이제야 끝냈구려)
死地圖生非丈夫 (죽을 곳에서 살고자 하는 것은 장부가 아니리다)
身在三韓名萬國 (몸은 한국에 있어도 이름은 만방에 떨쳤구려)
生無百世死千秋 (살아서는 백세를 못 살지만 그대의 죽음은 천년을 가오리다)[1)]

이는 중국의 대총통인 원세개(袁世凱)가 안중근 의사의 순국 소식을 듣고 지었다는 만사(挽詞)이다. 안중근은 1909년 10월 26일 하얼빈역에서 이토 히로부미(伊藤博文)를 총살 응징한 한국인이었다. 안중근의 이토 히로부미 처단은 한국인에게는 물론이지만, 중국인들에게도 커다란 쾌거로 여겨지고 있었다. 더 이상의

1) 안중근의사숭모회,『안중근의사자서전』, 1979, 545쪽;『安重根』, 태극출판사, 1975, 380쪽.

표현을 찾을 수 없을 만큼 안중근의 순국을 찬양한 원세개의 만사가 중국인들의 이러한 심정을 대변해 준다고 할 수 있다.

이토 히로부미의 처단은 한국뿐만 아니라 중국에도 적지않은 영향을 주었다. 일본과 러시아가 만주 땅을 농단하던 상황에서, 중국대륙 침략을 꿈꾸던 주모자를 한국인이 처단한 것이다. 이토 히로부미를 처단한 것이 한국인 안중근이라는 사실이 알려졌을 때 중국인들은 놀랐다. 이후 중국인들은 하얼빈역에서 이토 히로부미가 처단되었다는 사실과 함께 안중근에 대해 많은 관심을 갖게 되었다.

중국인들의 안중근에 대한 관심은 신문보도 및 연극 등 여러 형태로 나타났다. 그 중에서도 중국인들의 관심을 대표하는 것으로 중국에서 발간된 안중근 전기(傳記) 두 권을 들 수 있다. 하나는 1914년경 박은식(朴殷植)에 의해, 또 하나는 1920년경 정원(鄭沅)에 의해 각각 발간된 『안중근(安重根)』이 그것이다. 전자는 한국의 역사학자 박은식의 저술이지만, 여기에는 중국인들의 글이 다수 실려 있다. 그리고 후자는 정원(鄭沅)과 정육(程淯)을 비롯하여 채원배(蔡元培), 양계초(梁啓超) 등 중국인 27명의 글을 모아 엮은 것이다. 두 책은 모두 중국에서 발간된 것으로, 중국인들이 안중근을 어떻게 보고 있는가를 알 수 있는 중요한 자료가 된다.

이 글은 박은식과 정원의 『안중근』에 들어 있는 중국인들의 글을 통해서, 중국인들이 안중근을 어떻게 보았는가를 살펴보려는 것이다. 이를 위해 우선 두 책의 내용을 소개하고, 그 안에 있는 중국인들의 글들을 분석하려고 한다.

II. 박은식의 『安重根傳』에 나타난 중국인의 인식

박은식의 『안중근전(安重根傳)』은 창해노방실(滄海老紡室)이란 이름으로 1914년경 상해의 대동편집국(大同編輯局)에서 발간되었다.[2] 창해노방실은 박은식의 필명(筆名)이다.[3] 박은식은 한국의 대표적인 민족주의 사학자이면서 독립운동가로 활동한 인물이다. 그는 중국에 망명하여 상해에서 『한국통사(韓國痛史)』(1914)와 『한국독립운동지혈사(韓國獨立運動之血史)』(1920)를 저술 간행하였고, 대한민국 임시정부의 제2대 대통령을 역임하기도 하였다.

박은식이 『안중근전』을 서술하게 된 계기는 안중근에 대한 중국인들의 관심 때문이었다. 박은식은 중국에 망명하여 활동하면서 많은 중국인들을 만났다. 그는 1911년 서간도로 망명한 이래 북경(北京)과 천진(天津)을 비롯한 여러 지역을 돌아다녔고, 1912년에는 상해에서 신규식(申圭植) 등과 동제사(同濟社)라는 독립운동단체를 조직하여 활동하였다.[4] 상해에 있을 때는 강유위(康有爲)의 소개로 중국신문 『국시일보(國是日報)』에 근무한 적도 있

2) 박은식의 『安重根傳』은 인하대 한국학연구소에서 발행한 『한국학연구』 4(1992)에 원문(17~106쪽)과 번역문(107~166쪽)이 수록되어 있고, 김우종과 리동원의 편저인 『안중근의사』(흑룡강조선민족출판사, 1998)에도 그 번역문(71~231쪽)이 실려 있다.

3) 윤병석, 「滄海老紡室 著 『安重根傳』 해제」, 『한국학연구』 4, 인하대학교 한국학연구소, 1992, 161~166쪽.

4) 김희곤, 「同濟社의 결성과 활동」, 『韓國史硏究』 48, 1985, 174쪽.

었다.[5] 이 과정에서 박은식은 많은 중국의 지식인들과 교류하였고, 또 여러 계층의 중국인들을 만나기도 하였다.

박은식은 여러 계층의 중국인들을 만나면서 그들로부터 안중근에 대한 질문을 많이 받았다. 이것이 그가 『안중근전』을 저술한 계기가 되었다. 박은식은 서언에서 "내가 이곳에 온 후부터 관리와 신사 · 학생 · 농민 · 상인 등 모든 사람들이 중근(重根)의 일을 묻지 않는 자가 없었다."라고 하면서, "여관의 차디찬 창문에 지나가는 바람이 쌀쌀한데 붓을 들어 이를 서술하니 천하 사람들이 희망하는 바에 응하는 바이다."라 하고 있다.[6] 다양한 계층의 중국인들이 안중근에 대해 관심을 표명하였고, 박은식은 이들의 희망에 따라 안중근전을 저술한 것이다.

박은식의 『안중근전』은 크게 네 부분으로 이루어져 있다. 첫부분에는 '아주제일의협(亞洲第一義俠)'이라는 휘호와 함께 안중근을 비롯한 관련 사진들을 수록하였다. 이어 「안중근서(安重根序)」와 본문인 「안중근전」, 그리고 「선록(選錄)」으로 구성되어 있다. 이중에서 박은식이 직접 서술한 것은 본문인 「안중근전」이다. 이는 모두 38쪽 분량으로, 서언(序言)과 28개 장(章), 그리고 결론으로 이루어져 있다. 이를 통해 박은식은 안중근의 생애와 활동을 정리하여 소개하였다.

「안중근서」에는 중국인 나남산(羅南山) · 주호(周浩) · 한염(韓

5) 이만열, 「백암 박은식의 생애와 사상」, 『朴殷植』, 한길사, 1980, 341쪽.

6) 박은식, 『安重根傳』 序言(앞의 『한국학연구』 4, 116쪽 ; 앞의 『안중근의사』, 72쪽).

炎)·고관오(高冠吾)·반상루(潘湘纍)·증용(曾鏞) 등 6명이 쓴 글이 실려있다. 이들은 박은식이 중국에서 활동하는 동안 교류한 인물들로 보인다. 이들이 어떤 인물인지에 대해서는 제대로 파악되지 않지만, 대체로 중국의 지식인들로 생각된다. 이들 중 한염이 "나의 벗이 편집 발행하기 위하여 출판에 부치면서 나에게 서문을 요구하였다"라고 한 데서 짐작할 수 있듯이,[7] 박은식은 책을 출판하면서 중국인 친우들에게 서문을 부탁한 것으로 보인다.

또한 「선록(選錄)」에도 중국인 여러 인사의 글이 수록되어 있다. 청구한인(靑邱恨人)의 「독안중근감언(讀安重根感言)」과 료유(了遺)의 「제안중근선생전후(題安重根先生傳後)」를 비롯하여 중국의 『민우일보(民吁日報)』에 실린 「논이등감국암살안(論伊藤監國暗殺案)」 3편, 그리고 양계초(梁啓超)·황계강(黃季康)·임수성(林樹聲)·주증금(周曾錦)·정선지(程善之)·장진청(張震靑)·나흡림(羅治霖) 등 중국인들의 시문이 실렸다.

이러한 중국인들의 글을 통해, 그들이 안중근을 어떻게 보고 있는가하는 점을 살펴보려고 한다. 우선 중국인들은 안중근의 이토 히로부미 처단을 '세계평화의 공적(公敵)을 제거한 것'이라

7) 韓炎은 중국의 근대혁명가로 韓復炎이라고도 한다. 江蘇省 桃源 사람으로 孫文의 同盟會에 가입한 이래 鎭南關과 黃花崗 봉기에 참가하였고, 2차 혁명 때 黃興의 후임으로 討袁軍總司令을 맡기도 했다. 혁명이 실패하자 일본으로 망명하였다. 1920년 강소성에 돌아와 군대를 조직하여 桃源을 공격하였으나 실패하고 상해에서 체포되어 살해되었다. (김우종·리동원 편저, 『안중근의사』, 58쪽.)

고 하면서, 안중근은 '한국의 공신(功臣)'만이 아니라 '동아(東亞)의 공신'이라 하고 있다.[8] 이들의 논리는 안중근이 이토 히로부미를 처단하지 않았다면 '동아의 평화가 파괴되고 중국의 운명도 알 수 없었을 것이다'는 것이고, 안중근의 의거는 '조국을 위하여 복수한 것일 뿐만 아니라 세계평화의 공적을 없앤 것'이라는 데 집중되어 있다. 안중근을 단지 한국뿐만 아니라 동아와 세계의 평화를 위해 공적을 제거한 공신이라고 본 것이다.

둘째 안중근을 일본의 중국침략을 막아준 공신으로 보고 있다. 이들은 이토 히로부미의 하얼빈 행을 각국 밀사들과 더불어 만주를 처분하고, 나아가 중국대륙을 침략하려 한 것으로 파악하였다. 이토 히로부미의 의도를 "장차 한국통감으로부터 중국통감이 되려는 것이 아닌가"라고 지적한 것이 그것이다.[9] 그리고 하얼빈 회의가 끝나면 이토 히로부미는 중국대륙을 침략하였을 것이라고 하면서, 이렇게 되면 "중국은 곧 멸망할 것이고, 황제자손들은 영원히 노예우마(奴隸牛馬)가 될 것이었다"라 하고 있다.[10] 이토 히로부미에 의해 중국이 침략 받아 멸망하게 될 상황에서 안중근이 그를 처단한 것으로 이해하고 있는 것이다. "만약 안씨(安氏)의 일격이 없었다면 그는 동아전체를 손아귀에 틀어쥔 지 오래 될 것이다"라는 나남산(羅南山)의 글에서, 안중근의

8) 周浩, 「安重根序」(앞의 『한국학연구』 4, 33 · 109쪽; 김우종 · 리동원 편저, 『안중근의사』, 55쪽).

9) 羅南山, 「安重根序」(앞의 『한국학연구』 4, 31 · 107쪽; 김우종 · 리동원 편저, 『안중근의사』, 49~50쪽).

10) 위와 같음.

이토 히로부미 처단을 중국인들이 다행으로 여기고 있음을 짐작할 수 있다. 여기서 더 나아가 증용(曾鏞)은 안중근이 이토 히로부미를 죽인 것은 일본의 침략을 소멸시킨 것이라고 하면서, "안중근이 중화민국에 남긴 공이 어찌 적겠는가"라고 하여,[11] 안중근을 일본의 중국침략을 막아준 공신으로 여기고 있다.

셋째 중국인들은 안중근이 중국에 끼친 공에 대해, 한국독립운동을 지원하는 것으로 보상해야 한다는 생각을 갖고 있었다. 증용이 "오늘 삼한지사(三韓志士)들이 계속 중국에 오고 있는데 우리들은 의(義)에 의하여 부추겨주어야 한다. 그리하여 하나의 공화민국을 다시 삼한고방(三韓古邦)에 건립하여 우리나라와 함께 동아에 나란히 서게 해야 안군(安君)의 공로에 감사할 수 있으며, 안군의 영혼도 하늘에서 웃음지을 것이다"라 하고 있는 것이 그것이다.[12] 적어도 중국인들은 안중근이 일제의 침략을 막아준 데 대해 보상을 생각하고 있었다고 할 수 있다. 한국독립운동가들이 중국에 모여들고, 중국에서 임시정부를 수립하여 독립운동을 전개할 수 있었던 것도 중국인들의 이러한 심리와 배려가 작용한 것이었다고 생각된다.

넷째 안중근의거를 계기로 중국인들은 일제 침략에 대해 한국인들과 공감대를 형성하게 되었다. "지난날을 고증하여 보건대 압록강 연안에 풍운(風雲)이 일어나면 중국은 하루도 편안할 수

11) 曾鏞, 「安重根序」 (앞의 『한국학연구』 4, 39 · 115쪽; 김우종 · 리동원 편저, 『안중근의사』, 69쪽).

12) 위와 같음.

없었다"라고 한 나남산의 글이 그러한 심정을 대변한다.[13] 그는 한국과 중국과의 관계를 순망치한(脣亡齒寒)으로 비유하면서, 임진왜란을 예로 들고 있다. 풍신수길(豊臣秀吉)이 중국을 침략하려고 할 때 조선의 선조가 이를 거절하였다는 사실과 당시 중국에서는 이여송(李如松)이 이끄는 4만 병사를 파견하여 조선을 지원하였다는 것을 설명하면서, "만일 그러하지 못하였다면 어찌 능히 중국의 무사함을 지켰겠는가"라 하였다. 한국의 안위가 중국에 직접적인 영향을 끼친다는 생각이고, 중국인들도 일제의 한반도 침략에 대해 무관할 수 없음을 이야기 한 것이다.

다섯째 안중근의 의거가 중국의 신해혁명, 즉 한족(漢族)의 주권회복에 적지않은 도움을 준 것으로 이해하고 있다. 안중근의거 소식이 전해진 후 중국지사들은 "저 작고 작은 한국에도 이러한 위걸(偉傑)이 있는데 우리에게만 없겠는가"하고 외쳤다고 하였다.[14] 중국의 인사들이 안중근의거에 크게 자극을 받았음을 말한 것이다. 그리고 안중근의거가 있은 지 "2년이 지나지 않아 황화강(黃花崗)에 피를 뿌렸고 무창기의(武昌起義)가 있어 우리 민족의 주권을 회복하였다"라고 하면서,[15] 그것은 안중근이 중국인에게 정신적으로 크게 영향을 끼쳤기 때문인 것으로 설명하고 있다.

---

13) 羅南山,「安重根序」.

14) 위와 같음.

15) 위와 같음.

Ⅲ. 鄭沅의 『安重根』을 통해 본 중국인의 인식

정원(鄭沅)의 『안중근』은 중국인에 의해 간행된 안중근의사에 대한 전기이다. 이 책은 상해의 푸단대학(復旦大學) 손과지(孫科志) 교수가 상해도서관에서 찾아 제공하면서 알려졌다. 그러나 맨 뒷장이 낙장되어 있어, 간행연도를 정확히 알 수 없다. 대체로 책의 내용을 보아 1920년경 상해에서 간행된 것으로 보인다.[16)]

책의 표지에는 장사(長沙) 정원(鄭沅)으로 되어 있지만, 이 책은 정원·정육(程淯)을 비롯하여 27명의 글을 모아 엮은 것이다. 정원이 누구인지에 대해서는 아직 제대로 파악되지 않고 있다. 정원은 이 책에 들어 있는 「안중근약사」, 하편에는 정원이 편술(編述)한 「한인살매국노지역사(韓人殺賣國奴之歷史)」와 안중근의 동생 안정근이 쓴 「안정근지혈루어(安定根之血淚語)」를 부록으로 수록하였다.

이 책의 가장 중심된 부분은 정원이 쓴 「안중근약사」라 할 수 있다. 이 글은 안중근의 가계와 일본요동보(日本遼東報) 등의 신문보도 자료들을 입수하여 안중근의거에 대한 실상을 소상하게 정리 소개하고 있다.

---

16) 간행연도를 1920년으로 보는 것은 이 책에 수록된 「安定根之血淚語」를 근거로 한 것이다. 편저자는 이 글을 수록하면서 "安定根君은 최근에 이 글을 지어 新韓青年雜誌 創刊號에 실었다."고 하였다. 『新韓青年』 창간호는 1920년 3월 1일 간행되었다.

정원은 「안중근약사」를 정리하면서, 무엇보다도 안중근이 이토 히로부미를 총살하게 된 이유를 밝히는 데 중점을 두었다. 그는 재판 과정에서 있었던 안중근의 발언을 여러 차례 소개하고 있다. 그 중에서도 재판관이 안중근에게 "한국독립의 사상이 언제부터 생겼는가"라는 질문에 대해 안중근이 대답한 다음의 내용을 상세하게 적어 놓고 있다.

> 1895년 일본 천황이 칙령(勅令)에 동양평화와 한국독립을 유지한다는 설명이 있어 …… 일본이 반드시 우리와 사이좋게 지낼 것이라 여겼다. 하지만 이등 통감이 한국에 와 무력으로 위협하여 두가지 조약을 체결하게 되었는데, 그것은 일본 천황의 참다운 정신을 회복한 것이 아니라 이등(伊藤)이 그 병권(兵權)을 남용하여 자기의 사권을 행한 것에서 나온 것이다. 나는 이 사람을 스스로 죽여야만이 한국의 독립을 확보할 수 있다고 믿었다.[17)]

안중근이 이토 히로부미를 처단한 것은 그가 한국의 독립을 파괴하고 동양평화를 교란하였기 때문임을 밝힌 것이다. 정원은 이를 통해 안중근의 의거는 한국독립과 동양평화를 위한 것이었음을 분명하게 드러내고자 하였고, 안중근이 실제로 동양평화를 위한 구상을 하고 있었다는 사실에 대해서도 언급하고 있다.

정원은 자신의 글 맨 마지막 부분을 '취의(就義)'라 하고, 안중근이 구상한 동양평화론의 일부 내용을 「삼국평화회지대원(三國平和會之大願)」이란 항목을 만들어 설명하였다. 그는 안중근이

---

17) 鄭沅,『安重根』, 17쪽.

사형선고를 받은 후부터 온종일 조용히 앉아서 동양평화론을 구상하였다고 하면서, "여순(旅順)에 한국 · 중국 · 일본 3국이 연합한 평화회의를 개설할 것과 이곳에 대은행(大銀行)을 설립하고 3국 공동지폐를 발행하는 것" 이란 내용을 소개하고 있다.[18)]

동양평화론에 대한 정원의 이 같은 언급은 매우 중요한 의미를 갖고 있다. 잘 알려져 있듯이, 안중근은 감옥에서 동양평화론을 집필하였다. 하지만 글을 완성하기 전에 사형이 집행되었고, 현재는 서(序)와 전감(前鑑) 일부만 알려져 있다. 따라서 안중근이 구상한 동양평화론의 전체적인 내용은 전해지지 않는데, 이 글을 통해 그 내용을 보충할 수 있게 된 것이다. 동양평화론에 대한 정원의 언급은 1910년 2월 17일 안중근이 고등법원장을 면담하고 공소를 취하하는 자리에서 행한 발언, 즉 "여순(旅順)에서 세 나라 대표가 모여 평화회의를 개최하여 여순군항을 개방하고 그 곳에 3국 합작의 은행을 설치하여 각국 공용의 화폐를 발행하자"는 내용과 일치되는 대목이다.[19)]

이 책에는 정원의 「안중근약사」 이외에 25명에 이르는 중국인들의 글이 수록되어 있다.[20)] 이들 중에는 북경대학 학장인 채원배(蔡元培)와 중국의 대표적인 정치사상가 양계초(梁啓超)의 이

---

18) "安重根自宣告死刑 終日常靜坐 自語 深願旅順開設 日淸韓三國聯合和平會議 並設立大銀行 發行三國共通紙幣"(鄭沅,『安重根』, 中篇, 20쪽).

19) 윤병석,「安重根의사 傳記의 종합적 검토」,『한국근대사연구』9, 1998, 128쪽.

20) 鄭沅과 程淯 이외에 王樹相, 吳傳綺, 易順鼎, 昭陵僧, 賈恩黻, 陶鏞, 唐桂, 蔡元培, 狄郁, 王照, 民爾昌, 江亢虎, 姚季英, 查士端, 汪洋, 王焘, 陳錫麒, 羅伽陵 女史, 陳鴛春 女史, 程善之 女史, 費樹蔚, 梁啓超 등의 글이 題詞에 수록되어 있다.

름이 보이는 것으로 보아, 이들은 중국의 지식인들이었다고 생각된다. 이들의 글은 대부분 짧은 문장이나 시(詩)로서, 『안중근』이 발행된다는 소식을 듣고 쓴 것이다. 이들의 글 속에서 중국인들이 안중근을 어떻게 보고 있는가를 살펴볼 수 있다.

이들은 대체로 안중근을 중국의 역사에서도 찾아보기 힘든 의협열사(義俠烈士)로 여기고 있다. 여러 사람이 형가(荊軻)와 장량(張良)의 예를 들어, 이들은 진시황(秦始皇)을 죽이려 하였지만 실패하였다고 하면서, 안중근은 이토 히로부미를 죽이고 조국의 원수를 갚은 의협열사로 높이 평가하고 있는 것이다. 이 외에 안중근에 대한 찬양이나 그가 끼친 영향에 대한 언급이 많다.

하지만 이 책의 의도는 다른 곳에 있었다. 중국인들의 여러 글에서 나타나는 일관된 흐름은 중국에도 안중근과 같은 의협열사가 나타나기를 기대하거나 고취하려는 것이었다.

정원이 『안중근』을 편찬한 것도 바로 이러한 의도였다. "정후작이 전기를 만든 데는 그 뜻이 따로 있나니, 의협열사만을 중요시한 것이 아니다. 춘추(春秋)를 지어 난적(亂賊)이 두려워하게 한 것처럼 의협열사를 빌어 간신을 경계한 것이며, 나아가서는 협사(俠士)들에게 본보기를 남기려는 것이다"라는 역순정(易順鼎)의 언급이 그러한 의도를 알려준다.[21] 따라서 이 책에 수록된 글들은 안중근의거에 대한 평가나 의미보다는, 안중근이란 인물을 통해 중국인들을 격동시키려는 의도가 강하게 배어 있다.

이러한 의도하에 많은 이들은 안중근이 이토 히로부미보다 이

21) 易順鼎, 「題安重根傳後」, 鄭沅, 『安重根』 上篇, 6~7쪽.

완용(李完用)이나 이용구(李容九)와 같은 매국노들을 먼저 죽여야 했다는 점을 지적하고 있다. 이들의 논리는 "대저 나라는 자신이 벌(伐)한 뒤에야 다른 사람이 벌할 수 있는 것이다. 그러므로 한국은 이토 히로부미의 손에 망한 것이 아니라 이완용 · 이용구 등과 같은 사람에 의하여 망한 것"이라는 데 집중되어 있다.[22] 나라가 망하는 일차적 요인은 내부의 간신들 때문이니, 우선 내부의 간신들부터 처단해야 한다는 것이었다.

그리고 안중근이 이토 히로부미를 죽인 것은 결과적으로 조국의 멸망을 촉진시킨 것으로 설명한다. "나는 안중근이라는 사람에 대해 그 뜻에 대해서는 가상하다고 생각하나, 그 처지는 비참하다고 생각한다. 이토 히로부미는 죽였으나, 결국 적의 병력을 강하게 만들어 조국의 멸망을 촉진한 것으로 연(燕)나라의 고사(古事)와 같은 것이다"라 하고 있다.[23] 연나라의 고사란 형가(荊軻)가 진시황을 죽이려 하였다가 실패하고 오히려 연나라가 멸망한 것을 일컫는 말이다. 내부의 간신들을 먼저 처단하지 않고 외적을 치려다 오히려 멸망을 재촉하였다는 점을 지적한 것이다.

이처럼 내부의 간신들을 먼저 처단하지 않은 데 대해 아쉬움을 표하면서도 안중근을 의열장부(義烈丈夫)로 높이 평가하고 있다. 안중근의 의거는 진시황을 죽이려다 실패한 형가와 장량보다도 더욱 빛난다고 하면서, "후세에 스스로 나라를 멸망시키는 것을 용서하지 못하는 사람이라면 마땅히 자기 나라를 망하게

22) 程淯, 「序」, 『安重根』 上篇, 1쪽.
23) 鄭沅, 『安重根』 上篇, 8쪽.

한 자에게 칼을 들이대야 하며, 나라를 망하게 한 자는 안중근 같은 사람이 있다면 두려워 할 것"이라는 것이다.[24] 내부의 간신들을 처단하지 못하였으면 침략자를 처단해야 하며, 그러한 의협열사들이 있으면 침략자들이 두려워할 것이라는 말이다. 안중근의 의거는 바로 침략자를 처단한 것으로, 이러한 유풍(遺風)이 후대에도 계속 이어지기를 고대하고 있다.

이 책에서 보이는 중국인들의 이와 같은 논지는 중국에서도 안중근과 같은 의협열사들이 나오기를 기대한 의도적인 것이었다. 이들은 대체로 당시 중국의 정세를 한탄하고 있었다. 양계초는 "이 나라 도시와 거리마다엔 일장기 펄펄 휘날리고 태평세월의 홍타령이 한창이니 이나라 백성들아 가련하도다"[25]라는 말로 당시 중국의 실정을 표현하고 있다. 이러한 중국의 내부정세를 정육은 더욱 적나라하게 나타낸다.

> 우리 나라를 살펴보면 대만성과 같은 많은 일들과 소란스럽고 복잡한 국경문제들이 있으며, 강한 이웃나라에 아첨하는 자가 적지 않다. 쥐나 여우처럼 나라 백성을 학대하고 약탈하여 시들어 말라버리게 하며, 내부 싸움은 끊이지 않고, 외환이 틈을 타 들이닥치고 있으며, 온나라가 멸망의 근심에 싸여 있다. 하지만 그들은 나라가 망하는 한이 있더라도 권리를 내놓지 않으려고 사수하는 바, 조선의 이완용 · 이용구 등 매국역적들과 어찌 크게 다르겠는가. 이에 대해 여론도 어쩔 수 없고, 국법(國法)도 어쩔 수 없다. 오직 애국의

24) 程淯, 「序」, 『安重根』 上篇, 1쪽.

25) 梁啓超, 「秋風斷藤曲」, 『安重根』 上篇, 14쪽.

협지사와 유혈희생(流血犧牲)이 있어 그 흉악하고 완고한 놈들을 훈계할 수 있기를 바랄 뿐이다.[26)]

이들은 당시 중국 내부정세를 참담하게 보고 있다. 이러한 중국의 현실에 한국의 안중근과 같은 의협열사가 나타나기를 간절히 고대하고 있었던 것이다. 안중근이 이토 히로부미를 죽이는 것보다, 우선 내부의 간신들을 먼저 처단해야 했다고 하는 것은 이와 같은 이유 때문이었다.

이들의 의도는 안중근을 통해 중국인들의 분발을 촉구하려는 것이었고, 직접적인 표현으로 중국의 의협열사들이 일어날 것을 촉구하기도 하였다. "우리 중국에 어찌 안중근과 같은 뜻과 행동, 그리고 같은 의분을 가진 자가 없겠는가? 만약 있다면 어찌 그 소리를 듣고 일어나지 않겠는가"라고 하여,[27)] 중국인들을 격동시키고 있는 것이 그것이다.

Ⅳ. 맺음말

안중근 의사가 순국한 이후 중국에서 두 권의 안중근전기가 간행되었다. 1914년경 한국인 박은식이 쓴『안중근전』과 1920년

26) 程淯,「後序」,『安重根』上篇, 4~5쪽.

27) 위와 같음.

경 중국인 정원이 편저한 『안중근』이 각각 발행된 것이다. 후자는 물론이지만, 박은식의 『안중근전』에도 많은 중국인들의 글이 수록되어 있다. 이러한 글들을 통해 중국인들이 안중근을 어떻게 보았는가 하는 점을 살펴보았다.

우선 안중근이 이토 히로부미를 처단한 것에 대해, 중국인들은 '세계의 공적(公敵)'을 제거한 것, 또 일제의 중국침략을 막아준 것으로 여기고 있다. 이러한 인식은 이토 히로부미의 하얼빈행을 러시아와 더불어 만주를 처분하고 이어 중국대륙을 침략하기 위한 것으로 본 데서 기초한 것이다. 이러한 바탕 위에서 안중근은 '한국의 공신'일 뿐만 아니라, '동아의 공신'이고 '세계의 공신'이라는 생각을 갖고 있다.

둘째 안중근을 역사에서 찾아보기 힘든 의협열사로 여기고 있다. 많은 이들이 중국역사의 대표적인 자객으로 형가와 장량을 들어 이야기 하면서도, 형가와 장량은 진시황을 죽이려 하였으나 실패했다고 하였다. 그렇지만 안중근은 이토 히로부미를 죽이고 조국의 원수를 갚았다고 하면서 의협열사로 높이 평가하고 있다.

셋째 안중근의거를 계기로 한국의 안위가 중국에 직접적인 영향을 끼친다는 것과 함께 한국의 독립운동을 지원해야 한다는 생각을 갖고 있다. 이러한 인식은 일본이 명나라를 침략하려 할 때 조선에서 이를 거절하고 중국이 병사를 파견하여 조선을 지원함으로써 중국의 안전을 도모할 수 있었다는 역사적 사실에 근거한 것이다. 이와 함께 안중근이 이토 히로부미를 처단함으로써 일제의 중국침략을 막았으니, 중국은 한국의 독립운동을 지원해야 한다는 것이었다.

넷째 안중근이 중국의 혁명에 정신적인 영향을 준 것으로 이해하기도 하였다. 중국인들은 안중근의거에 커다란 자극을 받았다고 한다. 작고 작은 한국에도 안중근과 같은 위걸(偉傑)이 있는데, 중국에 이와 같은 인물이 없을 수 있느냐고 한 것이 그것이다. 결국 안중근의거가 있은 지 2년이 지나지 않아 중국에서는 무창기의가 일어났고, 그 결과 한민족이 주권을 회복하였다는 것이다. 이러한 중국의 혁명에 안중근의거가 정신적으로 크게 영향을 미친 것으로 보고 있다.

마지막으로 중국인들은 안중근을 이야기하면서 중국에도 안중근과 같은 의협열사가 나타나기를 기대하고 있었다. 정원의 『안중근』은 바로 이러한 의도에서 편찬된 것이었다. 이 책의 일관된 논조는 안중근을 의협열사로 칭송하면서도, 안중근이 이토 히로부미를 처단하기보다는 민지 이완용 · 이용구 등과 같은 나라 안의 매국노들을 처단해 주기를 바라는 의도였다.

제2장

안중근에 대한 중국학계의 연구성과와 과제

Ⅰ. 머리말

안중근의사가 이토 히로부미(伊藤博文)를 처단한 의거는 한국과 일본은 물론이고, 중국에도 커다란 영향을 미친 역사적 사건이었다. 일본의 침략에 위기감을 느끼고 있던 중국인들은 안중근의사의 의거를 큰 충격으로 받아들였고, 다양한 반응을 보였다. 중국인들의 반응은 여러 방법으로 표출되었다. 각 신문들이 이를 대대적으로 보도한 것을 비롯하여, 전기의 간행, 안중근을 소재로 한 소설 · 연극 · 영화 등을 제작하였다. 중화인공화국 성립 이후 주춤하였던 안중근에 대한 연구는 1980년대에 들어서면서 다시 활기를 띠기 시작하였다. 이후 안중근 전기와 자료집을 비롯하여, 각종 학술회의와 연구논문들이 발표되고 있다.

중국에서 이루어진 안중근의 연구성과에 대해서는 한국과 중국에서 여러 차례 언급되었다. 한국에서는 안중근에 대한 연구사를 정리하는 과정에서[1], 또 안중근의거에 대한 중국인의 인식을 분석하는 논문들을 통해 이루어졌다.[2] 중국에서도 안중근에 대한 연구가 진행되면서, 이에 대한 연구사 정리가 있었다.[3] 이를 통해 중국학계에서 이루어진 연구성과가 소개되었지만, 부분적으로 언급한 것이 대부분이다.

이 글은 안중근의거 직후 현재까지 중국학계에서 이루어진 연구성과를 정리하는 데 목적이 있다. 방법은 의거 직후와 본격적인 연구가 이루어지기 시작한 1980년대 이후 두 시기로 나누어, 각 시기마다 연구된 성과를 정리하려고 한다.

---

1) 안중근에 대한 연구성과를 정리한 대표적인 업적은 趙珖의 「안중근 연구의 현황과 과제」(『한국근현대사연구』 12, 2000)가 있고, 尹炳奭은 『安重根傳記全集』(국가보훈처, 1999)을 편찬하면서 「해제」를 통해 연구사를 정리하였다.

2) 韓詩俊의 「중국인이 본 안중근-朴殷植과 鄭沅의 『安重根』을 중심으로-」(『忠北史學』 11 · 12, 2000), 金春善의 「안중근의거에 대한 중국인의 인식」(『한국근현대사연구』 33, 2005), 손염홍의 「안중근의거가 중국의 반제민족운동에 미친 영향」(『한국독립운동사연구』 34, 2009) 등이 있다.

3) 金宇鍾, 「在中國的安重根硏究和紀念活動」(《安重根義擧九十周年紀念論文集》, 북경대학동북아연구소와 안중근장학회 주최로 북경대학에서 열린 학술회의 발표논문집, 1999) ; 宋成有, 「近十年來中國的安重根硏究與評述」(《韓國學硏究論文集》 18, 북경대학한국연구중심, 2009).

II. 의거 직후의 연구

1. 의거 당시의 신문 보도

1909년 10월 26일 안중근의사가 하얼빈역에서 이토 히로부미를 처단한 의거를 결행하였다. 의거 직후 상해에서 발행되던 《신보(申報)》, 《시보(時報)》, 《민우일보(民吁日報)》를 비롯하여, 요동과 길림에서 발행되던 《요동보(遼東報)》, 《길장일보(吉長日報)》, 하얼빈의 《하얼빈일보(哈爾濱日報)》, 천진의 《대공보(大公報)》, 《천진상보(天津商報)》, 중경의 《광익총보(廣益叢報)》, 홍콩의 《화자일보(華字日報)》 등 중국의 각 지역에서 발행되던 신문들은 일제히 이를 보도하기 시작하였다.[4)]

중국 신문의 보도는 의거 직후부터 안중근의사의 사형이 집행되던 시기까지 계속되었다. 사실보도는 물론이고, 시평·논설 등 다양한 형태의 기사로 보도하였다. 이러한 기사들은 안중근 연구에 귀중한 자료가 아닐 수 없다. 기존의 연구에서 이러한 기사들이 자료로 이용되었지만, 아직 체계적인 자료 수집이나 정리가 이루어지지 않았다. 올해 독립기념관 한국독립운동사연구소에서 중국의 각종 신문들의 기사를 수집하여, 이를 번역하여 자료집으로 발간하는 사업을 추진하고 있다.

4) 徐丹, 「近代中國人對安重根事件的認識-以媒體報道爲中心-」(독립기념관 한국독립운동사연구소 2010년 5월 월례발표회 논문).

중국 신문의 기사 중에는 사실보도 자체가 잘못된 것도 적지 않다. 하지만 이들 중에는 아주 구체적이고 상세한 내용들도 많다. 그리고 이 중에는 안중근 및 그 의거와 관련되어 중요한 사실들을 전해주는 것도 적지 않아, 안중근을 연구하는 데 있어 귀중한 자료적 가치를 지니고 있다. 그러한 몇가지 사례들을 소개하면서, 중국 신문들이 안중근 연구에 중요한 자료가 된다는 점을 강조하고자 한다.

안중근은 하얼빈역 안으로 들어가 이토 히로부미를 저격하였다. 당시 하얼빈역은 이토 히로부미를 맞이하기 위해 삼엄한 경비가 이루어지고 있었다. 안중근이 어떻게 하얼빈역에 들어갈 수 있었는가? 하는 문제를 다음의 신문 기사를 통해 알 수 있다.

> 이토가 하얼빈에 도착하기 하루전에 러시아 관원은 일본영사에게 이토공을 환영할 사람은 반드시 특별한 허가증을 갖고 있어야 통과시킬 수 있다고 알렸다. 그러나 일본 영사는 이에 동의하지 않고 이토공을 환영할 일본인을 자유로이 통과시킬 것을 러시아 관원에게 요청했다. 자객은 일본인 차림이었고, 많은 사람들은 일본영사를 탓한다.[5)]

하얼빈역의 경비는 러시아측이 맡고 있었다. 러시아측에서는 특별한 허가증을 발급하고, 이를 가져야 하얼빈역 안으로 들어올 수 있도록 하였다. 그러나 하얼빈 일본영사가 일본인은 자유

---

5) 〈이토 암살상황 후기(補遺)〉. 독립기념관 한국독립운동사연구소에서 자료집 편찬을 위해 번역한 번역본(84쪽),

롭게 들어올 수 있도록 요청하였다. 이로 인해 안중근이 들어갈 수 있었다.

안중근이 중국인들을 꾸짖었다는 기사도 있다. 러시아 군인에게 체포되었을 때, 이를 구경하는 중국인들에게 다음과 같은 말을 하였다고 한다.

> 일본은 중한 양국에 대해 모두 평화를 지키고 연합하여 구미에 대항할 것을 원한다. 갑오년에 이토가 이를 주장하며 전쟁을 일으켰고, 대국을 파괴시켰다. 먼저 고려를 멸망시킨 후 만주를 점령하고 이어서 점차 중국의 주권을 빼앗으려고 한다. 우리 고려는 줄곧 너의 대국의 보호에 의지해 왔는데 소용이 없다. 너희는 부끄러운 줄 모르고 왜 나를 구경하러 왔나[6]

안중근은 의거 직후 러시아 군인들에게 피체되어 신문을 받았지만, 곧 일본영사관에 인도되었다. 러시아측이 안중근을 일본에 인도한 이유를 중국 신문은 다음과 같이 밝히고 있다.

> 하얼빈에서 살인한 한인은 즉시 러시아 관리에게 체포되고 심문을 받은 후 곧바로 하얼빈 일본영사관으로 인도되었다. 일본정부는 이 범인에 대한 심판을 극히 중시하고 특별히 관동도독부 지방법원에 재판하도록 명령했다. 그리하여 이 관동도독부 지방법원 재판관 구연효웅(溝淵孝雄)은 서기와 동행하여 하얼빈으로 가서 이 범인을 대련으로 압송하려고 한다. 하얼빈은 중국의 영토인데 현

6) 〈안중근이 중국인들을 크게 꾸짖다〉(번역원고, 53쪽).

> 재 러시아 관리가 그 행정권을 집행하고 있다. 그리고 한인은 현재 일본의 보호에 속하고 중국의 영토위에 일본인과 같이 치외법권을 향유한다. 그래서 러시아 관리는 이 범인을 일본 관리에게 인도하여 심문한 것이다.[7)]

하얼빈은 러시아의 행정권에 속하지만, 중국의 영토였다. 그리고 한인은 일본의 보호에 있고, 중국 영토에서 한인은 일본인과 같이 치외법권을 인정받고 있었다. 이로 인해 러시아에서는 안중근을 일본에게 인도한 것이다.

안중근은 여순에 있는 관동도독부 지방법원에서 재판을 받았다. 이러한 재판과정에 대해서도 많은 보도가 있었다. 다음은 그 중 하나로 2월 8일 안중근의 신문받는 모습을 언급하고 있다.

> 2월 8일 일본 법원 개정하여 이토 암살 안건을 심문했다. 안중근이 심문을 받을 때 모습이 많이 태연했다. 재판관이 하나씩 힐문하고 안은 매우 상세하게 대답했다. 재판관은 안이 신변에 조그만 칼을 휴대한 것으로 보고 "목적을 달성한 후 이 칼로 자살하려고 했던 것이냐"고 물었다. 안은 "아니다. 나의 목적은 동양평화 및 한국 독립이지 하나의 이토를 원한으로 죽이는 데에 있는 것이 아니다. 그래서 이토가 죽었지만 나의 목적은 아직 달성했다고 할 수 없는데 어찌 자살하겠는가"라고 대답했다.[8)]

이토를 포살할 때 안중근은 칼을 갖고 있었던 같다. 목적을 달

---

7) 〈韓犯을 대련으로 호송하여 재판하다〉(번역원고, 104쪽).
8) 〈안중근의 자백서〉(번역원고, 128쪽).

성한 후 자결하려고 했느냐는 물음에, 안중근은 나의 목적은 이토를 죽이는 데 있는 것이 아니라, '동양평화와 한국독립'이 자신의 목적이라고 했다.

안중근이 옥중에서 동양평화론을 구상하고, 이에 대한 열망을 갖고 있었다는 기사도 있다.

> 안중근은 사형을 선고받은 후부터 종일 항상 가만히 앉아 여순에 일본 청나라 한국 삼국의 연합평화회의를 개최할 것을 바라고, 대은행을 설치해 삼국에서 통용되는 지폐를 발행하는 것이 가장 중요한 일이라고 혼잣말을 한다.[9)]

안중근은 여순감옥에서 동양평화론을 집필하였다. 안중근이 동양평화론을 구상하고 있다고 하면서, "한 · 중 · 일 삼국이 여순에서 평화회의를 개최하고, 은행을 설치하여 3국의 공동화폐를 발행하자"는 내용을 언급한 것이다.

홍석구 신부가 안중근을 면회한 사실을 비롯하여, 안중근의시가 예수가 십자가에 못박혀 죽은 날, 즉 3월 25일에 사형을 시켜달라고 하였다는 기사도 있다.

> 홍신부 "자네는 살인의 죄를 범했으므로 사형을 면하지 못할 것이다. 그러나 종교의 입장에서 보면 자네의 모든 죄악에 대한 참회는 하느님이 이미 들었으니 자네의 죄는 이미 용서되었다. 자네의 마음도 이미 깨끗해졌으며 죽은 후에 천당에 갈 수 있을 것이다"

9) 〈안중근의 옥중 말씀〉(번역원고, 149쪽).

(중략) 안은 이미 스스로 3월 25일 사형을 집행할 것을 청했다고 한다. 그 날은 바로 예수가 못박혀 죽은 날이다. 그러나 요구가 허락될지 모르겠다.[10)]

안중근은 3월 25일 사형을 시켜달라고 하였다. 이 날은 예수가 십자가에 못박혀 죽은 날이었다. 이러한 안중근의 요구는 받아들여지지 않았고, 3월 26일에 사형이 집행되었다. 3월 26일에 사형을 집행한 것은 3월 25일이 순종황제의 생일이었기 때문인 것이라고 한다.

안중근의 사형 집행과 관련해서도 많은 보도들이 있었다. 사형 집행 직전 안중근의 모습을 비롯하여, 그가 남긴 유언에 대해서도 다음과 같은 기사가 있다.

안씨는 천천히 말하기를 "나는 평소에 동양평화의 의견을 품고 스스로 이 목적을 달성하기 어려울 것 같아서 어쩔 수 없이 이번의 일을 했다. 오늘의 일은 내가 무슨 한이 있겠는가? 오직 현장에 있는 일본 관장이 이 작은 마음을 양해하기 바라며, 장래 한국과 협력해 동양의 평화를 함께 도모하는 것이 나의 마지막 소원이다." 곧 교수대에 올라 하늘을 우러러보고 묵도하고 11시 4분에야 비로서 하얀 조선의복의 옷차림을 하고 두려워하지 않고 사형에 임했다.[11)]

이상의 몇가지 예는 중국 신문들이 보도한 기사의 극히 일부분이다. 이외에 호송하는 일본경찰에 '지사를 이렇게 대접하는

10) 〈안중근 임종전의 참회기〉(번역원고, 129쪽).
11) 〈안중근 처결〉(번역원고, 149쪽).

것은 예의가 아니라'며, 일본측의 무례를 꾸짖었다는 것을 비롯하여,[12] 의거 직후부터 사형 집행에 이르기까지 안중근과 관련한 상세하고 구체적인 기사들이 많다. 중국 신문에 보도된 기사들은 연구성과라고 하기는 어렵지만, 안중근 연구에 있어 귀중한 자료가 아닐 수 없다.

2. 전기의 간행

1) 박은식의 『안중근전』

의거 직후 중국에서 안중근 전기가 간행되었다. 그 중 하나가 박은식의 『안중근전』이다. 당시 박은식은 상해에서 활동하고 있었고, 중국인들이 안중근에 대해 많은 관심을 보임에 따라 이에 부응하기 위하여 안중근의 전기를 저술하였다고 한다. 이에 대해서는 윤병석 교수가 이미 자세하게 소개한 바가 있으므로,[13]

---

12) "안중근은 호송하는 일본경찰에게 내가 나라를 위해 목숨을 버린 것은 지사가 마땅히 해야할 천직이다. 너희들은 나로 하여금 객차를 타게 하니, 이렇게 지사를 대하는 것은 극히 예의가 없는 것이다. 감옥에서 항상 우리에게 사람이 먹지 못하는 거칠고 구린 음식을 주는 것은 더욱 무례한 것이다. 너희들이 이렇게 심하고 가혹하고 잔인하게 하지 말고 대신의 예로 우리를 대접하라고 말을 전하여라. 아니면 나의 혼이 죽지 않는 이상 반드시 너희들을 소멸시킬 날이 있을 것이다"(〈애국당 자객이 여순이 진입함〉, 번역원고, 52쪽),

13) 尹炳奭, 「'滄海老紡室' 著《安重根傳》 해제」, 『한국학연구』 4 별집, 인하대 한국학연구소, 1992, 161~166쪽.

여기서는 간략하게 소개하는 정도에 그친다.

박은식은 1914년 상해에서 창해노방실(滄海老紡室)이란 이름으로『안중근전』을 간행하였다. 이는 크게 네 부분으로 구성되어 있다. 하나는 '아주제일의협(亞洲第一義俠)'이라는 휘호와 함께 수록한「사진」, 둘째는「안중근서(序)」, 셋째는「안중근전」, 넷째는「선록(選錄)」으로 총 76면이다. 간행은 상해의 대동편집국(大同編輯局)에서 한 것으로 되어 있다.

「사진」에는 안중근의사의 존영과 이토 히로부미의 사진을 비롯하여, 안중근의사가 홍석구 신부 및 두 아우와 면회하는 장면, 함께 피체되었던 정대호(鄭大鎬)·유동하(劉東夏)·우덕순(禹德淳)의 사진, 그리고 안의사가 이토 히로부미를 포살할 당시 3번 대한독립만세를 외쳤다는 설명과 함께 독립문 사진을 실었다.

「안중근서」는 나남산(羅南山)·주호(周浩)·한염(韓炎)·고관오(高冠吾)·반상루(潘湘纍)·증용(曾鏞) 등 중국인사들 6명의 글로 구성되었다. 이들은 박은식이 상해에서 교유하고 있던 인사들인 것 같다. 이들의 글은 대체로 "안중근이야말로 당대이 호걸이며 패망한 나라의 영웅"이라거나 "안군은 한국의 공인(功人)만 아니라 동아의 공인이며 세계의 공인이다" 또는 "세계의 영웅호걸이며 그의 업적은 천고에 길이 빛날 것" 등 안중근을 칭송하는 글이다. 이러한 칭송과 함께 "만일 안씨의 거사가 없었더라면 이등은 전아세아를 이미 자기의 손아귀에 넣었을 것"[14] "만일 안중근의 일격이 없었더라면 비단 한국이 존속될 수 없었을 뿐만 아니

14) 羅南山의「安重根序」.

라 동아의 평화도 이로 인하여 파괴되었을 것이며 중국의 운명도 어찌되었을지 모른다"라[15] 하기도 하였다.

「안중근전」은 박은식의 저술이다. 이는 서언과 결론을 비롯하여 모두 28장으로 구성되어 있다. 1장부터 24장까지는 안중근의 출생에서부터 최후에 이르기까지 그의 생애와 활동을 다루었다. 안중근이 일찍부터 영웅의 풍모를 보였고, 국내에서의 교육활동, 연해주에서 의병을 조직하여 국내진공을 시도하였던 일, 그리고 동양평화를 파괴하는 이토 히로부미를 총살하여 응징한 일 등을 언급하였다. 이후 4개장에서는 '두 동생이 일인을 통절히 꾸짖다' '우덕순의 역사대계' '종근의 종제 명근' '이재명과 김정익'이란 제목으로 서술하고 있다.

「신록」에는 《민우일보(民吁日報)》의 사설 「논이등감국암살안(論伊藤監國暗殺案)」1 · 2 · 3을 비롯하여, 중국 각계 인사들의 안중근을 추모하는 글과 시들을 수록하였다. 청구한인(青邱恨人)의 「독안중근감언(讀安重根感言)」, 료유(了遺)의 「제안중근선생전후(題安重根先生傳後)」, 김택영(金澤榮)의 「의제문(擬祭文)」과 「문하얼빈소식(聞哈爾濱消息)」, 양계초(梁啓超)의 「추풍단등곡(秋風斷藤曲)」, 황계강(黃季康)의 「감안중근사(感安重根事)」와 「조이토 히로부미(弔伊藤博文)」, 임수성(林樹聲)의 「동한열사가(東韓烈士歌)」, 주증금(周曾錦)의 「독안중근전(讀安重根傳)」 등의 글과 시들이 그것이다.

박은식의 『안중근전』은 안중근에 대해 궁금해하는 중국인들을

15) 潘湘禦의 「安重根序」.

위해 저술된 것이었고, 많은 중국인사들의 글도 함께 수록하였다. 이를 통해 박은식이 알리고자 한 것이 있었다. 서문에 "안중근은 단순히 몸을 바쳐 나라를 구한 지사라든가, 나라를 위해 원수를 갚은 열협이라 하기에는 부족하고, 국제적 안목을 지닌 평화의 대표자"라고 한 것이 그것이다.

2) 정원(鄭沅)의 『안중근』

정원(鄭沅)의 『안중근』은 중국인에 의해 간행된 최초의 전기이다. 맨 뒷장이 낙장되어 있어 정확한 간행연도를 알 수 없지만, 1920년경 상해에서 간행된 것으로 보인다. 정원이 어떤 인물인지는 정확히 파악되지 않고 있다. 표지에는 장사(長沙) 정원(鄭沅)으로 되어 있지만, 이 책은 정원 · 정육(程淯)을 비롯하여 27명의 글을 모아 엮은 것이다. 정원은 「안중근약사」를 서술하였고, 자신의 글을 중심으로 여러 사람의 글을 모아 엮은 편저자였다. 이에 대해서는 이미 학계에 자세하게 소개된 적이 있어,[16] 여기서는 간단하게 언급하고자 한다.

정원의 『안중근』은 상편 · 중편 · 하편의 3편으로 구성되어 있다. 상편은 정육이 저술한 「안중근전」과 왕수남(王樹枏) · 오전기(吳傳綺) · 역순정(易順鼎) · 채원배(蔡元培) 등 24명이 쓴 제사(題

16) 尹炳奭 교수가 『安重根傳記全集』(국가보훈처, 1999)을 편찬하면서 이에 대해 자세한 「해제」를 하였고, 韓詩俊의 「中國人이 본 安重根-朴殷植과 鄭沅의 『安重根』을 중심으로-」(『忠北史學』 11 · 12, 2000)이란 논문에서 그 내용을 소개하였다.

詞)로 이루어져 있다. 중편에는 정원이 저술한 「안중근약사」, 그리고 하편에는 정원이 편술한 「한인살매국노지역사(韓人殺賣國奴之歷史)」와 안중근의 동생인 안정근이 쓴 「안정근지혈루어(安定根之血淚語)」를 부록으로 수록하였다.

이 책의 가장 핵심되는 부분은 정원이 저술한 「안중근약사」이다. 이 글은 안중근의 가계와 교우관계를 비롯하여 연해주에서의 의병활동, 하얼빈에서 이토 히로부미를 처단한 의거, 그리고 재판에서 순국에 이르기까지 안중근의 생애를 정리한 것이다. 정원은 이를 정리하는데 많은 자료를 수집하여 이용하였다. 그중에서도 하얼빈 의거와 이후 진행된 재판과정에 대해서는 하얼빈제일함(哈爾濱第一函)에서부터 제5함을 비롯하여, 《요동보(遼東報)》와 《일본원동보(日本遠東報)》 등의 신문보도 자료들을 입수하여 상세하게 정리하고 있다.

이 책에서 정원이 강조하고자 한 것은 안중근의 동양평화였다. 그는 안중근이 이토 히로부미를 총살한 이유를 밝히는 데 중점을 두는 한편, 재판과정에서 있었던 안중근의 발언을 여러차례 소개하고 있다. 이를 통해 안중근이 이토 히로부미를 처단한 것은 그가 한국의 독립을 파괴하고 동양평화를 교란하였기 때문이라는 것과 안중근의 의거는 한국독립과 동양평화를 위한 것이었음을 강조하였다. 그리고 안중근이 옥중에서 동양평화를 구상하고 있었다는 사실에 대해서도 강조하고 있다.

정원은 특히 글의 맨마지막 부분을 '취의(就義)'라 하고, 안중근이 구상한 동양평화론의 내용을 「삼국화평회지대원(三國和平會

之大願)」이란 제목으로 설명하였다. 그는 안중근이 사형선고를 받은 후 온종일 조용히 앉아서 동양평화론을 구상하였다고 하면서, "여순에 한국 · 중국 · 일본 3국이 연합한 화평회의를 개설할 것과 이곳에 대은행을 설립하고 3국 공동화폐를 발행하는 것"이란 내용을 소개하고 있다.

정원의 이러한 서술은 매우 중요한 의미를 갖고 있다. 잘 알려져 있듯이 안중근은 여순감옥에서 동양평화론을 집필하였다. 그러나 글을 완성하기 전에 사형이 집행되었고, 현재는 서(序)와 전감(前鑑) 일부만 알려져 있다. 때문에 안중근이 구상한 동양평화론의 전체적인 내용이 전해지고 있지 않은데, 정원의 글을 통해 이를 보완할 수 있게 된 것이다 정원이 서술한 내용은 1910년 2월 17일 안중근이 고등법원장을 면담하고 공소를 취하하는 자리에서 행한 발언과 일치한다.[17)]

이와 더불어 이 책을 통해 드러내고자 했던 것이 또하나 있다. 중국에서도 안중근과 같은 의협열사가 나타내기를 기대하고 고취하려는 것이었다. 북경대학 학장인 채원배와 양계초를 비롯하여 25명의 글을 수록한 것이 그러한 의도였다. 이들은 안중근을 중국의 역사에서도 찾아보기 어려운 의협열사로 높이 평가하면서, 안중근이란 인물을 통해 중국인들을 격동시키려 하고 있다.[18)]

---

17) 尹炳奭, 「安重根의사 傳記의 종합적 검토」, 『한국근현대사연구』 9, 1998, 128쪽.

18) 易順鼎의 「題安重根傳後」라는 글에 정원이 이를 편찬하는 의도에 대해 "정후작이 이 전기를 만든데는 그 뜻이 따로 있나니, 의협열사만을 중요시 한 것이

3) 소설 · 연극 · 영화

의거 직후 안중근에 대한 중국인들의 관심은 여러 방법으로 표현되었다. 《동방잡지(東方雜誌)》《청년잡지(青年雜誌)》를 비롯한 각종 잡지들에 안중근에 관한 기사와 논설이 실린 것을 비롯하여, 안중근의 생애와 활동을 소재로 한 다양한 작품들이 제작된 것이다. 이중에서도 중국인들에게 안중근을 알리는 데 큰 역할을 한 것으로 소설 · 연극 · 영화 등이 있다.

안중근을 소재로 한 소설들이 의거 직후부터 나왔다. 소설가 황세종은 의거 직후인 1909년말부터 1910년 5월 7일까지 《남월보(南越報)》에 「조선혈(朝鮮血)」이란 이름의 소설을 연재하였다.[19] 이는 일본의 한국침략과 안중근을 비롯한 한국 애국지사들의 활약상을 다룬 것이다. 또 1910년 겨울에서 1911년 사이에 문학단체 남사(南社)의 구성원인 소설가 공소근(貢少芹)은 왕참생(天懺生)이란 필명으로 중국신문에 「망국한전기(亡國恨傳奇)」를 발표하였다.[20]

이러한 소설 중에서 대표적 작품으로 꼽을 수 있는 것은 『영

아니다. 春秋를 지어 亂賊들이 두려워하게 한 것처럼 의협열사를 빌어 奸臣들을 경계한 것이며, 나아가서는 俠士들에게 본보기를 남기려는 것이다"라는 내용이 그것이다.

19) 손염홍, 「안중근의거가 중국의 반제민족운동에 미친 영향」, 『한국독립운동사연구』 34, 2009, 70쪽.

20) 문정진, 「중국근대소설과 안중근」, 『안중근연구의 기초』, 경인문화사, 2009, 459쪽.

웅루(英雄淚)』『애국원앙기(愛國鴛鴦記)』『망국영(亡國影)』이다.[21)]『영웅루』는 안중근의 유년시절부터 죽음을 맞이하기까지 그의 생애를 다룬 것이다. 저자는 계림(鷄林) 냉혈생(冷血生)이고, 1911년 봄 이전에 발간되었다. 『애국원앙기』는 하얼빈 의거 현장에 있었던 저자가 본인의 목격담 속에서 안중근을 소개한 작품이다. 저자는 해구(海區)이고, 1915년 5월에 발간된『민권소(民權素)』제7책에 실려 있다. 『망국영』은 예일지(倪軼池)·장병해(庄病骸)의 작품으로 알려져 있고, 1915년 6월 상해 국화서국(國華書局)에서 상·하권 2책으로 출판되었다.

안중근을 소재로 한 연극도 제작하여 공연하였다. 의거 직후 우천영(優天影)극단에서 「안중근자이등(安重根刺伊藤)」이란 희극을, 1910년 말 진화단(進化團)에서 같은 이름의 연극을 공연하였다. 특히 중국 최초의 근대극 극단으로 임천지(任天知)가 주도하던 진화단은 상해·남경·무한·장사 등 10여개 도시를 순회하며 공연하였다고 한다.[22)]

1919년 5·4운동 이후 반일의식이 고조되면서 연극 공연이 더욱 확산되었다. 안중근을 중국의 민족영웅에 버금가는 인물로 추앙하면서, 안중근을 소재로 한 연극을 만들어 공연한 것이다. 1919년 천진의 남개대학에서 안중근이 이토 히로부미를 저격한 내용의「안중근(일명 亡國恨)」을 공연하였다. 이 연극에는 주은래(周恩來)와 당시 천진의 여학교 학생이던 등영초(鄧穎超)가 남장

21) 이 세 작품은 문정진의 위의 논문에 소개되어 있다.
22) 손염홍,「안중근의거가 중국의 반제민족운동에 미친 영향」, 72쪽.

을 하고 출연한 것으로 알려져 있다.[23] 이외에도 피영(皮影)극단에서는 북경대학 도서관주임 이대교(李大釗)가 써준 「안중근자살이토 히로부미(安重根刺殺伊藤博文)」을 공연하였고, 성조재(成兆才)가 하얼빈에서 「안중근자살이토 히로부미(安重根刺殺伊藤博文)」을 공연하기도 하였다.

이후에도 안중근에 대한 연극은 계속 제작되고 공연되었다. 한중인사들의 친목단체에서, 또는 항일의식을 고취하려는 중국측 인사들이 연극을 제작하여 공연한 것이다. 1923년 2월 상해의 한중호조사(韓中互助社)에서 한중의 친목을 위해 대규모 연예대회를 개최하였을 때, 안중근의 애국정신을 고취하는 「동아풍운(東亞風雲)」을 공연한 것이 그러한 예이다.[24] 그리고 1937년 중일전쟁이 발발하였을 때 중국공산당의 주요 인사들이 주도하여 공연하기도 했다. 주은래·곽말약(郭沫若) 등은 반일투쟁을 고무하기 위해 선전대와 극단을 조직하여 무한·장사 등지에서 「안중근」이란 연극을 공연하였나.[25]

안중근을 소재로 한 영화도 제작되어 상영되었다. 1928년 상해에서 한국인 정기탁(鄭基鐸)과 전창근(全昌根)이 만든 『애국혼(愛國魂)』이란 영화가 그것이다.[26] 이 영화는 박은식의 『애국혼』

23) 金宇鍾 主編, 「鄧穎超-光輝的一生」(『安重根和哈爾濱』, 흑룡강조선민족출판사, 2005, 16쪽).
24) 손염홍, 「안중근의거가 중국의 반제민족운동에 미친 영향」, 82쪽.
25) 金春善, 「안중근의거에 대한 중국인의 인식」, 125쪽.
26) 안태근, 「日帝强占期의 上海派 韓國映畵人 硏究」, 『한국영화사연구』(새미, 2003), 76~79쪽.

을 영화화한 것으로, 전창근이 각본을 쓴 것으로 알려져 있다. 전창근은 안중근과 함께 연해주 의병을 이끌고 국내진공작전을 전개하였던 전제익(全濟益)의 아들로,[27] 안중근의 역사적 사실을 누구보다도 잘 알고 있던 인물이었다.

3. 1980년대 이후의 연구

1) 전기의 간행

중국에서 안중근에 대한 연구가 본격적으로 이루어지기 시작한 것은 1980년대에 들어서면서부터이다. 1976년 문화대혁명이 종료되고, 한중간에 민간의 교류가 이루어지면서 안중근에 대한 관심이 일어나기 시작하였다. 안중근에 대한 관심은 흑룡강성 · 길림성 · 요녕성 등 동북3성에 거주하고 있는 조선족으로부터 시작되었고, 활발한 연구활동이 이루어지고 있다. 그 연구성과를 전기 · 자료집 · 학술대회 및 논문으로 나누어 정리한다.

중국학계에서 이루어진 대표적 연구성과의 하나는 안중근 전기의 간행이다. 전기는 단독저술 및 잡지에 연재하는 방법으로 간행되었다. 그리고 조선족 · 중국인 학자가 단독으로 저술한 것도 있고, 조선족과 한국인 학자가 공동으로 집필한 것도 있다. 필자가 조사한 바로는 모두 12편의 전기가 발간되었다.

27) 朴敏泳,『大韓帝國期 義兵硏究』, 한울, 1998, 319쪽.

楊昭全 · 安淸奎,『朝鮮愛國志士安重根』, 商務印書館, 1983.

宋楨奧,『安重根』, 遼寧民族出版社, 1985.

宋禎奧 · 黃顯杰,「安重根傳」,『長春文藝』 1-4, 1991.

崔洪斌,『抗日獨立鬪爭義士安重根』, 遼寧民族出版社, 1993.

金宇鍾 · 崔書勉,『安重根 : 論文 · 傳記 · 資料』, 遼寧民族出版社, 1994.

孫玉梅,『安重根傳』(『韓國著名獨立運動家傳』, 吉林省社會科學院, 1997).

金宇鍾 · 崔書勉,『안중근의사』, 요녕민족출판사, 1998.

金宇鍾 · 李東源,『安重根義士』, 黑龍江朝鮮民族出版社, 1998.

徐明勳,『安重根在哈尒濱的11天』, 黑龍江美術出版社, 2005.

劉秉虎,『東北亞平和與安重根』, 萬卷出版公司, 2006.

華文貴 主編,『安重根硏究』, 遼寧民族出版社, 2007.

華文貴 주필, 유병호 역,『안중근연구』, 요녕민족출판사, 2009.

전기는 대부분 단독저술이고, 공동저술로 간행되기도 하였다. 이외에 송정오 · 황현걸의 「안중근전」은 『장춘문예(長春文藝)』라는 잡지에 4회에 걸쳐 연재한 것이고, 손옥매의 『안중근전』은 손옥매 · 송건(宋健) · 김성란(金成蘭) · 마언(馬彦) 등이 한국의 독립운동가에 대한 전기를 묶어 편찬한 『한국저명독립운동가전』에 수록한 것이다.[28] 그리고 김우종 · 최서면의 『안중근의사』는 중국어본과 이를 번역한 한글본으로 두 번 간행되었고, 화문귀의 『안중근연구』도 유병호에 의해 한글로 번역되었다.

28) 이 책에는 孫玉梅의『安重根傳』과『尹奉吉傳』, 宋健 · 金成蘭의『金九傳』, 馬彦의『李靑天傳』이 수록되어 있다.

전기는 대부분 조선족 학자들이 집필하였다. 중국인 학자는 양소전(楊昭全) · 화문귀(華文貴) 2명이다. 양소전은 길림성사회과학원의 역사학 교수로 한국독립운동사를 연구하는 학자이고, 화문귀는 여순일러감옥구지박물관 관장과 대련시 근대사연구소 소장을 맡고 있는 사람이다. 이외에 일본에서 한국연구원 원장으로 안중근을 연구하던 최서면이 하얼빈의 조선족 학자인 김우종과 함께 전기를 출판한 경우도 있다.

중국인 학자의 대표적인 전기로는 양소전 · 안청규의 『조선애국지사안중근』이라고 하겠다. 이는 1980년대부터 시작된 중국학계의 연구에서 최초로 중국인 학자에 의해 저술된 전기이다. 저자는 이 책에서 안중근의 생애 전반을 다루었다. 그리고 안중근을 "조선민주혁명의 영광스러운 선구자이며 위대한 애국자"로 평가하는 한편, 안중근이 반일구국의 뜻을 품고 치열한 투쟁을 전개하여 목숨까지 바쳤지만 "시대와 역사적 제한성으로 말미암아 명확한 혁명방침과 정확한 투쟁방법, 그리고 견실한 군중기초가 결핍하였다"라는 평가를 하고 있다.

김우종과 최서면의 『안중근』은 중국과 일본에서 안중근을 연구하고 있던 대표적 학자들이 공동으로 펴낸 것이다. 이 책에는 저자인 김우종의 「안중근 애국정신의 영향과 동양평화사상」, 최서면의 「안중근 의거의 역사적 배경과 그 교훈」이란 논문을 비롯하여, 박은식의 『안중근전』, 안중근이 감옥에서 쓴 자서전인 『안응칠역사(安應七歷史)』, 그리고 재판과정에서 있었던 「안중근신문기록」, 「안중근공판기록」, 「안중근사건판결서」 등의 자료를 수록하였다. 이 책은 당시 중국과 일본에서 발굴된 안중근의 자료를 수록하여, 안중근 연구가 크게 발전하는 계기를 마련한 것으로 평가받고 있다.

2) 자료집 및 기념사업

1980년대 이후 안중근에 대한 관심은 여러 형태로 표출되었다. 《흑룡강일보》《장백산》 등의 신문과 잡지에 안중근과 관련된 수많은 글들이 발표되었고, 조선족 학교에서는 교육용 교과서에 안중근에 관한 내용을 수록하였다.[29] 이외에 안중근을 소재로 한 소설이 발간되고, 자료집 간행과 함께 각종 기념사업이 활발하게 이루어졌다.

중요한 성과의 하나로 안중근의 생애 전반을 다룬 소설이 간행되었다. 2002년 신세계출판사에서 간행한 아성(阿成)의 『안중근격폐이토 히로부미(安重根擊斃伊藤博文)』이 그것이다. 아성은 하얼빈에서 활동하고 있던 소설가로 2000년에 문학잡지인 《탁목조(啄木鳥)》에 단편소설로 발표하였다가, 2년 후 400쪽에 달하는 장편소설로 확대하였다. 이는 중국인 작가에 의해 쓰여진 안

29) 그러한 예를 들면 《黑龍江日報》(1980. 11. 13)에 「할빈에서의 안중근」이 실린 것을 비롯하여, 《吉林新聞》에 「후손만대에 잊지 못할 민족의 얼-애국지사 안중근과 오빠 류동하를 회억하며」(1985. 6. 18), 《延邊日報》에 「항일독립투쟁 의사 안중근」(1989. 12. 5) 등이다. 그리고 《장백산》이란 잡지에서는 「할빈역두의 총소리」(1983), 「안중근의 옥중실기」(1988)와 《소년아동》이란 잡지에서는 「개를 쏴죽인 안중근」(1989)이란 글 등 많은 글들을 수록하였다.

중근에 관한 대표적인 소설로, 중국인 독자들에게 널리 알려져 안중근을 이해하는 데 크게 공헌하였다.[30)]

또 다른 하나는 하얼빈을 중심으로 안중근 기념사업이 전개되면서 생산된 성과를 들 수 있다. 1980년대부터 안중근의 의거지인 하얼빈에서는 안중근의사를 기념하기 위한 각종 사업들이 활발하게 이루어지고 있다. 1987년 하얼빈시의 조선족퇴직간부문화활동중심과 조선족부녀연의회(聯誼會)의 주도로 매년 3월 26일과 10월 26일을 안중근기념활동일로 정하고 다양한 활동을 전개하기 시작한 것이 그 계기가 되었다.

이후 안중근의 기념사업은 더욱 활발하게 전개되고 있다. 1990년에는 흑룡강혁명박물관에 안중근사적전시관을 설치하였고, 1992년 3월에는 흑룡강성안중근연구회가 설립되면서 안중근기념사업은 공식적인 행사로 확대되었다. 그리고 하얼빈시인민정부에서는 안중근을 '하얼빈의 역사인물'로 선정하기도 했다. 이러한 기념사업은 하얼빈시 당국에서 주도하기도 하였다. 하얼빈시 선전부부부장과 시문화국국장을 맡고 있던 任洪彬이 가극「안중근」을 창작하여, 공연한 것이[31)] 그러한 예이다.

이러한 기념사업이 추진되는 과정에서, 안중근에 관한 자료집이 발간되었다. 2005년 김우종(金宇鍾)이 편찬한『안중근여하얼빈(安重根與哈尒濱)』이 그 하나다.[32)] 이는 일본 · 한국 · 북한에 있

30) 宋成有,「近十年來中國的安重根硏究與評述」, 182쪽.

31) 김춘선,「安重根義擧에 대한 中國의 認識」(『안중근연구의 기초』, 경인문화사, 2009, 407쪽).

32) 金宇鍾 主編,『安重根與哈尒濱』, 흑룡강조선민족출판사, 2005.

는 안중근과 관련된 사진 및 자료들을 수집하여, 안중근 순국 95주년을 맞아 화첩으로 발간한 것이다. 그 형식은 안중근의 생애를 간단하게 서술하면서, 그와 관련된 사진 · 자료 · 휘호 등을 수록하였다.

의거 100주년을 맞아 또 다른 자료집이 발간되었다. 서명훈(徐明勳) · 이춘실(李春實)이 펴낸『중국인의 눈으로 본 안중근(中國人心目中的安重根)』이 그것이다.[33] 이는 안중근의거 100주년을 기념하여 하얼빈시 인민정부신문판공실과 조선민족예술관이 공동 기획한 것으로, 크게 5부분으로 되어 있다. 하나는 손문(孫文) · 원세개(袁世凱) · 장개석(蔣介石) · 주은래(周恩來) 등 중국인사들이 안중근에 대해 언급한내용을 모은「중국 유명인사의 제사(題詞)와 평가(評價)」, 둘째는 중국의 각종 신문의 사론 · 평론 · 보도기사를 모은「각 신문의 사론(各報刊的社論), 시사평론과 신문보도(時事評論和新聞報道)」, 셋째는 화극(話劇)으로 된「안중근자이등(安重根刺伊藤)」과 추도가곡「도념안중근(悼念安重根)」, 넷째는 정원과 박은식이 저술한 전기『안중근』을, 다섯째는 안중근 관련 사진자료를 수록하였다.

33) 徐明勳 主編, 李春實 副主編,『中國人心目中的安重根』, 黑龍江教育出版社, 2009.

Ⅲ. 학술회의 및 논문

안중근에 대한 연구성과의 또 하나는 학술회의와 이를 통한 논문의 발표이다. 학술회의는 하얼빈을 비롯한 여러 연구기관에서 의거 기념일을 맞아 개최하였고, 이를 통해 많은 논문들이 발표되었다.

중국에서 학술회의가 개최되기 시작한 것은 의거 80주년 때였다. 1989년 10월 장춘(長春)에서 길림사회과학원 주최로 개최된 '안중근의거80주년기념 국제학술연토회'가 그것이다. 1996년에는 하얼빈 공업대학에 안중근연구소와 안중근장학회가 의거 87주년을 맞아 '안중근연토회(安重根硏討會)'를, 그리고 1999년 의거 90주년을 기념하여 북경대학에서 북경대학 동북아연구소와 안중근장학회의 공동주최로 '안중근과 중한항일애국활동(安重根與中韓抗日愛國活動)'이란 주제를 가지고 학술회의를 개최하였다. 이후 하얼빈 · 여순 등지에서 매년 여러 기관과 단체들이 학술회의를 개최해오고 있다.

이러한 학술회의에는 중국과 한국의 학자들이 참여하였고, 이를 통해 안중근과 관련된 연구논문들이 발표되었다. 1996년 10월 하얼빈 공업대학에서 개최한 학술회의에서는 모두 17편의 논문이,[34] 1999년 북경대학에서 개최된 학술회의에서는 18편의 논

34) 이 학술회의에서 발표된 논문은 張德旺의 「論安重根愛國主義精神的思想內函」, 洪炳熔의 「論安義士的偉大業績及對後的影響」, 吳時起의 「安重根與民粹派

문이 발표되었다.[35)]

한국에서 개최되는 학술회의에 중국의 학자들이 참여하여 논문을 발표하기도 하였다. 1996년 국가보훈처가 주관하여 국외 독립운동관련 인사들을 초청하였을 때, 동북열사기념관 관장 마유이(馬維頤)가 「중국인 시각으로 보는 안중근」을, 흑룡강성 당사연구소 소장 김우종이 「안중근 동양평화사상의 현실적 의의」라는 글을 발표하였다.[36)] 이는 논문이라기 보다는 간단한 보고 형식의 글이었다.

이후 안중근의사 숭모회와 독립기념관을 비롯하여 여러 학회에서 안중근의사의 의거 및 순국을 기념하기 위한 학술회의를 개최해오고 있다. 그리고 2007년 한국민족운동사학회가 대련대학(大連大學) 한국학연구원 · 여순일아감옥구지박물관(旅順日俄監獄舊地博物館)과 공동으로 학술회의를 개최한 것과 같이 한국과 중국의 단체 및 기관들이 공동으로 학술회의를 개최하기도 하였다. 이러한 학술회의에 중국인 학자들이 참여하여 논문을 발표하기도 하였고, 이들의 논문이 한국에서 발행되는 학술지에

之比較硏究」, 劉乃新의 「安重根是大無畏的愛國者」 등 17편이다.

35) 이 학술회의는 중국과 한국학자들이 참여하였다. 중국측에서 金宇鍾의 「在中國的安重根硏究與紀念活動」, 徐勇의 「論安重根抗日活動的意義及其對中國的影響」, 李帆의 「安重根在旅順」, 한국측에서 尹慶老의 「思想家安重根的生活與活動」, 徐德根의 「安重根生涯簡介」, 崔起榮의 「安重根兄弟의 獨立運動」, 韓詩俊의 「中國人이 본 安重根」 등 18편의 논문이 발표되었다.

36) 이 행사에는 한 · 중 · 일 3국의 학자 13명이 논문을 발표하였고, 국가보훈처에서는 이를 묶어 『21세기와 동양평화론』(1996)이란 책자를 발간하였다.

수록되었다.[37)]

중국인 학자들의 연구와 논문은 대체로 이러한 각종 학술회의를 통해 발표되었다. 중국에서 발간되는 학술지에 발표된 경우는 매우 드물다. 송정환(宋禎煥)의 「《回憶哥哥劉東夏》一文對安重根歷史的錯誤敍述」이란 논문이 中國朝鮮史硏究會의 학술지인 『朝鮮·韓國歷史硏究』 8집(1991)에, 김구춘(金龜春)의 「義士安重根的壯擧和中朝友誼」이란 논문이 『朝鮮學 -韓國學與中國學』(中國社會科學出版社, 1993)에, 석원화(石源華)의 「論韓國義士安重根與中國關係」라는 논문이 북경대학에서 발행한 『韓國學論文集』(北京大學出版社, 2004)에, 양귀숙(梁貴淑)·김희성(金喜成)의 「中國近代關於安重根形象的文學作品分析」이란 논문이 『中國人文科學』 39(2008)에 수록된 것이 대표적인 사례이다.

이외에 중국에서 이루어진 연구의 대부분은 연변에 있는 조선족 학자들에 의해 생산되었다. 강석훈(姜錫勳)의 「안중근과 단지동맹」(『연변문사자료』 4, 1985), 김창대의 「이토 히로부미를 사살한 안중근」(『항일투쟁반세기』, 요녕민족출판사, 1998), 허영길의 「이토 히로부미를 쏴죽인 안중근」(『개척』, 민족출판사, 1999), 안화춘의 「안중근과 문암동 선바위」(『중국조선족 역사문화산책』, 한림대학출판사, 2000), 최수일(崔秀一)·요작기(姚作起)의 「中朝人民反日義

---

37) 그러한 예로 한국근현대사학회가 주관한 학술회의에서 연변대학 교수 金春善이 발표한 「안중근의거에 대한 중국인의 인식」(『한국근현대사연구』 33, 2005), 독립기념관 한국독립운동사연구소에서 주관한 학술회의에 건국대학교 교수인 중국인 손염홍이 발표한 「안중근의거가 중국의 반제민족운동에 미친 영향」(『한국독립운동사연구』 34, 2009) 등이 있다.

士安重根」(『延邊烈士敎育英才』, 길림인민출판사, 2001) 등이 그러한 예이다.

Ⅳ. 맺음말(연구성과와 과제)

중국에서의 안중근에 대한 연구는 의거 직후부터 이루어졌다. 의거 직후 중국의 각종 신문과 잡지들이 이를 보도하고 시평·논설 등을 게재한 것을 비롯하여, 손문·원세개·양계초 등 주요 인사들이 안중근을 칭송하는 글과 시 등을 발표하였다. 그리고 상해에서 활동하던 박은식이 중국인들의 관심에 부응하기 위해 『안중근전』을, 중국인 정원이 『안중근』이란 전기를 간행하기도 하였다. 이외에 안중근을 소재로 한 소설·연극·영화 등을 제작하여 공연함으로써 중국인들에게 안중근을 널리 알렸다.

안중근에 대한 연구는 문화대혁명이 종료된 이후 1980년대부터 일어나기 시작하였다. 연구는 흑룡강성·길림성·요녕성 등에 거주하고 있는 조선족 학자들을 중심으로 시작되었고, 이후 점차 중국인 학자들에 의해서도 연구가 생산되었다. 연구의 주된 형태는 전기·자료집·논문 발표 등이었다. 이러한 연구성과는 주로 학술회의와 기념사업을 통해 이루어졌고, 그 대부분은 한국과 연계되어 추진되었다.

1980년대 이후 중국학계에서 이루어진 연구는 이전에 비해 그 수준이 크게 제고되었다. 의거 직후 안중근을 협객, 자객, 민족 영웅 등으로 칭송하거나 평가하던 시각에서 안중근의 생애와 활동, 그리고 동양평화론에 대해 연구하려는 노력이 시도된 것이다. 이러한 연구를 주도하고 선도한 학자들을 조선족이었고, 그 중에서도 김우종의 역할이 컸다. 그는 일본에서 안중근 관련 자료를 수집 연구하고 있던 최서면과 관계를 맺고, 안중근 연구를 질적으로 제고시키는 데 큰 역할을 하였다.

중국학계에서의 연구 성과는 동양평화론을 중심으로 한 안중근의 사상과 이토 히로부미를 처단한 의거의 역사적 의의를 파악하는 데 집중되었다. 그리고 이를 정확하게 인식하기 위하여 국내에서의 안중근의 활동을 비롯하여 연해주에서의 의병활동, 그리고 이토 히로부미를 처단한 과정과 목적, 옥중과 법정에서의 투쟁 등에 대한 연구로 확대되고 세분화되고 있는 추세이다.

중국학계에서 이루어진 연구성과는 몇 가지로 정리할 수 있다. 하나는 안중근의 의거가 일본의 통치집단에 거대한 충격을 주고 침략자들의 사기에도 큰 타격을 주었다는 점, 둘째는 안중근의 의거를 테러 암살이 아니라 항일투쟁 역사상 의병투쟁의 중요한 부분이며 연장이라는 점, 셋째는 안중근의거가 한민족의 애국투쟁을 고무하였을 뿐만 아니라 중국인들의 항일애국운동에도 장렬하고 휘황한 본보기를 보여주었다는 점, 넷째는 안중근은 한민족의 영웅일 뿐만 아니라 제국주의 침략에 항거하고 평화를 사랑하는 모든 동방민족의 의사라는 평가를 하고 있다.

향후 중국학계에서 안중근 연구가 더욱 활성화되기 위해서는 몇 가지 해결해야 할 과제가 있다. 우선 중국인 학자의 독자적인 연구성과가 두드러지지 않다는 점이다. 연구의 대부분은 조선족에 의해 수행되고 있다는 점을 고려하고, 중국인 학자들이 독자적인 연구성과를 생산할 수 있는 여건과 기회를 만들어야 한다. 둘째는 중국학계가 아직 한국학계의 연구성과를 충분히 반영하거나 활용하지 못하고 있다는 점이다. 한국학계의 연구성과를 중국에 적극적으로 알릴 필요가 있다. 셋째는 중국학계와 공동연구를 추진할 수 있는 기반을 조성하는 문제이다. 그동안 한중학자들이 공동으로 참여하여 학술회의를 개최하는 데서 벗어나, 안중근이 한국과 중국의 역사에서 어떠한 의미와 위상을 갖고 있는가에 대한 공통된 인식을 마련하는 연구성과를 도출할 필요가 있다. 특히 중국 지식인들의 혐한론이 크게 확산되고 있는 현실에서, 동양평화론을 중심으로 안중근에 대한 한중의 공통된 이해기반을 마련할 필요가 있다고 생각한다.

제2부

이봉창 · 윤봉길 의사의 의거와 중국신문

제1장

이봉창 의거에 대한 중국신문의 보도

Ⅰ. 머리말

20세기 전반기 한국과 중국은 공동의 운명에 처해 있었다. 양국이 모두 일본제국주의의 침략을 당한 것이다. 일본제국주의는 한중의 '공동의 적'이었고, 한중 양국은 이를 물리치기 위해 치열한 대일항쟁을 전개하였다. 이 과정에서 한중간에 긴밀한 협력과 연계가 이루어졌다. 많은 한국인들이 동북삼성을 비롯한 중국지역으로 망명하여 항일독립운동을 전개하였고, 이들 대부분이 중국과 긴밀하게 연계를 맺으며 활동한 것이다.

20세기 전반기에 있었던 한중간의 협력과 연계는 일본제국주의를 물리 친 역사적 경험으로서는 물론이고, 향후 한중간의 협력과 우호를 증진하는데 있어서도 주요한 자산이 된다고 생각한다. 이러한 이유 때문에 항일항쟁에 있어 한중간의 협력과 연계에 대해 많은 관심이 집중되었고, 한국과 중국의 학자들에 의해 적지 않은 연구업적들이 발표되었다.[1)] 이를 통해 중국지역에서 전개된 한국독립운동의 실상이 밝혀졌고, 한중이 긴밀한 협력과 연계를 맺으며 공동으로 대일항쟁을 전개하였음도 드러났다.

한중간의 협력과 연계는 다양한 형태로 이루어졌다. 한국의 독립군과 중국의 항일군이 연대하여 대일무장투쟁 전개하기도 하였고, 중국국민당이나 중국공산당의 경우와 같이 한국독립운동을 물질적 정신적으로 지원한 경우도 있었다. 이러한 형태 중 주목할 만한 것이 있다. 중국의 신문이다. 중국의 각 지역에서 발행되고 있던 많은 신문들이 한국인들의 항일투쟁에 대해 소상하게 보도하였고, 이러한 신문의 보도가 한중연대에 적지 않은 작용을 한 것이다.

중국의 신문들이 한국독립운동사를 연구하는 데 있어 매우 중요하다는 것을 깨닫게 되었다. 상해에서 발행된 《신보(申報)》에서 한국관련 기사를 발췌하여 자료집으로 발간한 것이 그 중요

---

1) 한국에서는 독립운동사 연구가 시작하는 단계에서부터 중국지역에서 전개된 독립운동을 주요한 연구대상으로 삼아 많은 연구가 이루어졌다. 이러한 연구와 함께 韓相禱의 경우는 한중간의 협력과 연계에 크게 주목해야 한다는 주장을 제기하며 선도적 연구를 이루었고, 그 성과로 『한국독립운동과 국제환경』(한울, 2000)을 발표하였다.
중국에서도 1992년 국교 수립을 계기로 많은 연구들이 이루어졌다. 楊昭全이 『中國境內韓國反日獨立運動史』 1 · 2권(吉林人民出版社, 1996)을 발표한 것으로 비롯하여 石源華의 『中國共產黨援助朝鮮獨立運動紀事』, 馮開文 · 楊昭全의 『大韓民國臨時政府在重慶』(重慶出版社, 1999) 등이 그것이다. 그리고 상해의 臨時政府舊址管理處가 학술회의를 개최하여 그 성과를 『中國抗日戰爭과 韓國獨立運動』이란 책자로 펴내기도 하였고, 상해 復旦大學의 韓國硏究中心에서도 『韓國獨立運動政黨與社會團體』등 많은 연구업적을 생산하였다.

성을 일깨운 선구적 업적이었고,[2)] 1940년대《신화일보(新華日報)》에 보도된 한국독립운동 관련 기사를 소개한 경우도 있다. 이러한 연구로 인해 중국 신문들이 한국독립운동사 연구에 중요한 자료가 된다는 것이 알려졌다. 그러나 중국의 각 지역에서 발간된 신문들이 적지 않고, 또 많은 신문들이 한국의 독립운동을 보도하고 있었음에 비해, 그에 대한 조사나 연구는 아직 초보단계에 있다고 할 수 있다.

이 글은 중국의 신문들이 이봉창 의거와 관련하여 어떠한 보도를 하고 있었는지를 확인하고, 이를 통해 중국의 신문이 한국독립운동을 연구하고 이해하는 데 중요한 자료가 된다는 것을 일깨우려는데 그 목적이 있다. 필자는 상해에서 발행된《민국일보(民國日報)》,《신보(申報)》,《시보(時報)》,《시사신보(時事新報)》, 남경에서 발행된《중앙일보(中央日報)》, 천진에서 발행된《대공보(大公報)》를 조사할 기회가 있었다.

이들 신문을 중심으로, 이들 신문이 이봉창 의거와 관련하여 보도한 내용을 검토하려고 한다. 우선 이들 신문이 이봉창 의거에 대해 보도한 실상과 보도의 논조, 의거의 여파에 대한 보도, 그리고 김구가 이봉창의거의 경위를 작성하여 발표한 '동경작안의 진상'이란 글을 보도한 경위 등을 살펴보고자 한다.

---

2) 《申報》는 상해에서 발행된 대표적 일간지의 하나이다. 大韓民國臨時政府舊址管理處가 주관하여《申報》에서 한국관련 기사를 발췌하였고, 이를『申報有關韓國獨立運動暨中韓關係史料選編』(人民文學出版社, 2000)이란 이름으로 펴냈다. 이 책은 한국어로 번역되어『중국언론 신보에 그려진 한국근현대사』(역사공간, 2004)로 출판되기도 했다.

Ⅱ. 의거에 대한 보도와 논조

1. 의거에 대한 보도

1932년 1월 8일, 한국인 이봉창이 일본 천황을 저격하였다. 일본의 수도 동경한복판에서 새해 관병식을 마치고 황궁으로 돌아가는 천황을 향해 폭탄을 투척한 것이다. 폭탄은 천황을 뒤따르던 마차에 떨어졌고, 굉음을 내며 폭발하였다. '일황의 처단'이라는 목적을 달성하지는 못하였지만. 이봉창 의사가 일황을 저격한 의거는 일본 · 한국 · 중국을 비롯하여 세계를 깜짝 놀라게 한 역사적 사건이었다.

이봉창 의사가 일황을 저격한 의거가 일어나자, 한국 · 일본의 신문들이 즉각 이를 보도하였다. 중국의 신문들도 마찬가지였다. 중국의 각 지역에서 발행되고 있던 많은 신문들이 이봉창의거에 대해 보도한 것이다. 중국의 신문들이 이봉창의거에 대해 보도하기 시작한 것은 사건이 일어난 다음날인 1월 9일부터였다. 이후 1월말까지 의거에 대한 사실보도와 함께 이봉창의거의 여파에 대한 보도가 이어졌고, 그해 10월 이봉창의사의 사형에 대한 보도와 김구가 작성하여 발표한 「동경작안(東京炸案)의 진상(眞相)」을 게재하기도 하였다.

중국의 각 신문들이 이봉창의거를 보도하기 시작한 것은 동경에서 보내오는 전보를 통해서였다. 《민국일보》, 《신보》, 《시보》,

《시사신보》 등 상해에서 발행되던 신문들은 주로 동경전(東京電)과 로이터(路透)통신의 전보를, 남경에서 발행되던 《중앙일보》는 중앙사통신과 국제통신을, 천진에서 발행된 《대공보》는 신연전(新聯電)을 이용하여 보도하고 있다.

중국의 각 신문들이 이봉창의거에 대한 첫 기사를 보도한 것은 1월 9일이었다. 사건이 일어난 다음 날이었다. 중국 신문들이 보도한 이봉창의거의 첫 기사의 제목은 다음과 같다.

- 《民國日報》: 「韓人刺日皇未中 日皇閱兵畢返京突遭狙擊 不幸僅炸副車兇手卽被逮 犬養毅內閣全體引咎辭職」
- 《申報》: 「韓國志士狙擊日皇未成 手榴彈誤中隨車 李鳳章當場就逮犬養內閣引咎辭職未准」
- 《時報》: 「韓人狙擊日皇不中 中副車 未傷人 當場被捕 受印度自主運動感動謀韓國復國 犬養毅內閣引咎總辭職」
- 《時事新報》: 「日皇昨被暗殺未中 犬養內閣全體辭職 日皇閱兵返宮韓人李奉章擲彈 未傷人卽被逮將處以極刑」
- 《中央日報》: 「日皇遇刺日閣總辭 韓人李鳳章爲復國運動行刺」
- 《大公報》: 「亡韓一擊 日皇閱兵歸途遇狙 有韓人擲炸彈當場被捕日皇無恙犬養內閣總辭」

중국의 각 신문들이 1월 9일자로 보도한 첫 기사는 크게 세 가지 내용을 담고 있었다. 한인이 일황을 저격하였다는 것과 폭탄이 적중하지 않았다는 것, 폭탄을 투척한 한인은 현장에서 피체되었다는 것, 그리고 견양의 내각이 총사직하였다는 내용이었다.

첫 보도에서 폭탄을 투척한 한인의 이름을 거론하기도 하였다. 《신보》와 《중앙일보》가 그 이름을 '이봉장(李鳳章)'이라 하였고, 《시사신보》는 '이봉장(李奉章)'이라고 한 것이다. 이름을 '李鳳(奉)章'이라고 한 것은 '이봉창'을 중국음에 따라 음역(音譯)한 것이었다. 1월 10일자부터는 정확하게 '李奉昌'이라고 표기하였다.

중국의 신문들은 의거 자체에 대한 기사에 이어, 폭탄을 투척한 인물에 대해 보도하였다. 1월 12일자에 「한지사이봉창약력(韓志士李奉昌略歷)」(신보) 「이봉창약력(李奉昌略歷)」(시보)이라 하여 이봉창 개인의 신상을 조사하여 보도하였고, 「동경작탄안지주범(東京炸彈案之主犯)」(대공보)이란 기사에서는 부친의 이름이 이진구(李鎭求)라는 것과 가족 사항까지 소개한 것이다. 그리고 1월 14일자에 「동경작탄안지이봉창(東京炸彈案之李奉昌)」(대공보)이라는 설명을 붙여, 태극기 앞에 서 있는 이봉창 의사의 사진을 게재하기도 하였다. 《대공보》가 수록한 이봉창의사의 사진은 1931년 12월 13일 한인애국단에 가입하고 태극기 앞에서 찍은 것이었다. 이로보면 이봉창의사의 약력이나 사진 등은 한국측에서 제공한 것으로 보인다.

일황저격의거를 추진한 것은 한국독립당이라는 기사도 게재하였다. 상해에서 결성되어 활동하고 있던 한국독립당은 1월 10일 〈대이봉창저격일황사건(對李奉昌狙擊日皇事件)〉이라는 제목의 선언을 발표, 일황저격을 추진한 것은 한국독립당이라는 것을 공표하였다.[3] 1월 16일자 신문에 「삼한혁명운동(三韓革命運動)」과 「한인혁명운동조추봉발(韓人革命運動潮趨蓬勃)」이란 기사에서 일황저격을 추진한 것은 한국독립당이란 사실이 언급되었고, 《중앙일보》는 1월 19일자에 한국독립당이 발표한 선언을 그대로 게재하였다.

2. 보도의 논조

중국 각 신문들의 이봉창의거에 대한 보도에서 관심을 갖게 되는 것 중의 하나는 보도의 논조이다. 이봉창의거에 대한 보도는 의거 다음날인 1월 9일부터 시작하여 12일까지 집중적으로 이루어졌다. 기사의 대부분은 의거 자체에 대한 사실을 보도한 것이지만, 그 내용 중에는 일정한 논조가 있다.

가장 공통적으로 나타나는 논조는 일황이 처단되지 못한 것을 아쉬워 한 점이었다. 여러 신문들이 이봉창의거를 보도하면서, 그 제목에 '폭탄이 일황을 적중하지 못하였다'는 표현을 사용한 점이 그것이다. 상해에서 발행된 《민국일보》, 《신보》, 《시보》, 《시사신보》가 모두 그러한 표현을 사용하였다.

'韓人刺日皇未中' (민국일보)

---

3) 백범김구전집편찬위원회, 『백범김구전집』 4, 대한매일신보사, 1999, 197~198쪽.

'韓國志士狙擊日皇未成' (신보)

'韓人狙擊日皇未中'(시보)

'日皇昨被暗殺未中(시사신보)

이 내용은 각 신문들이 1월 9일자로 이봉창의거에 대한 첫 보도를 하면서 큰 활자로 뽑았던 제목의 일부분이다. 여기서 주목되는 것은 '미중(未中)' '미성(未成)'이라는 표현이다. '未中'이란 한인이 일황을 저격하였는데 그 폭탄이 일황을 정확하게 맞추지 못하였다는 뜻을 내포하고 있다. '未成'은 일황을 처단하려고 폭탄을 투척하였지만, 그 목적을 달성하지 못하였다는 뜻이었다.

《민국일보》와 《신보》의 경우는 더 적극적인 표현을 사용하였다. 《민국일보》는 '한인자일황미중(韓人刺日皇未中)'이란 대활자와 함께 부제어로 '일황이 열병을 마치고 돌아가다가 저격을 받았다(日皇閱兵畢返京突遭狙擊) 불행하게도 폭탄은 뒤따르던 마차에 떨어졌고 범인은 바로 체포되었다(不幸僅炸副車兇手卽被逮)'라 하였고, 《신보》는 '한국지사가 일황을 저격하였으나 성공하지 못했다(韓國志士狙擊日皇未成)'이라는 대활자에 이어 '수류탄은 잘못되어 뒤따르던 마차에 떨어졌다(手榴彈誤中隨車)'라는 표현을 사용한 것이다. 한인이 일황에게 폭탄을 투척하였는데, 불행하게도 그 폭탄이 부차에서 터졌다는 것, 그리고 투척한 수류탄이 잘 못되어 뒤따르던 마차에 떨어졌다는 설명이다. 폭탄이 일황에게 적중하지 못하였음을 안타까워하는 뜻이 담겨져 있다.

이봉창을 '지사(志士)'로 지칭한 것도 주목된다. 처음으로 '지사'

라는 용어를 사용한 것은《신보》였다.《신보》는 1월 9일자로 이봉창의거에 대한 첫 기사를 내보내면서 그 제목을「한국지사저격일황미성(韓國志士狙擊日皇未成)」이라고 하였다. '한국지사'라는 표현을 사용한 것이다. 이후《신보》와《시사신보》가 1월 12일자에 이봉창을 소개하면서 역시 그 제목으로「한지사이봉창약력(韓志士李奉昌略歷)」이라고 하여, '지사'라는 칭호를 사용하였다.

《중앙일보》는 여기서 한 걸음 더 나아갔다. 1월 11일자에 이봉창의거의 여파를 설명하면서 그 제목을「한지사저격일황후(韓志士狙擊日皇後)」라 하였고, 이봉창을 천하 제일의 지사로 추켜세운 것이다. 그 내용은 다음과 같다.

> 此次日本實行侵略 主義攻佔東北 着着進兵入關 蔑視公理 目無一世之際 忽然霹靂一聲 韓國志士李奉昌 以單身隻彈 狙擊日皇於萬軍護衛之中 雖誤中副車 未達其目的 然此乃博浪推聲之後 天地間第一偉大驚人之音也

일본이 동북지역을 점령하고 군대를 앞세워 중국을 침략하던 때, 한국의 지사 이봉창이 단신으로 만군의 호위를 받고 있는 일황을 저격하였다고 하였다. 이봉창이 던진 폭탄이 비록 부차에 떨어져 일황을 처단하려는 목적을 달성하지는 못하였지만, 일황을 저격한 이봉창의 의거는 '博浪推'의 의거가 있은 후 세계에서 제일 위대한 의거였다는 것이다.

이봉창의사가 일황을 저격하였을 때, 중국 역시 일본의 침략을 받고 있었다. 일본이 1931년 9월 18일 심양(瀋陽)에서 '유조구사건'을 일으키고, 이를 빌미로 하여 중국의 동북지방인 만주를 무력으로 점령한 것이다. 일본은 여기서 그치지 않고 금주(金州)를 비롯하여 중국 각 지역에 대한 침략을 계속 확대하였고, 중국의 각 신문들은 연일 이러한 일본의 침략을 대대적으로 보도하고 있었다.

중국이 일본에게 동북지방을 빼앗기고 침략을 당할 때, 한국인 이봉창이 일황을 저격한 사건이 일어난 것이다. 중국 신문들의 이봉창의거에 대한 보도는 이러한 상황에서 이루어졌다는 것을 유념할 필요가 있다. 중국의 각 신문들이 이봉창을 '지사'로 지칭하고 세계에서 제일 위대한 의거라고 평가한 것, 그리고 일황을 처단하지 못한 데 대해 아쉬움을 표시한 것은 이러한 상황에서 이루어진 것이다.

중국 신문들의 이러한 논조는 한국과 중국간의 협력과 연대를 가져오는 데 커다란 전기(轉機)를 마련하였다. 1931년 7월에 일어난 만보산사건을 계기로 한중간의 관계는 크게 악화되어 있었다. 만보산에서 한중 농민사이에 일어났던 충돌사건을 일본이 부풀리고 허위선전함으로 인해, 한국에서는 많은 중국인들이 살해당하였다. 그리고 중국에 있는 많은 한인들이 중국인들로부터 공격을 받는 일이 발생한 것이다.[4] 이렇듯 악화되어 있던 한중간의 관계가 이봉창의거로 인해 커다란 전환을 맞게 된 것이다. 여기에는 중국 각 신문들의 이봉창의거에 대한 보도와 그 논조

4) 朴永錫,『萬寶山事件硏究』, 아세아문화사, 1978, 100~101쪽.

가 크게 작용하였다.

III. 의거의 여파(餘派)에 대한 보도

1. 일본에서 일어난 여파

이봉창의사의 일황저격 의거는 '일황의 처단'이라는 목적을 달성하지는 못하였지만, 커다란 餘派를 일으켰다. 이봉창의거를 계기로 하여 일본과 중국에서 여러 사건들이 일어났고, 이 사건으로 인해 일본과 중국 사이에 직접적인 무력충돌이 일어난 것이다. 중국의 신문들은 이봉창의거의 여파로 일어난 사건과 그 추이에 대해서도 신속하게 보도하고 있었다.

이봉창의거를 계기로 하여 일본에서는 내각의 총사퇴를 둘러싼 소동이 일어났고, 이러한 소동으로 일본의 정계가 뒤바뀌게 되는 결과를 가져왔다. 내각의 총사퇴는 사건이 일어난 1월 8일에 있었다. 오후 5시에 이누까이(犬養毅) 수상을 비롯한 내각이 천황에게 총사직서를 제출한 일이 일어났다.[5] 이누까이 수상이 이봉창의거에 대한 인책(引責)으로 내각의 총사직을 결의한 것

5) 崔書勉,「이봉창의거 연구 서설」,『이봉창의사와 한국독립운동』(단국대학교출판부, 2002), 36쪽.

이다.

중국의 신문들은 이봉창의거에 대한 소식과 함께 이누까이 내각의 총사직을 주요하게 다루었다. 1월 9일자로 각 신문들이 한인이 일황을 저격하였다는 이봉창의거를 보도하면서, 동시에 이누까이 내각이 총사직하였다는 것을 주요한 기사로 보도한 것이다. 《민국일보》, 《신보》를 비롯한 각 신문들은 「견양의내각전체인구사직(犬養毅內閣全體引咎辭職)」, 「견양의내각전체사직(犬養毅內閣全體辭職)」등의 제목으로 내각의 총사직 소식을 전하였고, "8일 오후 긴급 소집된 각의에서 내각의 전체 사직이 결정되었고, 견양의는 오후 5시 12분에 천황에게 사직서를 제출하였다"고 하였다.[6]

하루가 지난 1월 10일, 중국의 신문들은 일제히 이누까이 내각의 유임 소식을 보도하였다. 내각의 총사직서를 받은 일황은 궁내부대신 스즈끼(鈴木)를 홍진(興津)에 있는 사이온지(西園寺)에게 보내 자문을 구하였고, 그의 의견에 따라 내각의 유임을 결정하였다고 하면서, 스즈끼(鈴木)가 몇시에 출발하여 어느 역을 지났고 언제 돌아왔는지 등, 이누까이 내각의 총사직과 유임이 결정되기까지의 과정을 소상하게 다루었다.[7]

내각의 총사직서를 제출받은 일황은 이를 쉽게 결정하지 못하였다. 1931년 4월에 내각이 교체되었다가 8개월만에 총사직한

---

6) 《民國日報》 1932년 1월 9일, 「犬養毅內閣全體引咎辭職」.

7) 《申報》는 「犬養內閣留任」, 《時報》는 「日皇令犬養內閣留任」, 《時事新報》는 「日犬養毅內閣留任 西園寺不主張更易政府」 등의 제목으로 보도하였다.

일이 있었고, 그해 12월에 이누까이 내각이 출범한 것이다. 이누까이 내각이 출범한 지 한 달이 지나지 않은 시점에서 이봉창의거가 일어났고, 이를 계기로 내각이 또 총사직서를 제출하였기 때문이었다. 일황은 이 문제를 자신의 고문인 사이온지에게 자문을 구하였다. 사이온지는 '빈번한 정부의 교체로 정치가 불안이 가중될 것'이라는 의견을 개진하였고, 일황은 이를 받아들여 "시국이 중대한 때인 고로 유임하라"는 명분으로 이누까이 내각을 유임토록 하였다.[8)]

이누까이 내각은 유임이 결정되었지만, 그 소동은 쉽게 가라앉지 않았다. 야당인 민정당(民政黨)에서 내각의 유임을 비판하면서, 정부에 대한 탄핵을 거론한 것이다. 《대공보》를 비롯한 중국의 신문들은 「민정당의탄핵정부(民政黨擬彈劾政府)」, 「일황우저지여파(日皇遇狙之餘派) 탄핵안세필제출(彈劾案勢必提出)」이란 제목으로, 민정당이 '신절(臣節)'을 문제로 이누까이 내각의 사퇴와 정부의 탄핵을 주장하고 있다는 사실을 보도하였다.[9)]

정부의 탄핵안이 제기되면서, 일본의 정계는 파란에 휩싸였다. 이누까이 내각이 곤경에 처하게 되었고, 이누까이 내각에서는 1932년 1월 22일 중의원을 해산하였다. 국민의 신임을 묻기 위한 수단이었다. 그러나 파란은 계속되었다. 군부내의 황도파(皇道派)가 부상하여 극우적인 분위기가 크게 상승하였고, 이누

8) 金容達, 「李奉昌義擧에 對한 韓中日의 反響」, 『이봉창의사와 한국독립운동』(단국대학교출판부, 2002), 142쪽.

9) 민정당의 정부 탄핵 움직임에 대해 「民政黨將彈劾政府」(《시사신보》 1932. 1. 10).

까이 수상이 1932년 5월 15일 극우세력인 해군의 청년 장교들에게 암살당한 일이 일어난 것이다.[10] 이누까이 수상의 암살을 계기로 일본의 정당정치는 사실상 붕괴되었고, 극우세력인 군부가 등장하여 국권을 좌우하게 되었다. 이봉창 의거가 일본의 정계를 뒤바뀌게 만든 계기가 된 것이다.

이봉창의거가 일본을 불안에 떨게 하였다는 보도도 있었다. 《중앙일보》는 1월 11일자에 「한지사저격일황후(韓志士狙擊日皇後)」라는 제목으로 이봉창의거 이후 일본의 동향을 보도하면서, "일본 전국이 크게 놀라고 두려워하며 불안에 떨고 있다(日本全國大爲震驚惴惴不安)"는 부제를 달고, "일본의 조야가 크게 놀라고 사람들이 두려움에 떨고 있다(日本朝野大爲震驚 人人惴慄)"고 하였다.

2. 중국에서 일어난 여파

이봉창의거는 중국에서도 커다란 여파를 일으켰다. 일본이 중국 신문들의 보도 태도와 논조에 불만을 표시하며, 강력한 항의와 함께 난동을 일으킨 것이다. 일본의 항의와 난동은 중국의 여러 곳에서 일어났다. 중국의 신문들은 청도(青島) · 복주(福州) · 상해(上海)에서 일어난 일본의 항의와 난동에 대해 소상하게 보도하였다.

---

10) 崔書勉, 「이봉창의거 연구 서설」, 38쪽.

청도에서는 일본 교민들이 청도에서 발행되던 《민국일보》의 보도에 항의하며, 대폭동을 일으켰다. 청도의 《민국일보》는 「한국불망의사이봉창작일황미수(韓國不亡義士李奉昌炸日皇未遂)」라는 제목으로 이봉창의거를 보도하였다.[11] 이에 대해 청도의 일본총영사 천월정(川越定)이 이봉창을 '의사(義士)'로 지칭한 것과 그 내용이 불경하다고 하며, 강력한 항의와 함께 폭동을 일으킨 것이다.[12] 폭동은 1월 12일부터 시작되었고, 일주일 이상 계속되었다. 일본인이 민국일보사에 난입하여 권총을 난사한 것을 비롯하여, 중국국민당 시당부를 습격하여 건물 전체를 불태우기도 하였다.[13]

일본인들의 폭동에는 배후가 있었다. 일본 해군이었다. 일본 해군의 출운함(出雲艦)과 팔운함(八雲艦)이 동원되었다. 1월 12일 밤 10시 두 군함에 있던 육전대(陸戰隊) 6백 여 명이 상륙하였고, 이들은 무장을 한 채 일본영사관과 거류민단 등지에 배치되었다. 일본의 군대가 상륙한 상황에서 일본교민들이 중국국민당시

11) 青島에서 발행된 《민국일보》는 직접 구해 보지 못하였다. 상해에서 발행되던 《時報》의 1932년 1월 12일자 「青島日領抗議」라는 기사에 청도의 일본영사는 《민국일보》가 「韓國不亡義士李奉昌炸日皇未遂」라는 표제로 보도한 데 대해 不敬스러운 표현이라며 항의하였다는 내용이 보이고 있다.

12) 《大公報》 1932년 1월 12일, 「滬聞青報受日干涉 因載東京炸彈案觸怒」.

13) 일본의 폭동에 대한 소식은 1932년 1월 13일자로 일제히 보도되기 시작하였다. 《申報》는 「青島日人暴動 焚燒市黨部全部 滋擾民國日報館」, 《大公報》는 「青島日僑之嚴重暴動 昨夜焚燬市黨部 並搗毁民國日報館」, 《時事新報》는 「日皇遇刺事件 日人洩憤發生暴動 青島黨部民國日報搗燬」라는 표제로 보도하였다.

당부와 민국일보사를 불태운 것이다.[14] 일본의 폭동에 군대까지 동원되었음을 알려준다.

일본의 폭동으로 청도는 커다란 피해를 입었다. 중국국민당 청도시당부의 건물은 완전히 불타 파괴되었다. 일본인들의 방화로 인해 모든 서류와 집기들이 불타버렸고, 직원들은 겨우 몸만 빠져 나왔을 정도였다. 이로 인해 시당부는 더 이상 유지하기가 어려워 해산을 결의하였다고 한다.[15]

《민국일보》도 수난을 당하고, 폐간되었다. 폭동을 일으킨 일본인들의 주요한 목표는《민국일보》였다. 폭동이 시작되면서 신문의 발행은 중단되었고, 그 건물은 파괴되었다. 폭동이 계속되면서 《민국일보》는 더 이상 신문을 발행하기가 어려울 정도로 큰 피해를 입었고, 결국 1월 20일 복간도 무기연기함으로서 사실상 폐간되고 말았다.[16]

일본의 항의와 폭동은 청도에만 그치지 않았다. 복건성(福建省) 복주에서도 청도 못지 않은 일이 일어났다. 《대공보》의 1월 12일자「호민청보수일간섭(滬閩青報受日干涉)」이란 기사가 그 일면을 전해주고 있다. 구체적인 내용은 알 수 없지만, 복주에서 발행되는 《신조일보(新潮日報)》가 이봉창의거를 보도하였다. 복

14) 《時事新報》와 《申報》는 1월 14일자에「青島日軍登陸 日人燬我國旗」「青島日水兵 武裝登岸布防」 등의 제목으로 이를 보도하였다.

15) 《大公報》 1932년 1월 14일,「青島昨夜始復常 市黨部火迄昨晨未熄」.

16) 상해의 《민국일보》를 비롯하여 《신보》, 《시보》 등은「日暴徒在青島民國日報縱火」, 「青島日人大暴動 焚燬市黨部及民國日報館」, 「青市黨部全燬 民國日報全被搗毁」 등의 기사로 《민국일보》가 당한 피해를 보도하였다.

주의 일본총영사관에서는 《신조일보》의 보도내용에 불만을 갖고 "성정부 대표와 당대표가 일본영사관에 직접 와서 유감의 뜻을 표시할 것" "신조일보의 주간(主幹)은 중국 형법(刑法)의 조문(條文)에 의하되 최고 형벌로 처벌하고 그 판결문을 영사관으로 보낼 것" "신조일보의 간행을 금지하고 다시 출판하지 못하도록 할 것" 등 다섯가지 요구사항을 성정부에 강력하게 항의하였다는 내용이 보이고 있다.

상해에서도 일본 낭인(浪人)들이 폭동을 일으켰고, 그 폭동은 무력충돌로 이어져 송호전쟁(淞滬戰爭)으로 발전하였다. 상해의 《민국일보》가 「한인이 일황에게 폭탄을 투척하였지만 적중하지 못했다(韓人刺日皇未中) 일황은 열병식을 마치고 돌아가던 중 갑자기 저격을 받았지만(日皇閱兵畢返京突遭狙擊) 불행하게도 폭탄은 뒤따르던 마차에 떨어졌다(不幸僅炸副車)」라는 제목으로 이봉창의거를 보도한 데 대해, 상해주재 일본총영사가 '천황에 대한 불경'이라며 항의를 표시한 것이 시초였다. 일본총영사 무라이(村井倉松)은 1월 10일 민국일보의 기사가 "우리 국가 원수에 대하여 불경을 끼친 것이고 고의로 일본의 감정을 자극하려고 한 것"이라며, 기사에 대한 정정과 사과, 책임자 처벌을 요구하는 서한을 오철성(吳鐵城) 시장에게 제출하였다.[17]

오철성은 일본의 요구를 쉽게 받아들이지 않았다. 일본에 대해 강력히 대처한다는 의도도 없지 않았지만, 막 상해시장에 부

---

17) 『昭和七年觀兵式ヨリ還行ノ際ニ於ケル朝鮮人不敬事件』(日本外務省記錄, 國家報勳處 所藏).

임한 때였다. 오철성이 상해시장에 부임한 것은 이봉창의거가 있기 전날인 1월 7일이었다.[18] 오철성은 《민국일보》의 기사가 불손하기는 하지만, 일본의 국가원수를 모독할 의사는 없었다는 답변을 보냈다. 그리고 《민국일보》는 12일자 「일본영사 표제(標題)를 왜곡(歪曲)하다」는 제목의 사설을 실어 일본 국가원수 모독에 대한 것은 일본측에서 곡해한 것이라며, 일본영사관의 요구를 받아들일 수 없음을 천명하였다.

일본총영사는 이러한 중국측의 답변을 중국이 일본을 야유한 것으로 파악하고, 강력한 항의를 하기 위해 13일 오철성 시장을 직접 찾아갔다. 오철성은 한 발 물러섰고, 타협이 이루어졌다. '민국일보 사장을 훈계하고 다시는 이런 일이 없도록 하겠다는 시장의 공문서를 발송할 것' '민국일보 사장은 기사를 직접 다룬 책임자를 엄벌에 처할 것' '민국일보에 사과하는 기사를 실을 것' 등 세 가지 조건이었다.[19]

그러나 상해에 거류하고 있던 일본인들은 이 타협안을 받아들이지 않았다. 당시 일본인들의 주요 거주지였던 虹口를 중심으로 하여 일본인들이 교민집회를 열고, 公共租界의 길거리에서 중국인을 타살하는 등 난동을 일으키기 시작하였다. 이러한 난동은 일본의 浪人들이 주도하며 폭동으로 이어졌다. 1월 20일 일본 낭인들이 삼우실업사(三友實業社) 공창(工廠)을 불태우는 등

---

18) 《時事新報》 1932년 1월 7일, 「新市長 吳鐵城今日就職」.
19) 崔書勉, 「이봉창의거 연구 서설」, 51쪽.

[20] 폭동이 크게 확산되고 과격해져 갔다.

이로써 중국과 일본사이에 심각한 마찰이 일어났다. 오철성은 각계의 대표들을 불러 대책을 협의하는 한편, 일본측에 강력한 항의를 전달하였다.[21] 이러한 분위기에서 중국의 항일운동 세력이 상해에 있는 일본 공사 시께미스(重光揆)의 집을 습격하여 방화하는 사건이 일어나기도 하였고,[22] 《민국일보》는 삼우실업 공창을 불태운 사건에 일본 육전대가 관여되었다는 내용을 보도하기도 하였다.

중국과 일본 사이의 갈등과 마찰은 크게 증폭되었고, 이는 무력충돌로 발전되었다. 낭인들의 주도로 벌어지는 일본인들의 폭동에 이어 일본 군대가 개입하기 시작하였다. 민국일보의 보도에 대해 일본 헤군 육전대 사령관 시오사와 구나(鹽澤具名)가 직접 나서서 항의를 표시하며 민국일보의 사죄와 정간을 요구하였고,[23] 1월 28일에는 육전대를 상륙시켜 갑북(閘北)을 공격한 것이다.[24] 이를 '상해사변(上海事變)' 혹은 '송호전쟁(松滬戰爭)'이라고 부른다. 이봉창의거의 여파가 중국과 일본간의 전쟁으로 확대된 것이다.

---

20) 《時事新報》 1932년 1월 22일, 「日浪人暴動後 日領向市府表示遺憾」.

21) 《時事新報》는 「吳市長談對日交涉經過」, 「滬局歲仍嚴重 吳市長昨與日領晤談」, 「各界領袖昨集議應付時局辦法」이란 제목으로 이러한 사실을 연일 보도하였다.

22) 《時事新報》 1932년 1월 26일, 「日使重光揆明日可抵滬說」.

23) 《時報》 1932년 1월 27일, 「因日本陸戰隊要求 民國日報宣告停版」.

24) 《時事新報》 1932년 1월 29일, 「上海日本海軍陸戰隊 向華界閘北進攻 昨夜十一時後日開始軍事行動」.

Ⅳ. 이봉창의 처형과 「동경작안(東京炸案)의 진상(眞相)」 게재

1. 처형에 대한 보도

중국의 신문들은 1932년 1월 이봉창의거에 대해 집중적으로 보도한 데 이어, 그해 10월 또다시 이봉창의사와 관련한 기사들을 게재하였다. 일본 대심원이 이봉창의사에 대한 공판을 진행하고, 사형을 집행하자 이에 대한 소식을 전한 것이다.

이봉창의사는 1932년 1월 8일 의거 직후 현장에서 피체되었다. 이봉창의사를 경시청으로 압송한 일본 당국은 이후 모두 9차례에 걸쳐 사건의 경위 배경 등에 대한 조사와 신문을 진행하였다. 그리고 최고 법원인 대심원에서 공판이라는 절차를 밟았다. 1932년 9월 16일 대심원 특별 형사부 법정에서 와니 사다키치(和仁貞吉)를 재판장 판사로 하여 공판을 개정하였고, 9월 30일 판결 공판을 열어 '피고인 이봉창을 사형에 처함'이라는 판결을 하였다.[25)]

일본 대심원에서 이봉창의사에 대한 공판과 판결이 발표되자, 중국의 신문들이 일제히 이를 주요 기사로 보도하였다. 가장 먼저 소식을 전한 것은 《시사신보》였다. 《시사신보》는 판결이 내

25) 韓詩俊, 「이봉창의사 재판관련자료집 해제」, 『이봉창의사 재판관련자료집』(단국대 동양학연구소, 2004), 376쪽.

려진 9월 30일 「동경엄중경계중(東京嚴重警戒中) 이봉창선판사형(李奉昌宣判死刑)」이란 표제로, 이봉창의사에 대한 공판 소식과 사형이란 판결이 있었음을 알렸다.

이어 《시사신보》를 비롯한 《시보》, 《신보》, 《대공보》 등 각 신문들이 10월 1일자로 일제히 이봉창의사의 판결 소식을 전하였다. 《대공보》와 《신보》가 「모자일황안(謀刺日皇案) 이봉창판처사형(李奉昌判處死刑)」, 「모작일황자판처사형(謀炸日皇者判處死刑)」이란 제목으로 간략하게 사실만 보도한 데 비해, 《시사신보》와 《시보》는 비교적 많은 지면을 할애하여 상세하게 보도하였다.

《시사신보》와 《시보》가 보도한 내용은 거의 비슷하다. 보도의 내용은 크게 두 부분으로 이루어졌다. 하나는 일본 대심원에서 이봉창의사에 대한 특별 재판이 진행되었고, 와니 사다키치 재판장은 형법 제73조에 의해 사형을 판결하였다는 내용이었다. 그리고 이봉창의사는 이미 예견하고 있어 얼굴색에 변함이 없었다는 것과 겨우 머리만 끄떡였을 뿐(李奉昌早有豫料 顏色不變 僅擧首頷之而已)이라는 내용도 추가하였다.

또 하나는 일본 사법성(司法省)에서 발표한 내용을 전재한 것이었다. 이봉창이란 인물과 행적, 폭탄을 투척한 경위와 결과, 신문과 공판이 이루어진 과정을 설명하였다. 이봉창사건은 형법 제73조에 해당하는 것으로 대심원에서 특별 권한을 갖고 공판을 진행하였으며, 9월 16일 공판을 열고 결심을 하였다는 내용이었다. 이러한 설명과 함께 "피고인의 심정을 살펴보니 피고인은 현재 다른 사람에게 선동되어 대역사건을 일으킨 것을 유감으로 생각하는 것 같다"(察被告人之心情 被告人現在對於爲他人煽動實行大逆之事 似覺遺憾云)는 내용도 첨부하였다.

이러한 보도내용, 특히 '이봉창이 타인의 선동에 의해 대역사건을 일으킨 것을 유감으로 생각한다'는 내용을 가지고 보면, 중국 신문의 논조가 크게 변하였음을 짐작할 수 있다. 이는 일본의 사법당국이 발표한 것을 그대로 수록한 것으로 보인다. 일본에서는 천황을 위해한 '대역사건(大逆事件)'의 경우 천황의 성덕을 증거하기 위해 검사와 판사들이 범인이 후회하는 뜻을 표명하도록 한다는 것이 불문율처럼 되어 있다.[26] 이러한 의도에서 일본의 사법성이 만들어낸 내용이었고, 이를 그대로 보도한 것이다.

《시사신보》가 그 보도 내용 중 이봉창을 '범인'이라고 표현한 것도 그것을 짐작케 한다. 《시사신보》는 이봉창의사에 대한 판결 소식을 「앵전문안자객(櫻田門案刺客) 이봉창판처사형(李奉昌判處死刑)」이라는 제목으로 보도하며, 「일사법부선포죄상(日司法部宣布罪狀)」이라는 부제를 달아 보도하였다. 그리고 "범인 이봉창은 이미 각오한 듯 얼굴색은 변함이 없었고 겨우 머리만 끄떡일 뿐이었다(犯人李奉昌 早有覺悟 顔色不變 僅擧首頷之而已)"라고 하여 '범인'이라는 용어를 사용한 것이다.[27] 의거 당시 이봉창을 '지사' '의사'로 지칭하였던 것과 큰 차이를 보이고 있다.

26) 崔書勉, 「이봉창의거 연구 서설」, 47쪽.
27) 《時事新報》 1932년 10월 1일.

2. 「동경작안지진상(東京炸案之眞相)」의 게제

중국의 신문 중 이봉창의사와 관련한 내용을 마지막으로 보도한 것은 《중앙일보》였다. 남경에서 발행되던 중앙일보가 「동경작안지진상(東京炸案之眞相)」을 게재한 것이 그것이었다. 《중앙일보》는 1932년 10월 15일과 16일에 걸쳐 「진동전세계(震動全世界) 동경작안지진상(東京炸案之眞相)」이란 글을 「한인김구휘루상술경과(韓人金九揮淚詳述經過) 문자생동영인가가가읍(文字生動令人可歌可泣)」이란 부제를 붙여 연재하였다.

「동경작안지진상」은 김구가 쓴 글이다. 김구는 임시정부 활동의 일환으로 한인애국단을 조직하여 의열투쟁을 주도하였던 인물로, 일황을 처단하는 이봉창의사의 일황저격의거를 계획하고 준비한 주모자였다. 일본에서 상해로 건너온 이봉창을 만나 김구는 일황을 처단한다는 계획을 세웠고, 이봉창은 그 실행자로서 일본으로 다시 건너가 일황을 저격한 것이다.

김구는 이봉창의사의 공판이 열린다는 소식을 듣고, 이봉창의사가 결행한 일황저격의거의 진상을 밝혀야 한다고 생각하였다. 그 진상을 밝히는 것은 이봉창의사와의 영원한 이별을 준비하는 것이기도 하였고, 또 이봉창의거로 인해 청도의 중국국민당 시당부가 파괴되고 상해의 《민국일보》가 폐간당하였기 때문에 중국인들에게도 그 진상을 알려야 한다는 생각도 있었다. 이를 위해 김구는 1932년 9월 28일 밤 이봉창이란 인물의 행적과 그가 결행한 일황저격의거의 경과와 사실을 「동경작안지진상」이란 이름으로 기록하였다.

김구는 자신이 쓴 「동경작안지진상」을 중국 신문에 발표하고자 하였다. 김구가 쓴 글은 국한문 혼용이었다. 이를 김구의 측근인 엄항섭(嚴恒燮)이 중국어로 번역하였다. 김구는 이를 10월 9일 중국 전신사(電信社)에 보냈고, 보도를 요청하는 서한도 보냈다. 중국 전신사에서는 이를 다시 여러 통으로 등사하여 10월 13일 각 신문사에 배포하였다.[28)]

중국의 여러 신문사에 배포되었지만, 그것을 게재한 것은 두 신문이었다. 하나는 손과(孫科)가 주도하고 있던 《신강일보(申江日報)》였다. 《신강일보》는 중국 전신사로부터 원고를 송부받아 이를 중국식 중국어로 다시 번역하였고, 10월 15일자 신문에 「한열사이봉창취의시말(韓烈士李奉昌就義始末)」이란 제목으로 보도하였다.[29)] 다른 한 신문이 《중앙일보》였고, 「震動全世界 東京炸案之眞相, 韓人金九揮淚詳述經過 文字生動令人可歌可泣」이란 제목을 달아 보도한 것이다.

앞에서 언급하였듯이, 중국의 신문들은 이봉창의거를 보도하면서 커다란 곤욕을 치렀다. 청도와 상해에서 발행되던 《민국일보》가 이봉창의거를 보도한 것과 관련하여 일본의 강력한 항의를 받았고, 결국 폐간을 당하고 말았다. 뿐만 아니라 그 여파로

28) 洪仁根, 「東京炸案의 眞狀에 대한 검토」, 『이봉창의사와 한국독립운동』(단국대학교출판부, 2002), 166쪽.

29) 《申江日報》는 직접 구해보지 못하였다. 《신강일보》가 보도하였다는 것은 당시 상해 일본총영사 石射猪太郎이 1932년 10월 18일자로 외무대신 內田康哉에게 보낸 전문에 들어 있다.

청도의 중국국민당이 파괴당하기도 하였고, 중국과 일본간의 전쟁이 일어나기도 하였다. 이러한 상황에서 《신강일보》와 《중앙일보》가 다시 「동경작안지진상」을 게재한 것이다. 일본의 강력한 항의와 자칫 폐간될지도 모르는 위험을 무릅쓰고 게재한 것이라고 생각된다. 바로 이것이 한중간의 협력과 우의를 상징하는 것이 아닌가 한다.

Ⅴ. 맺음말

1932년 1월 8일, 일본 동경에서 이봉창의사가 일황을 저격한 의거가 일어나자, 중국의 신문들은 1월 9일부터 이를 대서특필하여 보도하기 시작하였다. 첫 보도는 한인이 일황을 저격하였다는 것, 폭탄이 일황에게 적중하지 않았다는 것, 폭탄을 던진 한인은 현장에서 체포되었다는 것 등 사실 자체에 대한 보도였다. 이어 폭탄을 투척한 인물이 이봉창이라는 것과 그것을 주도한 것은 한국독립당이라는 사실 등, 일황의 저격이 한인에 의해 한국독립운동으로 추진되었다는 것을 언급하였다.

중국의 신문들은 이봉창의거에 대한 사실을 보도하면서, 폭탄이 일황에게 적중되지 못한 것을 매우 안타까워하였다. 기사의 제목에 「韓人刺日皇未中」, 「韓國志士狙擊日皇未成」이라고 하여,

'未中' '未成'이라는 표현을 사용한 것이 그것이다. 일황을 처단하려고 폭탄을 투척하였지만, 안타깝게도 적중하지 않았고, 그 목적을 달성하지 못하였다는 아쉬움을 담고 있다. 그리고 이봉창을 '志士' '義士'로 지칭하여 그 의거를 높이 평가하기도 하였다.

중국의 신문들은 이봉창의거의 여파에 대해서도 상세히 보도하였다. 이봉창의거 직후 일본에서는 이누까이 내각이 총사직서를 제출한 일이 일어났고, 야당인 민정당이 정부의 탄핵을 주장한 일이 일어났다. 이누까이 내각의 총사직부터 유임이 결정되기까지의 과정, 민정당의 정부 탄핵 등에 대해 소상하게 보도한 것이다. 일본은 이러한 여파와 소동으로 인해 극우파가 등장하고, 이누까이 수상이 극우파에 의해 암살당하기도 하였다. 이봉창의거의 여파가 일본 정계를 뒤바꾸게 만든 것이다.

중국에서 일어나고 있던 여파에 대해서도 많은 보도가 있었다. 일본은 청도 · 복주 · 상해의 신문들이 이봉창의거를 보도한 태도와 논조를 천황에 대한 불경이라며, 중국에서 난동과 폭동을 일으켰다. 청도에서는 중국국민당 시당부와 민국일보사를 습격하여 파괴 불태웠고, 민국일보사는 폐간당하였다. 복주에서도 강력한 항의가 있었다. 그리고 상해에서도 일본 교민과 낭인들이 주도하여 폭동을 일으켰고, 오철성 상해시장을 중심한 중국측이 강력히 대응하자, 일본 해군의 육전대가 상해를 무력으로 침공하여 송호전쟁이라 불리우는 '상해사변' 일어났다.

이봉창의거와 관련한 보도로 중국의 신문들이 수난을 당하고, 중국은 일본군에게 상해를 점령당한 일을 겪기도 하였다. 그러나 1932년 9월 30일 일본 대심원이 이봉창의사에 대해 사형을 판결하자, 중국의 신문들은 일제히 그 소식을 전하였다. 그리고 이봉창의거를 주도하였던 김구가 이봉창의사에 대한 역사와 일황저격의거의 진상을 밝힌「동경작안지진상」이란 글을 작성하자, 이를 게재하기도 하였다.

중국 신문들의 이봉창의거에 대한 보도는 '공동의 적'인 일본에 대항하여 한국과 중국이 보여 준 협력과 연계의 한 형태였다. 항일전쟁 시기에 한국과 중국의 무장세력들이 연합하여 공동으로 일본과 전쟁을 전개하기도 하였고, 중국의 국민당과 공산당이 한국독립운동을 물질적 정신적으로 지원하기도 하였다. 이러한 한중간의 협력과 연계의 또다른 형태가 중국 신문들의 한국독립운동에 대한 보도였다고 생각되고, 이것은 향후 한중간의 우호와 협력을 증진하는 데 있어 주요한 자산이 될 것이라 생각한다.

제2장

윤봉길 의거에 대한 중국신문의 보도

Ⅰ. 머리말

윤봉길의사의 홍구공원의거를 연구하는 데 있어 귀중한 자료의 하나는 중국의 신문이다. 윤봉길의사의 의거는 세계를 깜짝 놀라게 한 역사적 사건으로, 한국과 일본은 물론이고 중국을 비롯하여 세계 각 신문들이 이를 대대적으로 보도하였다. 특히 중국의 각종 신문들이 이를 대대적으로 보도하였고, 이러한 보도 기사 중에는 중요한 내용들이 적지 않게 담겨져 있다.

윤봉길의사의 의거는 중국에서 결행되었다. 의거 당일 상해에서 발행되던 석간신문《시사신보(時事新報)》가「今日虹口公園 日人慶祝天長節 重光白川村井野村炸傷 閱兵時天忽下雨同時飛來炸彈」이란 제목으로 첫 보도를 한 이래,《시보(時報)》,《신보(申報)》,《상해보(上海報)》,《대만보(大晩報)》,《대공보(大公報)》,《중앙일보(中央日報)》 등이 윤봉길의사의 의거를 대대적으로 보도하였다. 이들 신문의 보도는 6월에 이르기까지 두 달여 동안 거의 매일 계속되었다.

중국신문들의 보도는 매우 상세하고 구체적인 내용을 담고 있다. 일본당국이 철저하게 보도를 통제하였지만, 중국의 각 신문들은 보도통제와 관계없이 의거 당일부터 직접 취재하여 보도하였다. 보도의 내용은 기념식장의 모습과 폭탄투척 당시의 상황, 윤봉길의사의 체포 및 심문, 일제요인들의 사망 및 부상, 이들에 대한 치료 경과, 안창호와 프랑스조계 한인들에 대한 체포 및 수색, 의거가 끼친 영향, 일본당국의 대책, 중국인들의 반향, 각국의 반향 등 다양했다. 이러한 신문보도기사 중에는 새롭게 알려지는 내용들이 적지 않고, 윤봉길의사의 의거를 연구하는데 있어서도 중요한 자료적 가치를 갖고 있다.

이 글은 윤봉길의거와 관련된 중국 신문들의 보도기사를 검토하고, 그 내용을 정리하려는 것이다. 중국의 신문은 상해에서 발행된 《시사신보》, 《시보》, 《신보》, 《상해보》, 《대만보》, 남경의 《중앙일보》, 천진의 《대공보》를 조사하였다. 그리고 이들 신문이 보도한 기사 중에서 홍구공원 기념식장 모습 및 폭탄투척 상황, 윤봉길의사의 체포와 심문, 일제 요인들의 사망 및 부상, 안창호와 한인에 대한 체포 등의 내용을 정리하고자 한다.

II. 홍구공원 기념식장 모습 및 폭탄투척 상황에 대한 보도

1. 홍구공원 기념식장 모습

중국의 신문들은 윤봉길의사가 홍구공원에서 거행된 기념식장에 폭탄을 투척한 사실을 보도하면서, 기념식장의 모습을 구체적이고 상세하게 설명하고 있다. 각 신문들마다 약간의 차이는 있지만, 묘사한 내용은 대체로 비슷하다. 4월 29일로 첫 보도를 낸《시사신보》는 기념식에 임하는 일본인 거류지에 대한 모습에서부터, 기념식장의 모습과 배치, 입장식 광경, 열병식 상황 등으로 나누어 기념식의 모습과 상황을 상세하게 설명하였다.

홍구공원에서 개최된 기념식은 일본 천황의 생일을 축하하는 '천장절(天長節)' 및 1932년 1월 28일 일제가 도발한 '송호전쟁(淞滬戰爭)' 승리를 기념하는 전승기념식이었다. 일본인들로서는 가장 경축하는 행사였고, 승전의 기쁨을 대내외에 과시하려는 행사이기도 하였다. 이러한 기념식을 맞는 일본인 거류지의 모습을「집집마다 일장기 게양」이란 표제로 다음과 같이 묘사하고 있다.

> 北四川路와 吳淞路 일대의 일본인이 운영하는 상점과 공장, 일본인이 거주하는 집집마다에는 문 앞에 일장기가 게양되어 있었다.

> 행사장인 홍구공원에는 만국기가 나부끼고 江灣路에 위치한 일본 헌병대사령부 관망대에도 거대한 일장기가 게양되어 있었다.[1)]

일본인들의 거류지는 홍구지역의 북사천로(北四川路) · 오송로(吳淞路) · 강만로(江灣路) 일대였다. 이곳에 거주하고 있는 일본인 집집마마 일장기를 게양하였고, 일본 헌병대에서도 거대한 일장기를 내걸었다. 일본인 거류지를 온통 일장기로 뒤덮은 것이다.

행사장으로 갈 때도 일본인들은 손마다 일장기를 들었다. 아침 8시경부터 일본인들은 남녀노소를 불문하고 깨끗한 일본 전통복장을 착용하였고, 손에 일장기를 들고 홍구공원으로 몰려들었다. 홍구공원에 이르는 도로는 교통이 단절되고, 서로 어깨를 부딪힐 정도로 사람들이 가득했다.[2)]

행사가 거행되는 홍구공원은 정문과 내부를 화려하게 꾸몄다. 공원정문은 각색의 천으로 장식되어 있었고, 일본해군기와 육군기를 게양하였다. 그리고 정문에 옆에는 홍색천 위에 "경축 만세 만만세"라고 써서 내걸었다. 공원 내에는 연등처럼 생긴 홍색과 백색의 등과 함께 만국기를 걸어 놓았다.[3)]

공원 내에는 사령대를 중심으로 기념식장이 꾸며져 있었다. 사령대는 바로 윤봉길의사가 폭탄은 투척한 곳이다. 사령대는 노천의 잔디밭에 목재로 만들어 놓았고, 사방에 홍색과 백색의

---

1) 《時事新報》 1932년 4월 29일, 「各戶懸旗」.
2) 《時事新報》 1932년 4월 29일, 「交通斷絶」.
3) 《時事新報》 1932년 4월 29일, 「會場一瞥」.

줄무늬 장식을 한 천으로 둘러쳤다. 사령대를 중심으로 한 기념식장의 배치상태를 다음과 같이 설명하고 있다.

> 공원 북쪽에 마련된 사령대의 우측은 육해군 고급지휘관석, 좌측은 신문기자석, 신문기자석의 좌측은 내빈석으로 구분되어 있었다. 열병식에 참여할 육해군을 비롯한 대원들은 凹자 모양으로 도열하였는데 맨 앞은 육군이 자리하였다. 그 뒤로는 상해 각 일본인 소학교 학생과 보이스카우트가 자리하고, 해병대가 맨 뒤에 자리하였다. 운동장 사방에는 기념식에 참석한 일본 공·상업 각계 인사와 남녀노소의 관중이 발 디딜 틈 없이 만원을 이루었다. 노천의 잔디밭에 목재로 만든 사령대의 사방은 홍색과 백색의 줄무늬 장식을 한 천으로 둘러쳐졌다. 사령대 앞에는 스피커와 군악대가 자리 잡고 있었다.[4)]

이에 의하면 기념식장은 홍구공원 북쪽에 마련되었고, 사령대의 우측으로 육해군 고급지휘관석, 좌측으로 신문기자석 및 귀빈석이 배열되어 있었다. 그리고 사령대 앞에는 군악대·육군·해군·학생 및 보이스카우트·헌병대 순으로 자리하였다.

기념식장에는 군인과 민간인을 비롯한 일본인 3만여 명이 참석하였다. 군인들은 홍구공원 바로 옆에 있는 북사천로의 일본인 소학교에 집결하여 시라까와 요시노리(白川義則)가 지켜보는 가운데 예행연습을 마치고, 8시 30분경부터 정문을 통해 행사장으로 입장하였다. 이들이 입장하는 모습과 행사에 참석한 인원

---

4) 《時報》 1932년 4월 30일, 「會場布置」.

에 대해 다음과 같은 보도가 있다.

> 헌병대를 전도 삼아 행사장에 입장한 부대는 보병 · 기병 · 마포대 · 기관총부대 · 치중대 · 야포대 · 수송대 · 중형포대 · 고사포대 · 장갑부대 · 탱크부대 · 헌병대 순으로 입장하였는데 모두 육군 제14사단 소속으로 총1만 명에 달하였다. 군인들이 모두 입장한 뒤에야 미리 지정된 장소에 대기하고 있던 교민들이 환호성을 지르고 국기를 흔들며 江灣路의 공원 뒷문을 통해 행사장으로 들어갔다. 행사에 참석한 일본인은 총 3만 명에 이르는 것으로 집계되었다.[5)]

군인들이 먼저 입장하고, 이어 민간인들이 입장하였다. 동원된 육군은 제14사단이 아니고 제9사단이었던 것으로 보인다. 참석한 군인의 숫자는 1만 명이라고 하였지만, 1만 2천 명이라고도 하였다.[6)]

기념식은 군인과 민간인 3만여 명이 참석한 가운데 개최되었고, 크게 3부로 나누어 거행되었다. 제1부는 천장절 기념식이었다. 천장절 기념식은 9시부터 개최되었고, 시라까와 대장이 입장하면서 시작되었다.

> 9시가 되자 삼엄한 경비 속에 白川이 입장하였다. … 白川이 입장한 뒤 重光공사 · 植田중장 · 野村사령 · 村井총영사 · 일본거류

---

5) 《時報》 1932년 4월 30일, 「入場情形」.

6) 《時事新報》 1932년 4월 30일, 「昨日閱兵情形」에서는 "어제 열병식에 육군 제9사단, 해병대 등 총 1만 2천여 명의 병력이 행사장에 입장하였다."고 하였다.

> 민단장 河端 · 거류민단 서기장 友野 등이 줄지어 사령대에 올라 일자형으로 도열하였다. 천장절을 경축하는 군악대의 주악이 끝나자 白川을 비롯한 중요 인사들의 연설이 이어졌다.[7)]

천장절 기념식은 천장절을 축하하는 군악대의 주악, 그리고 시라까와 사령관을 비롯한 중요 인사들의 연설로 진행된 것으로 보인다. 시간은 1시간 30분 가까이 소요되었다.

제2부는 열병식이었다. 열병식의 총지휘는 제9사단장 우에다 겐키치(植田謙吉)와 오카무라(岡村) · 나가미(永見) 등 3인이 맡았다. 열병식은 이들이 검열시작을 알리면서 10시 30분부터 시작되었다.

> 연설이 모두 끝난 10시 30분부터 열병식이 거행되었다. 白川 · 植田 · 野村 등이 모두 말에 오르자 열병식 시작을 알리는 신호가 울려 퍼졌다. 검열영도관의 뒤를 따라 백천 · 식전 · 야촌의 순서로 20여 명이 일렬로 줄시어 왼편으로 한 바퀴 돌며 열병을 마쳤다.[8)]

열병식은 상해파견군사령관 시라까와 요시노리 육군대장과 제9사단장 우에다 겐키치(植田謙吉) 육군중장 · 제3함대사령관 노무라 요시사부로(野村吉三郞) 해군중장이 말을 타고, 한 바퀴 도는 것으로 진행되었다. 열병식에 이어 각종 기념행사도 펼쳐졌다.

---

7)《時報》1932년 4월 30일,「閱兵儀式」.
8)《時報》1932년 4월 30일,「閱兵儀式」.

제3부는 관민결합회였다. 관민결합회는 열병식이 끝나고, 대부분의 외빈들이 자리를 떠난 후 개최되었다. 일본의 주요 기관 인사들과 일본의 민간인들만 남아서 거행한 행사였다.[9] 윤봉길 의사가 폭탄을 투척한 것은 바로 관민결합회 행사가 끝날 무렵이었다.

2. 폭탄투척 상황

관민결합회는 행사장에 참여하였던 일본소학교 학생들과 일반인들이 참가한 가운데 개최되었다. 열병식을 마친 후 중요 인사들이 사령대에 도열하면서 행사가 시작되었다. 사령대에 도열한 인사는 상해파견군사령관인 시라까와 육군대장, 제9사단장인 우에다 육군중장, 제3함대사령관인 노무라 해군중장, 시께미스 마모루(重光葵) 주중국공사, 무라이(村井倉松) 상해총영사, 가와바타 사다쓰구(河端貞次) 거류민단장, 도모노(友野盛) 거류민단 서기장 등 7명이었다.

관민결합회는 11시 30분, 사령대에 7명의 인사들이 도열하면서 시작되었다. 행사는 사령대에 도열한 인사들이 일본소학교 학생들을 앞에 놓고 연설을 하는 것으로 진행되었다. 이 행사가 진행될 때 윤봉길의사가 사령대에 폭탄을 투척하였다. 폭탄투척 상황에 대해서는 여러 신문들이 보도하였지만, 상해에서 발행된

9) 《時事新報》 1932년 4월 30일, 「開官民結合會」.

《시사신보》, 《시보》, 《신보》가 보도한 다음의 세 기사를 소개한다.

白川·重光·植田 등이 사령대에서 지켜보는 가운데 검열이 끝나자 관민결합회가 시작되었다. 이 무렵에는 대부분의 외빈이 식장을 떠나고 일본인들만 남아 경축행사를 지켜보고 있었다. 비록 갑작스레 비가 내리기 시작했지만, 행사장의 흥분된 분위기를 가라앉힐 수는 없었다. 거류민단장 河端을 비롯한 요인들의 연설이 모두 끝난 뒤에는 모든 참석자들이 국가를 제창하였다. 가랑비가 내리는 가운데 경축행사가 거의 마무리되자 참석자들은 하나 둘씩 자리를 뜨기 시작했다. 경축대회가 거의 끝나갈 무렵 돌연 거대한 폭발음이 울려 퍼졌다.[10)]

열병식이 끝나자 白川·植田·野村은 다시 사령대에 올라 重光 등과 맨 앞자리에 도열하였다. 맨 왼쪽에는 村井총영사가 자리를 잡고, 그 옆으로는 植田사단장·白川사령·野村해군중장·重光葵공사·민단서기장 友野가 차례로 자리 잡고, 맨 오른쪽에는 거류민단장 河端이 자리하였다. 重光이 막 사령대 아래 도열한 학생들을 향해 연설을 시작할 순간, 돌연 사령대 뒤편 동남쪽에 모인 인파 가운데서 장정 하나가 뛰쳐나와 사령대를 향해 폭탄을 투척하였다. 거대한 폭발음과 함께 순식간에 농연이 사방으로 퍼져나갔다.[11)]

일본군의 열병식이 끝난 다음 각국 영사관 대표들이 퇴장했다.

10) 《時事新報》 1932년 4월 30일, 「開官民結合會」, 「巨聲忽然爆發」.
11) 《時報》 1932년 4월 30일, 「突來一炸彈 轟然一聲」.

> 일본 교민들은 일본교민회에서 주최하는 천장절 경축식에 참가했다. 白川 사령관, 植田 사단장, 野村 사령관, 重光 공사, 村井 총영사, 일본거류민단장 河端, 거류민단 서기장 友野 등 7명이 정면 축하대에 등단했다. 河端과 村井이 축사를 봉독하였고, 장내 일본교민들이 일본 국가를 부르기 시작했다. 이들이 국가 마지막 한 절을 끝냈을 때 축하대 뒤쪽에서 폭탄이 날라와 重光 공사, 野村 사령관 우측과 植田 사단장 좌측에 떨어졌다. 이들은 모두 떨어진 폭탄을 직접 보았다. 폭탄이 요란한 소리를 내며 폭발했다. 때는 바로 오전 11시 45분이었다.[12)]

보도내용들이 서로 다른 점이 있다. 행사의 명칭을『시사신보』는 '관민결합회'라고 한 반면, 《신보》는 '천장절'이라고 한 것이다. 폭탄을 투척한 순간도 서로 다르다. 《시보》는 시께미스가 연설을 시작할 순간이라 하였고, 《시사신보》와 《신보》는 국가 제창이 거의 끝날 무렵이라 하고 있다.

사령대로 투척된 폭탄은 거대한 폭발음을 내며 폭발하였다. 폭탄이 폭발하면서 사령대 위에 있던 인사들 7명이 모두 커다란 부상을 입고 나뒹굴었다. 폭발 당시의 상황을 전하는 세 기사를 소개한다.

> 폭발로 인하여 복부에 심한 상처를 입은 河端은 내장이 모두 쏟아져 나와 위독한 상태이다. 重光도 허리와 다리에 큰 상처를 입었으며, 村井도 오른발과 복부에 중상을 입었다. 白川은 왼쪽 뺨에 파

---

12) 《申報》 1932년 4월 30일, 「炸彈爆發」.

편이 박히고, 野村은 왼쪽 눈알이 튀어나오는 부상을 입었다. 왼쪽 팔을 다친 植田의 부상정도가 그나마 경미하다.[13)]

거대한 폭발음과 함께 순식간에 농연이 사방으로 펴져나갔다. 사령대 위에 도열해 있던 요인들은 폭발음과 함께 모두 제자리에 쓰러지고 말았다. 막 연설을 시작하려던 重光이 맨 먼저 쓰러지자 부축하려던 村井도 뒤따라 쓰러졌다. 白川도 사령대에서 굴러 떨어지는 등 사령대에 있던 요인들은 모두 부상을 당하였다. 重光은 상처가 심한 듯 그 자리에서 혼절하였다.[14)]

폭탄은 사령대 중앙에서 약간 오른쪽인 重光과 河端사이에 떨어졌다. 먼저 검은 연기가 피어오르자 白川과 植田 등이 폭탄이라고 외치면서 뒤로 10여 발자국 물러섰다. 약 1분이 지나 폭탄은 요란하게 폭발했다. 사령대에 있었던 사람들은 당시 이미 뒤로 물러섰기에 다행히 부상만 입었을 뿐이었다. 그렇지 않았다면 모두 목숨을 잃을 뻔했다. 河端이 가장 심한 부상을 입고 경축단상에 꿇어앉아 사람 살리라고 소리를 질렀다. 重光은 오른쪽 다리에 부상을 입고 졸도하였으며 사령대가 질퍽하도록 피로 물들었다.[15)]

윤봉길의사가 투척한 폭탄은 시께미스와 가와바타 사이에 떨어졌다. 폭탄은 곧바로 폭발하지 않았고, 검은 연기가 난후 1분여 만에 폭발하였다. 이 동안 사령대 위에 있던 일제요인들이 뒤로 물러섰다. 그러나 폭탄이 폭발하면서 사령대 위에 있던 7명

13)《時事新報》1930년 4월 29일,「閱兵時天忽下雨同時飛來炸彈」.

14)《時報》1930년 4월 30일,「突來一炸彈 轟然一聲」.

15)《申報》1932년 4월 30일,「炸力猛烈」.

이 모두 큰 부상을 입었다.

윤봉길의사가 투척한 폭탄의 위력은 대단했다. 사령대 위에 도열해 있던 7명이 모두 부상을 입고 처참하게 쓰러진 것은 물론이고, 사령대의 바닥판이 산산조각이 날 정도였다고 한다. 《時報》는 폭탄의 종류와 위력에 대해 다음과 같이 보도하고 있다.

> 폭발물은 보통의 수류탄이 아니고 알루미늄제 군용보온병으로 위장한 특수폭탄인 것으로 밝혀졌다. 보온병 안에는 물대신 강력한 폭발력을 가진 화약이 채워져 엄청난 위력을 보였다. … 강력한 폭발력을 가진 특수폭탄이 폭발한 관계로 나무로 만든 사령대는 크게 파손되어 금방이라도 무너질 듯한 모습이었다. 폭탄의 위력이 얼마나 컸던지 사령대 왼쪽 앞에는 직경이 1미터 가까운 구덩이가 패였다. 화약을 담은 알루미늄통은 폭발과 함께 수없이 많은 파편이 되어 엄청난 살상력을 보였다. 두께 2촌, 넓이 9촌 정도인 사령대의 바닥판은 산산조각 나고 말았다.[16]

폭탄은 군용보온병으로 위장하여 특수하게 제작한 특수폭탄이었다. 화약은 알루미늄통에 담겨져 있었고, 알루미늄통이 폭발하면서 수없이 많은 파편이 되어 엄청난 살상력을 보였다. 그리고 폭탄의 위력은 두께 2촌인 사령대의 바닥판이 산산조각이 날 정도였다고 한다.

윤봉길의사는 폭탄을 두 개 가지고 들어갔지만, 하나만 투척하였다. 투척한 폭탄은 보온병으로 위장한 것이었고, 투척하지

16) 《時報》 1932년 4월 30일, 「奇作炸彈」, 「彈炸一洞」.

못한 폭탄은 도시락으로 위장한 것이었다. 첫 번째 폭탄이 투척된 뒤 현장을 경비하던 일본군은 주변에 울타리를 치고 아직 터지지 않은 또 다른 폭탄을 조사하였다. 도시락으로 위장한 폭탄이었다. 그 폭탄은 "길이가 8인치, 폭 3인치, 깊이 2인치 정도로 안에는 폭약이 가득 채워져 있었다."고 한다.[17)]

Ⅲ. 윤봉길의사의 체포와 심문에 대한 보도

1. 체포 당시의 상황

윤봉길의사는 폭탄을 투척한 직후 체포되었다. 중국의 각 신문들은 폭탄을 투척한 상황과 함께, 윤봉길의사가 체포되는 상황에 대해서도 주요 기사로 다루어 보도하였다. 4월 29일로 첫 보도를 낸 《시사신보》는 체포 당시의 상황을 다음과 같이 전하고 있다.

> 범인은 고려인 尹奉天으로 금년 25세이다. 현장에서 체포되어 일본헌병사령부로 압송되었다. 심문 시 尹은 태연하게 자신이 폭탄을 투척하였음을 시인하였다고 하며, 이외에도 몇 명의 한인이

---

17) 《時事新報》 1932년 4월 30일, 「炸彈形似餞匣」.

혐의자로 체포된 것으로 알려지고 있다.[18)]

《시사신보》는 석간신문이었다. 의거 당일 저녁에 발행되어 정확한 정보를 갖지 못하였던 것으로 생각된다. 윤봉길의 이름도 '윤봉천(尹奉天)'이라 하였고, 윤봉길의사가 현장에서 체포되어 일본헌병대사령부로 압송되었다는 사실만 언급한 수준이었다.

다음날인 4월 30일에 발행된 신문들은 윤봉길의사의 체포 상황을 비교적 상세하게 보도하였다. 우선 폭탄을 투척한 인물을 「서장소년(西裝少年)」이라고 한 기사가 있다. 《신보》는 폭탄이 폭발할 때 그 옆을 지켜보던 사람의 증언이라고 하면서, "폭탄을 던진 사람은 양복입은 소년(西裝少年)으로 한국인 같다. 그 소년은 사령대 뒤 3미터 좌우쯤 되는 곳에 있었기 때문에 목표를 쉽게 명중할 수 있었다."고 하였다.[19)]

중국의 각 신문들은 윤봉길의사가 체포되는 과정에 대해 비교적 소상한 내용으로 보도하였다. 우선 「양복입은 소년」이라고 한 《신보》는 윤봉길의사가 체포되는 과정을 다음과 같은 내용으로 보도하고 있다.

> 당시 사령대 아래에는 일본헌병들이 경계를 하고 있었다. 사령대 뒤에서 한 소년이 성냥을 그어 불빛이 번쩍이더니 한 가닥 검은 연기가 피어올랐다. 그 연기는 곧장 사령대를 향해 날아갔다. 곧이어 폭발소리가 나고서야 그것이 폭탄임을 알았다. 일본헌병은 그

18) 《時事新報》 1932년 4월 29일, 「閱兵時天忽下雨同時飛來炸彈」.
19) 《申報》 1932년 4월 30일, 「西裝少年」.

> 즉시 등 뒤에서 그 소년의 두 팔과 허리를 끌어안았다. 주변의 일본인들이 함께 협조하여 그를 붙잡았다. 일본인들은 그를 마구 구타했다. 그의 얼굴은 보기 흉할 정도로 온통 피투성이 범벅이 되었다. 헌병대에서 그를 헌병사령부로 압송하여 심문했다.[20]

폭탄을 투척한 직후 경계를 서고 있던 일본헌병이 뒤에서 윤봉길의사를 끌어안았고, 이어 일본인들이 협조한 것으로 나타나 있다. 그리고 일본인들에 의해 구타를 당하여 얼굴이 보기 흉할 정도였고, 온통 피투성이가 되었다고 하였다.

상해에서 발행된 《시보》는 「척탄계한인흉수피포(擲彈係韓人兇手被捕)」란 제목으로, 체포 당시의 상황을 다음과 같이 보도하고 있다.

> 폭탄이 터지자 행사장은 순식간에 아수라장으로 변하고 말았다. 긴급계엄령을 내린 일본헌병대는 공원 외곽의 경비를 서고 있던 해병대와 함께 즉시 공원 각 출입구를 봉쇄하고 공원주변을 포위하여 일체의 출입을 금지하고 범인 색출에 나섰다. 그러나 이때 공원 내에서는 이미 범인으로 지목된 한인 한 명이 체포되었는데, 그는 아직 사용하지 못한 폭탄을 여전히 어깨에 메고 있었다. 범인과 함께 공모자로 의심되는 한인 2명, 중국인 4명도 함께 체포되었다. 이 가운데 한인 1명은 군중들에게 얻어맞아 얼굴이 피투성이인 상태로 금방이라도 숨이 넘어갈 듯한 모습이었다. 체포된 범인과 공모자로 의심되는 6명 및 주변의 목격자들은 모두 일본헌병대사령부로 이송되어 심문 중에 있다. 알려진 바에 의하면 범인은 금년

20) 《申報》 1932년 4월 30일, 「兇手卽被捕」.

25세의 한인 윤봉길로 체포 당시 태연하게 자신이 범인임을 시인하였다한다.[21)]

공원 출입구를 봉쇄하고 범인 색출에 나섰는데, 이미 공원 안에서 범인으로 지목되는 한인 한 명이 체포되었다고 하였다. 그리고 그와 더불어 공모자로 의심되는 한인 2명과 중국인 4명도 함께 체포되었고, 이들은 주변에 있던 목격자들과 함께 일본헌병대사령부로 이송되었다. 이 과정에서 누구인지는 정확하게 알 수 없지만, 한인 1명이 군중들에게 얻어맞아 얼굴이 피투성이가 되어 금방이라도 숨이 넘어갈 듯하다고 하였다.

상해에서 발행되는 《대만보》도 4월 30일에 체포 당시의 상황을 보도하였다. 《대만보》의 기자가 현장에 있던 서양인을 취재하여 보도하였다. 그 서양인은 각국 외빈이 자리를 뜰 때 자리에서 일어나 사령대에서 불과 몇 미터 떨어진 곳에 있었다고 하면서, 윤봉길의사가 체포되는 상황을 다음과 같이 술회하였다고 한다.

폭발사건이 발생하자 우리는 완전히 공황상태에 빠져 들었다. 처음에는 강력한 폭발음이 들리더니 잠깐 동안 온 세상이 쥐 죽은 듯이 고요하였다. 뒤이어 폭발로 인한 화염이 마치 번갯불처럼 번쩍이고 귓속에는 윙윙거리는 소리가 들렸다. … 수천 명이 일시에 모두 정신이 나간 듯 보였다. 장내는 엄청난 혼란에 빠져들었다. 사령대 부근에 있던 관중들이 난폭하게 범인으로 추정되는 사람을

21) 《時報》 1932년 4월 30일, 「擲彈係韓人 兇手被捕」.

제압하여 땅바닥에 내동이치는 모습이 보였다. 군중들은 그 사람의 옷을 찢고 발로 차며 마침내 얼굴을 피투성이로 만들어버렸다. 일본헌병대가 군중들 사이에서 그를 끌어냈을 때는 얼굴부터 허리까지 선혈이 낭자한 모습이었다. 옷소매 사이로도 연신 피가 흘러나오고 있었다. 비록 중상을 입었지만 그의 얼굴에는 때때로 냉소가 흘러나왔다.[22]

서양인이 본 사람은 윤봉길이라고 생각된다. 먼저 윤봉길을 체포한 것은 사령대 부근에 있던 관중들이었다. 이들은 윤봉길을 땅바닥에 내동댕이치고 난폭하게 구타하여 얼굴을 피투성이로 만들었다. 이어 일본헌병대가 와서 윤봉길을 끌어냈다. 그때 윤봉길의 모습은 얼굴에서 허리까지 선혈이 낭자하였고, 옷소매 사이로 연신 피가 흘러나오고 있었다고 한다.

남경에서 발행되는 《중앙일보》도 윤봉길의사가 체포 되는 상황을 보도하였다. 《중앙일보》는 4월 30일에 「호홍구공원중참극백천중광등피작상(滬虹口公園中慘劇白川重光等被炸傷)」이란 표제로 윤봉길의사의 홍구공원의거를 보도하면서, 체포 당시의 상황을 두 군데서 다음과 같이 설명하고 있다.

폭탄이 터진 뒤 범인은 사령대 부근에 있던 군중들에 의해 붙잡혀 폭행을 당하였다. 현장의 경비업무를 담당하고 있던 군경이 범인을 체포했을 때 범인은 이미 인사불성 상태였다.

22) 《大晩報》 1932년 4월 30일, 「據第二位在場的西人說」.

> 폭발음이 울림과 동시에 장 내의 질서가 한순간에 어지러워졌다. 이와 동시에 일본군경이 공원 출입문을 봉쇄하고 혐의자 색출에 나섰다. 공원 내에서 3인의 한인이 체포되었다. 이 가운데 한 명은 일본인의 손에 붙잡혀 헌병대에 넘겨졌는데 구타를 당해 공원을 나설 때 이미 피투성이가 되어 있던 그는 곧 사망하였다 한다.[23)]

이 기사는 상해에서 발행된 외국신문의 보도기사를 토대로 한 것이었다. 이 기사에서 특히 강조된 것은 폭행의 정도와 상태였다. 군중들에게 폭행을 당하였다는 사실과 함께 '군경이 범인을 체포했을 때는 이미 인사불성 상태였다'거나, 미확인 표현이기는 하지만 '공원을 나설 때 이미 피투성이가 되어 있는 그는 곧 사망하였다'라 하고 있다.

2. 심문과정

윤봉길의사는 체포된 직후 강만로에 있는 일본헌병대사령부로 압송되었다. 강만로는 홍구공원 우측을 지나는 큰 대로이고, 그곳에 있는 일본헌병대사령부는 홍구공원에서 10분도 안되는 거리에 있다. 윤봉길의사를 비롯하여 홍구공원에서 체포된 사람들은 모두 헌병대사령부로 압송되었다. 이들 중 중국인 6명은 중대한 혐의가 없는 것으로 판명되어 곧 석방되었고, 윤봉길의

23) 《中央日報》 1932년 4월 30일, 「滬外報記載 與華人無關」.

사는 여기서 심문을 받았다.[24)]

일제당국은 윤봉길의사의 의거가 발생한 직후부터 이에 대해 철저하게 보도를 통제하였다. 《시사신보》는 "일본 당국은 이번 사건의 경과나 범인의 신상 등을 일체 일본신문에 보도하지 못하도록 통제하였다."고 하면서, "엄격한 보도통제로 심지어 일본 신문에는 그동안 범인이 체포된 사실조차 보도될 수 없었다. 때문에 이번 사건과 관련한 일본당국의 움직임이나 후속조치 등에 관한 정보도 극히 일부만 알려졌을 뿐 구체적인 내용을 파악할 수 없었다."라 하고 있다.[25)]

일제당국이 보도통제를 해제한 것은 일주일이 지난 후인 5월 6일이었다. 이날 오후 3시 일본영사관이 윤봉길의사의 의거에 대한 내용을 공식적으로 발표한 것이다. 발표한 내용은 "이번 폭탄투척 사건의 범인은 금년 25세의 윤봉길이다. 윤의 원적지는 조선 충남 예산군 덕산면 시량리 139번지로, 현주소는 상해 프랑스조계 패륵로(貝勒路) 동방공우(東方公寓) 30호이다."라는 것을 비롯하여 5가지 사실이었다.[26)]

---

24) 윤봉길의사는 상해파견군 일본헌병대사령부에서 육군헌병대위 大石正幸으로부터 신문을 받았다. 의거 당일인 4월 29일과 4월 30일에 이루어진 신문조서가 남아 있다(국회도서관, 『韓國民族運動史料』 中國篇, 1976, 713~716쪽).

25) 《時事新報》 1932년 5월 7일, 「日領署公布 尹奉吉之口供」.

26) 일본영사관은 상해에 주재하는 일본관헌들의 협의를 거쳐 5월 6일 처음으로 윤봉길의사의 의거에 대한 내용을 공식적으로 발표하였다. 발표한 내용은 다음과 같은 다섯 가지 항목이다.

1) 이번 폭탄투척사건의 범인은 금년 26세의 윤봉길이다. 윤의 원적지는 조선 충남 예산군 덕산면 시량리 139번지로 현재 주소지는 상해 프랑스조계 貝勒路 東方公寓 30호이다.

일본당국이 철저하게 보도를 통제하고 있었던 관계로 윤봉길 의사가 일본헌병대사령부로 압송된 이후 어떠한 조처와 심문을 받았는지에 대한 보도는 많지 않다. 그러나 중국의 각 신문들은 여러 정보를 통해 단편적이지만 이와 관련된 사실을 보도하였다. 각 신문들이 보도한 내용은 대체로 체포 당시 윤봉길의 태도가 '너무나도 태연', '태연자약' 하였다는 것이고, 자신이 범인임을 숨기지 않았다는 것이었다.

중국의 각 신문들이 체포 당시 윤봉길의 모습, 그리고 심문과 관련하여 보도한 내용을 소개하면 다음과 같다.

폭탄을 투척한 금년 25세의 한인 尹奉天은 현장에서 체포되어 일

2) 범인은 4월 29일 다수의 일본관민이 모인 가운데 홍구공원에서 천장절 경축 행사가 진행되고 있을 때인 당일 오전 11시 45분경 돌연 사령대 뒤편에서 뛰어나와 사령대에 폭탄을 투척하였다. 이로 인하여 사령대 위에 있던 白川 · 野村 · 植田 · 重光 · 村井 · 友野 등 군정요인들이 중경상을 입었고, 거류민단장 河端은 사망하였다.

3) 범인 윤봉길은 경비업무를 담당하고 있던 군경에 의해 현장에서 체포되어 헌병대로 압송되었다. 현재 여전히 심문을 받고 있는 윤봉길은 조만간 군법회의에 회부될 것이다.

4) 범행에 사용된 폭탄은 두 개다. 범인은 보온병 모양의 폭탄 1개, 도시락 모양의 폭탄 1개를 휴대하고 공원에 입장하였다. 이 가운데 보온병 모양의 폭탄 1개만 투척되었다. 도시락 모양의 폭탄은 미처 사용하지 못하고 땅에 떨어진 상태에서 체포되었다.

5) 범인의 자백에 근거하여 프랑스조계에 거주하는 다수의 한인들이 이번 사건에 조직적으로 연루된 혐의를 포착하였다. 이에 프랑스조계의 경찰 당국에 요청하여 29일과 30일 이틀에 걸쳐 대대적인 검거작업을 벌였다. 그 결과 안창호를 비롯한 12명의 한인이 체포되어 우리에게 인도되었다. 이들은 지금 우리 헌병대의 심문을 받고 있는 중이다(《大公報》 1932년 5월 7일,「日本昨日發表滬炸彈案始末」).

본헌병사령부로 압송되었다. 심문 시 尹은 태연하게 자신이 폭탄을 투척하였음을 시인하였다 한다.[27)]

윤봉길은 금년 25세이다. 사건발생 이전까지 그는 프랑스조계 大馬路에 위치한 모 세탁공장의 직공으로 근무했는데 한국임시정부 외무부직원이라는 설도 있다. 한국에 있을 때 자신의 부친이 일본인으로부터 부당한 대우를 받는 것을 보고 이때부터 복수의 기회를 노리고 여러 친구들과 함께 상해로 왔다한다. 현장에서 체포된 뒤에도 윤봉길은 전혀 긴장하거나 당황하는 모습을 보이지 않고 태연자약하였다. 윤봉길은 현재 일본헌병사령부에 감금되어 혹독한 신문을 받고 있다.[28)]

체포 직후 범인 윤봉길은 중국인으로 의심되었다. 일본군사령부도 처음에는 범인을 중국인으로 여겨 그대로 공포할 생각이었다. 그러나 헌병대의 심문 결과 윤봉길은 한인으로 확인되었다. 현장에서 체포되었던 중국인들은 심문 결과 아무런 연관이 없는 것으로 밝혀져 곧 석방되었다. 일본군사령부는 당분간 이번 사건에 관한 어떠한 소식도 공포하지 않을 것이라고 성명하였다.[29)]

지금까지 25명 정도의 중국인과 한인이 이번 사건과 연루된 혐의로 체포되어 일본헌병대사령부에서 신문을 받고 있다. 현장에서 체포된 윤봉길은 일본헌병대사령부로 압송되어 10시간이 넘도록 강도 높은 심문을 받았다. 윤봉길은 연루자로 한인 두 명의 이름을

---

27) 《時事新報》 1932년 4월 29일, 「兇手韓人尹奉天被拘供認不諱」.

28) 《大晩報》 1932년 4월 30일, 「刺客態度鎭靜」.

29) 《時報》 1932년 4월 30일, 「嚴密偵査」.

> 자백하였으나, 이번 폭탄투척사건은 한국의 독립을 위한 의거라고 주장하였다한다.[30)]

> 홍구공원 폭탄투척사건의 범인 윤봉길은 현장에서 체포되어 일본헌병대사령부로 압송되어 심문을 받았다. 심문에 태연하게 응한 윤봉길은 자신의 범행임을 시인하는 외에는 다른 어떤 말도 하지 않았다. 다급해진 일본헌병은 윤봉길의 입을 열게 하려고 온갖 가혹한 방법을 모두 동원하여 윤봉길은 만신창이가 되었다. 윤봉길의 운명이 어떻게 되었는지는 아무도 정확히 알지 못하지만, 사람들은 밤낮으로 이어지는 고문에 윤봉길이 이미 사망한 것으로 믿고 있다.[31)]

이상의 기사들을 종합하여 윤봉길의사에 대한 심문과정을 정리하면 다음과 같다. 우선 윤봉길은 체포되어 일본헌병대사령부로 압송되었고, 일본헌병대에서 심문을 받았다. 둘째 윤봉길은 체포 당시부터 자신이 폭탄을 투척한 사실을 시인하였고, 이외에는 별다른 진술을 하지 않았다. 때문에 혹독한 심문을 받았고, 이로 인해 만신창이가 되어 생사를 알 수 없다고 하였다. 그리고 밤낮으로 이어지는 고문 때문에 윤봉길이 이마 사망하였을 것이라는 추측도 있었다.

윤봉길이 심문과정에서 밝힌 몇 가지 사실도 짐작할 수 있다. 우선 자신이 상해에 온 계기에 대해 "부친이 일본인으로부터 부

30)《大公報》1932년 5월 1일,「嚴審主犯逮捕嫌疑」.

31)《時事新報》1932년 5월 3일,「尹奉吉有已伏法說」.

당한 대우를 받는 것을 보고 복수의 기회를 노리고 왔다."고 하였던 것 같다. 또 자신의 거주지를 비롯하여 프랑스조계 대마로(大馬路)의 세탁공장에서 일하였으며, 폭탄을 투척한 것은 한국의 독립을 위한 의거라고 주장하였다. 그리고 집중적으로 추궁받았을 연루자에 대해서는 두 명의 이름을 자백한 것으로 나타나 있다.

윤봉길은 4월 29일 홍구공원에서 압송된 이후 계속 일본헌병대사령부에 감금되어 있었다. 그리고 여기서 일본헌병 대위 大石正幸으로부터 심문을 받았고, 5월 25일에는 일본육군 군법회의에서 사형을 선고받았다. 그러나 이러한 사실들은 공개되지 않았다. 때문에 중국의 신문들에서는 이와 관련한 기사를 찾을 수 없다.

다만 《시보》가 현장에서 체포된 윤봉길의사는 일본헌병대사령부에 계속 감금되어 있다가 "11월 20일 오후 3시 일본헌병 군조 松山 등 5명이 호송하는 가운데 일본우편회사 소속 다이헤이요 마루(太平洋丸) 편으로 상해에서 고베(神戶)에 압송되어 오오사까(大阪) 위수형무소(衛戍刑務所)에 수감되었다."는 사실과 "일본육군 제9사단 군법회의에서 사형선고를 받았던 윤봉길은 5일내에 荒木 육군대신의 집행허가가 떨어지는 즉시 총살형에 처해질 것으로 알려지고 있다."는 내용을 보도하고 있다.[32]

---

32) 《時報》 1932년 11월 26일.

Ⅳ. 일제요인의 사망 및 부상에 대한 보도

중국의 각 신문들이 연일 주요하게 보도한 것은 일제요인들의 사망 및 부상 관련이었다. 윤봉길의사의 폭탄투척으로 사령대 위에 있던 7명이 모두 큰 부상을 입었고, 이들은 즉시 병원으로 후송되었다. 시라까와 요시노리와 우에다 겐키치는 평량로(平凉路)에 위치한 육군병원병참분원으로, 시께미스 마모루 · 무라이 · 가와바타 사다쓰구는 북사천로(北四川路) 횡빈교(橫濱橋) 부근에 있는 복민병원(福民病院)으로, 노무라 요시사부로와 도모노는 강만로에 위치한 일본헌병대내의 해군병원으로 후송되었다.[33] 이들 중 가와바타와 시라까와는 치료를 받다가 사망하였다.

1. 가와바타(河端貞次)의 사망과 장례

병원으로 후송된 후 가장 먼저 사망한 것은 가와바타 사다쓰구(河端貞次)였다. 가와바타는 상해의 일본인거류민단의 단장이었다. 그는 폭탄투척으로 복부에 큰 상처를 입었다. 중국의 각 신문들은 그의 부상상태를 "복부에 중상을 입어 내장이 모두 쏟아져 나왔다."고 보도하였다. 가와바타는 현장에서 민단 직원들

33) 《時報》 1932년 4월 30일, 「分送醫院」.

에 의해 복민병원으로 후송되었다. 그리고 병원장 돈구히로시(頓宮寬)의 응급처치를 받았다. 그러나 다음날 새벽 3시 10분에 사망하였다.[34)]

중국의 각 신문들은 가와바타가 병원에 후송되어 사망하기까지의 과정을 보도하였다. 이중 두 기사만 소개한다.

> 현장에서 민단 직원들에 의해 福民病院으로 후송된 河端씨는 원장 頓宮寬 박사에 의해 응급처치를 받았다. 그러나 복부에 큰 상처를 입어 현장에서 이미 내장이 쏟아져 나왔던 하단 씨는 왼쪽 가슴에 여전히 여러 개의 파편이 남아 있는데다 과다한 출혈로 인하여 병원에 도착한 이후에도 정신을 차리지 못하였다. 오늘 새벽 1시경 상태가 더욱 심해진 하단은 두 차례나 피를 토하였다. … 3시 정각 무렵부터 거품을 뿜으며 기침을 그치지 않던 河端은 결국 3시 10분 사망하였다.[35)]

> 사건현장에서 즉시 복민병원으로 후송된 가와바타(河端)는 돈구히로시(頓宮寬) 원장으로부터 응급처치를 받았다. 그러나 왼쪽 가슴에 여러 개의 파편이 박힌 하단은 출혈이 과다하여 오랫동안 정신을 차리지 못하였고, 이로 인해 수술을 받을 수 없는 상태였다. 응급처치만 받고 병실로 옮겨진 하단은 오늘 새벽 1시경 상태가 더욱 심해져 두 차례나 피를 토하였다. … 3시 정각 무렵부터 거품을 뿜으며 기침을 그치지 않던 하단은 결국 3시 10분 사망하였다.

34) 《時事新報》 1932년 4월 30일, 「頓宮醫生束手河端氣絶身死」.
35) 《大晩報》 1932년 4월 30일, 「河端重傷身死」.

가와바타는 병원으로 후송되어 돈구히로시 병원장으로부터 응급처치를 받았지만, 결국 사망하였다. 왼쪽 가슴에 여러 개의 파편이 박혀 있을 뿐만 아니라, 과다한 출혈이 있었다. 그로 인해 정신을 차리지 못하였고, 피를 토하고 거품을 뿜다가 결국 4월 30일 새벽 3시 10분에 사망하였다.

가와바타가 사망한 후 정확한 사인(死因)을 밝히기 위해 부검이 실시되었다. 부검은 30일 오후 3시부터 2시간에 걸쳐 진행되었고, 복민병원에서 병원장 돈구히로시가 주도하였다. 부검 결과 여러 개의 파편이 폐장에 손상을 준 것으로 밝혀졌고, 특히 오른쪽 폐를 관통한 것이 사망에 직접적인 원인으로 판명되었다.

가와바타가 사망하자 일본인들은 일제히 조기(弔旗)를 게양하고 애도의 뜻을 표시하였다. 《시사신보》는 그 상황을 "가와바타가 사망했다는 소식이 전해지자 홍구와 북사천로 일대에 거주하는 일본인과 상점들은 조기를 게양하고 애도의 뜻을 표시하였다."라고 보도하였고, 《신보》는 가와바타의 약력을 실었다. 이에 의하면 "가와바타는 당시 57세였고, 교토(京都)의학전문학교를 졸업한 그는 1903년 상해에 도착하여 1924년부터 줄곧 거류민단장을 맡고 있었다."고 한다.[36)]

가와바타의 장례식은 일본에서 그의 아들과 가족이 도착한 후 화장으로 치렀다. 그의 장례식과 관련한 보도는 다음과 같다.

부친의 사망소식을 접하고 하단의 아들 河端明과 며느리 및 두

---

36) 《申報》 1932년 5월 1일, 「河端略歷」.

> 여동생, 하단의 동생 奧野 등 일행 5명이 어제 오후 長崎丸 편으로 상해에 도착하였다. 부두에 도착한 즉시 하단의 집으로 직행한 이들은 한동안 하단의 시신을 부여잡고 대성통곡하였다. 오후 6시 하단의 시신은 차에 실려 乍浦路에 위치한 西本願寺로 옮겨졌다. 오늘 아침 7시 장례위원 78명이 상공회의소에 모여 장례절차를 논의하였다. 오늘 모든 일본인의 집 문 앞에는 백지 위에 먹 글씨로 "하단 거류민단장의 서거 애도"라고 쓴 종이가 나붙고 애도의 뜻을 표시하기 위해 조기가 게양되었다.[37)]

가와바타가 사망하자 일본에서 그의 아들 가와바타 아키라(河端明)와 동생 가와바타 오쿠노(河端奧野)를 비롯한 가족들이 상해로 왔다. 가족들이 도착한 후 5월 4일 장례식이 거행되었다. 장례식 날 일본인들은 조기를 게양하여 애도하였다고 하며, 가와바타는 보산(寶山)에 있는 일본인 공동묘지에서 화장된 후 그곳에 묻혔다.

2. 시라까와(白川義則)의 사망과 천황의 애도

시라까와 요시노리(白川義則)도 사망하였다. 시라까와는 상해파견군 사령관으로 육군대장이었다. 1868년 에히메 현(愛媛縣)에서 태어난 그는 24살 때 육군보병 소위로 임관한 이래 1925년 대장에 승진하였고, 육군사관학교 교장, 시베리아 파견군 사령

37) 《時事新報》 1932년 5월 4일, 「日民團委員長 河端之喪儀」.

관, 육군성 차관, 관동군 사령관, 군사참의관을 거쳐 1927년 육군대신을 지낸 일본육군의 대표적 지휘관이었다.[38] 1928년 퇴직하였던 시라까와는 1932년 1월 상해사변이 발발하자 상해파견군사령관으로 임명되어, 다시 군복을 입고 '송호전쟁'을 총지휘하였다. 일본군의 상해침공을 상징하는 핵심 인물이라고 할 수 있다.

이러한 시라까와의 위상 때문에 중국의 각 신문들은 시라까와에 대해 특별한 관심을 기울였고, 그의 부상정도와 병세에서부터 사망하여 일본으로 유해가 되어 돌아갈 때까지 상세하게 보도하고 있었다. 홍구공원 사령대에서 왼쪽 뺨에 파편을 맞고 굴러 떨어진 시라까와는 평량로에 있는 일본육군병원병참분원으로 후송되어 치료를 받았다. 시라까와가 부상당한 상태는 다음과 같다.

> 왼쪽 뺨에 7~8곳의 파편을 맞은 白川 대장은 이외에도 어깨와 복부 및 다리에 약 30여 곳의 상처자국이 남아 있다. 일본육군병원병참분원 원장인 龜井一郎의 발표에 의하면, 백천의 왼쪽 뺨에는 파편에 맞아 생긴 1센티미터에서 4센티미터에 이르는 7~8곳의 상처가 있고, 어깨와 복부 및 대퇴부에도 약 30여 곳의 상처가 생긴 것으로 확인되었다. 다만 출혈이 심하지 않아 4주 정도면 완치될 수 있을 것으로 보인다.[39]

38)《時事新報》1932년 5월 23일,「白川大將略歷」.
39)《時報》1932년 5월 1일,「白川左頤傷孔七八處 肘腹腿鱗傷三十餘」.

시라까와의 부상정도는 그리 심각한 편이 아니었다. 왼쪽 뺨과 복부 등에 파편이 박혔지만, 출혈이 심하지 않았다. 시라까와를 치료한 원장 가메이 이치로(龜井一郎)도 4주 정도면 완치될 수 있다고 발표할 정도였다.

더욱이 시라까와는 전상자 치료의 최고 권위자인 고토 시치로(後藤七郎)의 치료를 받았다. 고토(後藤)는 당시 규슈(九州)대학 외과교수이자 육군군의관으로, 1차대전에서 청도(青島)로 상륙작전을 하는 일본군의 야전군의관으로 참전한 경험이 있고, 전쟁부상자 치료에 있어 일본 최고의 권위자로 알려진 인물이었다.[40] 시라까와의 부상소식을 접한 일본정부는 그의 치료를 위해 고토 시치로를 상해로 파견하였고, 상해에 도착한 고토 시치로는 5월 3일부터 시라까와를 치료하였다.

시라까와는 병상에서 술을 마실 수 있을 정도로 호전되었다. 육군병원장 가메이 이치로를 비롯하여 일본에서 온 고토 시치로 등의 세심한 치료를 받으면서 부상상태가 좋아졌고, "평소 술을 좋아했던 시라까와는 수시로 브랜디를 찾고 있으며, 문병 온 지인들과도 환담을 나눌 수 있는 정도"였다.[41]

호전되어 가던 시라까와의 병세가 급격히 악화되었다. 5월 21일 중국의 각 신문들은 시라까와의 병세가 급격히 악화되었다며, 이에 대한 소식을 전하였다. 그동안 별다른 증상을 보이지 않던 시라까와가 5월 20일부터 내장 출혈로 인한 혈변증세를 보

---

40)《時事新報》1932년 5월 2일,「日本戰傷醫界之權威後藤博士奉命來滬」.

41)《時事新報》1942년 5월 4일,「白川傷勢較輕」.

이기 시작했다는 내용과 함께 "육군성은 시라까와 대장의 수술을 위해 육군의무학교 교관 겸 내과과장인 일등군의관 三木良英 박사를 상해에 급파하기로 결정했다."는 소식을 전하고 있다.[42)]

일본정부와 육군성이 최선을 다하였지만, 급격히 악화된 시라까와의 병세는 호전되지 않았다. 5월 20일 오후 5시부터 호흡곤란을 겪기 시작한 그의 병세는 계속 악화되었다. 의료진이 4차례나 긴급 수혈을 하였지만, 전혀 효과를 보지 못하였고, 23일 새벽에는 완전히 지각을 상실하고 혼수상태에 빠졌다.[43)]

시라까와가 혼수상태에 빠졌다는 보도와 함께 중국의 각 신문들이 다룬 주요한 보도가 있었다. 일황이 시라까와에게 사주(賜酒)를 내리고, 작위(爵位)를 수여하였으며, 조어(詔語)를 내렸다는 보도가 그것이다.

> 백천의 상태가 매우 좋지 않다는 보고를 받은 일황은 오늘 오전 7시 30분 백천에게 賜酒를 내리도록 지시하였다. 지시를 받은 궁내성은 즉시 상해총영사관에 전문을 보내 의식절차를 진행하도록 하였다. 조금 전 일황은 다시 백천에게 男爵작위를 수여한다는 조서를 내렸다. 일황은 오늘 오전 10시 백천 대장에게 "경이 상해파견군사령관으로 이역에서 주어진 임무를 완수하여 무위를 선양하고 국제신의를 돈독히 하기위해 노력하고 있음에 짐은 그 노고를 심히 가상히 여기는 바이다. 昭和 7년 5월 23일"이라는 내용의 조어

42) 《時事新報》 1932년 5월 21일, 「白川病勢劇變 東京添派軍醫生來滬」; 《時報》 1932년 5월 21일, 「白川病態急變 日陸部急派軍醫來滬」.
43) 《時事新報》 1932년 5월 23일, 「白川今晨病篤」.

를 내렸다.[44)]

일황은 시라까와가 위독한 상태라는 보고를 받고, 5월 23일 세 가지 일을 하였다. 하나는 사주를 내렸고, 둘째는 남작(男爵)의 작위를 수여하였으며, 셋째는 '상해파견군사령관으로 임무를 완수한 노고를 가상히 여긴다'는 내용의 조어(詔語)였다. 이외에 한 가지가 더 있었다. 《시보》의 기사에는 남작 작위와 함께 욱일(旭日)대훈장을 수여하였다는 내용이 있다.[45)]

일황이 내린 사주와 조어는 그날 오후에 시라까와에게 직접 전달되었다. 일황의 명령을 받은 궁내성에서는 즉시 이 사실을 상해에 타전하여 무라이 총영사로 하여금 의식절차를 집행하도록 하였고, 당일 오후에 집행되었다. 그러한 사실이 다음 기사에 나타나 있다.

> 어제 오후 4시 10분 田代 참모장이 병원을 방문하여 백천 사령관의 병상 앞에서 칙어를 봉독하였다. 이어 전대 참모장은 사주를 내리고 작위를 수여한 사실을 알리고, 사주로 내려진 백포도주 조금을 백천 대장의 입술에 적셔 주었다. 나머지 술은 부하들에게 분배되었다.[46)]

일황이 내린 사주는 백포두주였다. 일본군 참모장 다시로(田

---

44) 《時事新報》 1932년 5월 23일, 「日皇下旨賜酒並授男爵」.
45) 《時報》 1932년 5월 24일, 「日皇賜酒優詔晉授男爵」.
46) 《時報》 1932년 5월 24일, 「日軍司令部昨晚發表病態」.

代)가 시라까와를 찾아가 병상 앞에서 일황이 내린 칙어를 봉독하고, 일황이 사주를 내리고 작위를 수여한 사실을 알려주었다. 그리고 사주로 내린 백포도주를 시라까와의 입술에 적셔준 것이다.

일본정부와 육군성이 최선을 다해 노력하였지만, 시라까와는 사망하였다. 일본정부와 육군성에서는 시라까와를 치료하기 위해 전쟁부상자 치료의 최고 권위자인 고토 시치로, 그리고 내과 과장인 일등군의관 三木良英을 보냈다. 이들이 시라까와의 출혈을 막기 위해 위장과 대장을 절개하는 수술을 하였지만, 시라까와는 살아나지 못했다. 결국 5월 26일 오전 11시 40분에 사망하였고, 일본육군성과 상해일본군사령부에서 이를 공식적으로 발표하였다.[47)]

시라까와가 사망하자, 일황과 일후(日后)는 조전을 보냈다. 《시사신보》는 동경의 일연사(日聯社) 전문으로 "시라까와의 사망 소식을 접한 일황과 일후는 어제 오후 3시 애도의 뜻을 담은 조전을 가족에게 보냈다."는 기사를 실었다.[48)] 사망한 시라까와의 유해는 일본으로 옮겨졌다. 28일 오전 9시 시라까와의 유해는 일본군정 요인들의 배웅을 받으며 다츠타 함(龍田艦)에 실려 일본으로 돌아갔다. 시라까와의 영구가 상해를 떠나 일본에 있는 그의 집에 도착하기까지의 과정을 보도한 기사가 있다.

---

47) 《時報》 1932년 5월 27일, 「白川回」. 이보다 앞서 《時事新報》는 5월 26일에 「百術無效醫生束手 白川今晨六點念五分死」라고 하여, 백천이 26일 오전 6시 25분에 사망하였다는 보도를 하기도 하였다.

48) 《時事新報》 1932년 5월 27일, 「日皇日后弔白川」.

> 橫須賀에 도착한 백천 대장의 영구는 오늘 오후 1시 44분 龍田艦에서 부두로 옮겼다. 백천의 유해를 싣고 오후 2시 횡수하를 출발한 특별군용열차는 오후 3시 30분 동경역에 도착하였다. 유족과 武藤장례위원장이 지켜보는 가운데 백천의 영구가 제3승강장의 중앙에 내려지는 동안 주변에는 일반인의 출입이 철저히 통제되었다. 川岸 시종무관이 영구 앞에서 일황의 선유를 낭독할 때 도열한 육해군 장성들은 모두 눈물을 머금은 채 거수경례를 올리며 경의를 표시하였다. 간단한 의식이 끝난 뒤 운구차에 실린 백천의 유해는 佐佐木에 위치한 백천의 자택으로 옮겨졌다.[49)]

용전함에 실린 시라까와의 유해는 5월 31일 횡수하에서 특별군용열차편으로 동경역에 도착하였다. 동경역에서 유족과 무토(武藤) 장례위원장 등이 참여한 가운데 의식이 거행되었다. 이때 일황의 선유가 낭독되었다고 한다.

시라까와의 사망과 관련한 중국 신문들의 보도에서 주목되는 내용이 두 가지 있다. 하나는 시라까와의 사망소식을 접한 중국인들이 폭죽을 터뜨리며 환호하였다는 내용의 기사이다.

> 일본은 비록 이번 전쟁이 황군의 위력을 떨쳐 보인 승전이라고 큰소리 치고 있지만 수많은 지휘관과 병사를 잃었다. 이번 전쟁으로 인하여 일본 국내의 정치상황도 혼란의 소용돌이에 빠져 좀처럼 헤어 나오지 못하고 있다. 이번 전쟁통에 菱刈가 사망하고 野村과 植田이 부상을 입었으며 白川은 사경을 헤매고 있다. … 菱刈가

49) 《時報》 1932년 6월 1일, 「白川柩運抵東京」.

병사한 날 저녁 백천의 사망 소식이 들려오자 상해의 모든 시민들은 폭죽을 터뜨리며 환호하였다.[50)]

5월 20일부터 시라까와가 위독한 상황이란 소식이 전해지기 시작하면서, 중국의 여러 신문들은 그의 사망을 기정사실화 하고 있었다. 《시보》가 5월 24일에 「백천작신10시고(白川昨晨十一時故)」란 제목의 보도를 낸 이래 「백천준비후사(白川準備後事) 일해군예비파견군함운시(日海軍豫備派軍艦運屍)」 등의 기사가 실렸다. 상해사변에서 패배한 중국인들의 울분이 담겨진 표시였다. 그러다 시라까와가 사망했다는 소식이 들려오자 폭죽을 터뜨리며 환호한 것이다.

다른 하나는 시라까와의 죽음에 대한 보복으로 윤봉길을 사형에 처할 것 같다는 내용의 보도이다.

윤지사가 투척한 폭탄에 부상을 입은 일본군사령관 白川義則이 사망하자 일본 조야는 큰 슬픔을 감추지 못하면서 동시에 윤지사에 대한 비난의 여론이 크게 증폭되었다. 이에 일본정부는 그제 백천의 유해를 본국으로 송환하는 길에 윤지사도 함께 일본으로 압송토록 하였다. 윤봉길지사는 일본에 도착하자마자 형식적인 심문절차를 거쳐 곧바로 처형될 것으로 관측되고 있다. 즉 일본정부는 윤봉길을 처형하여 백천을 따라 순장시키려는 것이다. … 윤지사가 백천의 죽음에 앙갚음으로 사형에 처해진다 하더라도 그의 죽

50) 《上海報》 1932년 5월 25일, 「白川사망설과 민간의 반응」.

음은 결코 헛되지 않을 것이다.[51)]

시라까와의 사망소식을 전하면서, 일본정부는 시라까와의 유해를 송환하는 길에 윤봉길의사도 함께 일본으로 압송토록 하였다며, 이것은 윤봉길을 처형하여 시라까와를 따라 순장시키려는 것이라 하고 있다. 즉 시라까와의 죽음에 대한 보복으로 윤봉길을 사형에 처할 것이란 이야기이다.

사형에 처한 것은 아니지만, 한 달도 안돼 윤봉길의사에게 사형을 선고한 것은 보복성이었다고 생각된다. 잘 알려져 있듯이 윤봉길의사는 5월 25일 상해파견일본군 군법회의에서 사형선고를 받았다. 폭탄을 투척한 지 채 한 달이 안 된 때였다. 1932년 1월 8일 일황을 저격하였던 이봉창 의사는 9차례의 신문을 받고, 그해 9월 30일 공판에서 사형을 선고 받았다.[52)] 이에 비하면 윤봉길의사의 사형선고는 전격적이라 할 수 있다. 군법회의였다고는 하지만, 신문이나 조서 등 재판을 위한 절차와 과정이 크게 단축된 사형선고였다.

사형을 선고한 일자도 보복성이란 생각을 갖게 한다. 사형을 선고한 5월 25일은 시라까와의 사망이 임박한 때였다. 시라까와는 5월 20일 저녁부터 혼수상태에 빠졌고, 중국의 신문들은 그의 사망설을 보도하고 있었다. 일본 측도 사망할 것으로 보았다. 5월 23일 일황이 시라까와에게 사주 · 작위 · 조어 등을 내린 것

---

51) 《上海報》 1932년 5월 31일.

52) 한시준, 「이봉창의사의 일왕저격의거」, 『이봉창의사와 한국독립운동』, 단국대학교출판부, 2002, 100쪽.

이 그것을 말해주고, 시라까와는 결국 5월 26일 사망하였다. 시라까와가 죽기 전에 윤봉길의사에게 사형을 선고한 것이라고 생각할 수밖에 없다.

3. 시께미스(重光葵) 등 부상자들의 상태

중국의 각 신문들은 부상자들의 상태와 치료 등에 대해서도 소상하게 보도하였다. 의거 당일부터 큰 활자로 「중광백천촌정야촌작상(重光白川村井野村炸傷)」, 「백천식전중광야촌등균피작상(白川植田重光野村等均被炸傷)」 등의 제목을 달아 보도하기 시작한 이래, 「각인금일병상(各人今日病狀)」, 「각인상세감경(各人傷勢減輕)」 등이란 제목으로 부상자들의 상태와 경과를 보도하고 있었다. 부상자는 주중국공사 시께미스를 비롯하여 제3함대 사령관인 해군중장 노무라, 제9사단장인 육군중장 우에다, 상해총영사 무라이, 일본거류민단서기장 도모노 등 5명이었다.

부상 정도가 가장 심했던 것은 시께미스였다. 시께미스는 현장에서 기절한 상태로 북사천로 요코스카(橫濱橋) 부근에 있는 복민병원으로 후송되었다. 시께미스의 부상은 주로 오른쪽 무릎관절과 허벅지에 집중되었고, 온몸에 64곳에 달하는 파편이 박혔다고 한다.[53] 시께미스는 복민병원에서 두 달여에 걸쳐 수술과 치료를 받았다.

---

53) 《時事新報》 1932년 5월 5일, 「重光不致刖足 腿部彈片未鉗出」.

시께미스는 처음에는 몸에 박힌 파편을 제거하는 수술을 받았다. 시께미스의 수술은 주로 병원장 돈구 히로시와 군의관 가와다(川田) 소좌, 그리고 일본정부가 파견한 전쟁부상자 치료 전문가인 고토 시치로가 담당하였다. 수술은 여러 차례에 걸쳐 이루어졌다. 몸에 박힌 파편이 64곳이나 되었고, 그의 몸이 쇠약하고 상처부위의 상태도 좋지 않아 한꺼번에 제거하기가 어려웠기 때문이다.

시께미스는 일주일 만에 오른쪽 다리를 절단해야 했다. 5월 5일 아침부터 호흡이 가빠지고 정신이 혼미해지기 시작하자, 고토 시치로는 그의 상태를 살피고 다리를 절단하기로 결정하였다. 골절부분의 화농과 염증이 중추부위에 전파되면 생명에 위험을 줄 수 있다고 판단한 것이다. 수술은 오후 3시부터 복민병원에서 고토 시치로가 집도하고 군의관 이부카(井深) · 와타나베(渡邊) · 가와다(川田) 등에 의해 진행되었다. 시께미스의 다리를 절단하는 과정을 중국의 여러 신문들은 다음과 같이 보도하였다.

> 重光의 상태를 파악한 後藤은 생명을 건지기 위해서는 부득이 다리를 절단해야 한다는 판단을 내리고 오후 2시부터 직접 수술을 준비하였다. 3시경 마취제 주사를 시작으로 오른쪽 다리를 절단하는 수술이 약 한 시간가량 진행되었다. 수술용 톱으로 다리를 잘라낼 때 선혈이 사방으로 튀기는 모습은 차마 눈뜨고 볼 수 없는 참혹한 광경이었다. 잘라낸 다리 부위의 살과 근육이 한동안 꿈틀대는 모

습도 사람들을 공포로 몰아넣기 충분하였다.[54)]

시께미스의 다리를 절단하는 수술과정을 '참혹한 광경'이라며 보도한 데는 의도가 있었던 것으로 보인다. 시께미스는 송호전쟁의 정전을 협상하는 당사자였고, 오전에 정전협정에 서명하고 오후에 수술을 받았다. 중국인들은 일본과의 정전협정을 굴욕적인 것으로 여겨 반대하고 있었다. 이러한 심기가 반영된 기사였다고 생각된다.

다리를 절단한 시께미스는 두 달여 만에 회복되었고, 일본으로 돌아갔다. 의족에 지탱하여 혼자서 걸을 수 있는 정도가 되자, 일본으로 돌아가 치료와 요양을 하기로 하였다. 시께미스는 6월 17일 上海丸 편으로 상해를 떠났다. 이후 시께미스는 일본의 외무대신이 되었고, 1945년 9월 2일 미조리함상에서 항복문서에 서명하는 역할을 하였다.

제3함대사령관인 해군중장 노무라는 오른쪽 눈에 부상을 입었고, 결국 실명하였다. 노무라는 폭탄이 폭발할 때 눈에 파편이 박히는 부상을 입고, 일본헌병대 해군병원으로 후송되어 치료를 받았다. 노무라의 치료를 위해 대련(大連)에서 개업 중인 안과전문의 후나카와 유조(船川尤三) 박사와 오사카와(大佐川) · 마쓰다이(松大) 등 3명의 의사가 초빙되었다.[55)] 이들의 수술과 치료를 받았지만, 노무라의 오른쪽 눈은 기능을 상실하였다.

---

54) 《時報》 1932년 5월 6일, 「重光鋸斷足骨 折骨部分化膿發炎昨晨病態惡化」; 《時事新報》 1932년 5월 6일, 「重光刖去右腿 鋸下時皮肉顫動」.

55) 《時事新報》 1932년 5월 1일, 「野村眼延專醫」.

이외에 제9사단장인 육군중장 우에다는 발에 집중적으로 부상을 입었다. 군화를 신고 있었지만, 발가락 4개가 완전히 부러지고 왼쪽 종아리에도 10여 개의 파편이 박혔다. 우에다는 시라까와와 함께 육군병원병참분원으로 후송되어 치료를 받았다.

상해총영사 무라이는 오른쪽 어깨에 부상을 입었다. 파편이 그의 오른쪽 어깨를 관통하였다. 무라이는 복민병원에 후송되어 병원장 돈구 히로시(頓宮寬)의 치료를 받았다. 그의 병세는 신속하게 회복되었고, 5월 4일경에 이르면 혼자 힘으로 병상에 앉아 공무를 볼 수 있는 정도가 되었다.

거류민단서기장 도모노는 오른발과 왼쪽 엉덩이에 파편이 박히는 부상을 입었다. 그러나 치명적인 상처는 아니었다. 도모노는 일본헌병대 해군병원으로 후송되어 파편을 제거하는 수술을 받았고, 5월 26일 퇴원하였다.

Ⅴ. 안창호와 한인체포에 대한 보도

1. 안창호의 체포와 석방운동

윤봉길의사의 폭탄투척 의거와 더불어, 중국의 각 신문들이 대대적으로 보도한 것은 안창호의 체포와 그의 석방운동이었다.

안창호는 의거가 발생한 후 2시간여 만인 오후 1시경에 프랑스 조계 당국이 파견한 형사대에 체포되어, 일본헌병대에 넘겨졌다. 안창호의 체포 소식을 중국의 각 신문들은 4월 30일부터「일방작탄안후(日方炸彈案後) 포한국혁명영수안창호(捕韓國革命領袖安昌浩)」,「홍구작탄안(虹口炸彈案) 한인안창호등피구포(韓人安昌浩等被拘捕)」,「한인안창호재법조계피포(韓人安昌浩在法租界被捕)」 등의 대활자로 뽑아 보도하였다. 중국의 한 신문은 안창호가 체포된 과정을 다음과 같이 전하고 있다.

> 홍구공원에서 폭탄투척사건이 발생하자 오후 1시 일본영사관 경찰이 프랑스조계를 방문하여 한인 李春山의 체포, 인도를 요청하였다. 일본의 요청을 받아들인 프랑스조계 당국은 즉시 사복형사대를 霞飛路 寶康里 27호 이춘산의 집에 파견하여 수색에 나섰다. 이춘산이 외출 중인 것을 확인한 형사대는 이씨가 귀가하기를 기다렸다. 이때 마침 이씨의 친구인 안창호가 일이 있어 이씨의 집을 방문하였다. 안창호를 이춘산으로 오인한 형사대는 안씨가 집안으로 들어서자마자 그를 체포하여 盧家灣에 위치한 순포방으로 압송하여 심문하였다. 안씨는 자신이 이춘산이 아니라고 극구 부인하였다. 또한 소식을 듣고 달려온 한국인 유력인사들이 이구동성으로 안창호를 변호하며 구출하기 위해 백방으로 노력하였다. 그럼에도 불구하고 프랑스조계 당국은 안창호를 일본영사관에 인도하였다.[56]

---

56)《大晚報》1932년 4월 30일,「日方炸彈案後 捕韓國革命領袖安昌浩」.

이에 의하면 안창호는 이춘산(李裕弼)의 집에서 프랑스조계 형사대에 피체되었다. 폭탄투척이 결행된 직후 일본영사관 경찰이 프랑스조계를 방문하여 이춘산의 체포 인도를 요구하였고, 프랑스조계 형사대가 이춘산의 집에 잠복해 있다가 안창호를 체포한 것이다. 일본경찰이 이춘산을 지목한 것은 윤봉길의사가 그를 언급하였기 때문이었다. 윤봉길의사는 일본헌병대사령부로 압송되어 헌병대위 오이시 마사유키(大石正幸)에게 신문을 받았고, "수류탄은 어디서 입수했느냐"는 질문에 "이춘산으로부터 받았다."고 하였다.[57] 이에 일본경찰은 이춘산을 체포하고자 하였고, 그의 집을 찾았던 안창호가 체포된 것이다. 안창호는 일본영사관에 넘겨졌다가, 5월 1일 아침 일본헌병대사령부로 인도되었다.[58]

안창호가 일본헌병대사령부에서 신문을 받고 있다는 것과 함께 사흘째 단식하고 있다는 소식을 전하는 기사가 있다. "프랑스조계에서 체포된 한국혁명당 당수 안창호는 현재 양수포(楊樹浦) 공대사창(公大紗廠)내 일본헌병대사령부에서 계속 신문을 받고 있다 한다. 태연하게 신문에 응한 안창호는 묵묵부답으로 일관하며 사흘째 단식 중이라 한다."는 것이 그것이다.[59]

이후 중국 신문들은 안창호의 석방운동과 관련한 내용들을 보도하고 있다. 안창호를 석방하려는 움직임은 상해변호사협회를

57) 국회도서관, 『韓國民族運動史料－中國篇』, 1976, 714쪽.

58) 《時報》 1932년 5월 1일, 「韓人安昌浩在法租界被捕 引渡日憲兵司令部」.

59) 《大晚報》 1932년 5월 2일, 「韓革命領袖安昌浩絶食三天」.

비롯하여 여러 곳에서 진행되었고, 석방의 논리는 안창호가 중국국적을 취득하였다는 것이었다.[60]

> 상해변호사협회는 어제 국민정부 사법부와 외교부에 전보를 보내 일본헌병대사령부에 억류되어 있는 안창호의 석방에 힘써줄 것을 요청하였다. … 한인 안창호가 일본경찰의 요청을 받은 상해 프랑스조계 순포방 순포에 의해 체포되었다 합니다. 프랑스조계 당국은 피포자는 중국 법원에 인도해야 한다는 협정을 무시하고 임의로 안창호를 일본군에 넘기고 말았습니다. 宴彰昊의 원래 이름은 安昌浩로 민국 11년 제853호 입적허가증을 얻어 중국국적을 취득한 것으로 되어 있습니다.

상해변호사협회가 중국정부의 사법부와 외교부에 안창호의 석방에 힘써줄 것을 요청하였음을 알려주는 기사이다. 그 논리는 안창호는 중국 국적을 취득하였기 때문에, 프랑스조계 당국이 안창호를 일본에 넘긴 것은 잘못된 것이고, 중국법원에 인도해야 한다는 것이었다. 이에 의하면 안창호는 1922년 제853호 입적허가증을 얻어 안창호(宴彰昊)란 이름으로 중국 국적을 취득한 것으로 되어 있다.

또 국제법상으로도 안창호를 일본에 인도한 것은 잘못된 것이라고 하였다. 《신보》는 외국 정치학자의 말을 빌어 "정치범 안씨는 국제법상 충분한 보호를 받을 권리가 있다. 프랑스조계 당국은 안씨를 체포한 뒤 충분한 법률적 검토를 마쳤어야 했다. 특수

60) 《時報》 1932년 5월 3일, 「安昌浩曾入中國籍 律師公會電請交涉」.

한 범죄행위가 없다면 일본 측에 인도할 필요가 없는 것이다. 하물며 국제공약이 정치범을 보호해야 한다고 분명하게 규정하고 있지 않은가"라며[61] 프랑스조계 당국의 처사가 잘못된 것임을 지적하였다. 안창호는 정치범으로 국제법상 보호를 받아야 한다는 것이었다.

이외에도 안창호의 석방운동과 관련한 내용들을 계속 보도하였다. 중한민족항일대동맹회가 상해변호사협회에 '정부당국과 프랑스조계 당국에 엄중한 항의를 제출하고 국제연맹에 요청해 줄 것'을 요구하였다는 보도도 있고,[62] 상해상공회의소에서 중국의 행정원과 외교부에 "안창호의 심리권은 당연히 우리 중국이 행사해야 한다."는 전문을 보냈다는 내용의 보도도 있다.[63]

2. 임시정부 청사 수색과 한인의 체포

안창호의 체포와 함께 프랑스조계에 거주하는 한인들에 대한 일제의 대대적인 수색과 체포 소식도 전하고 있다. 일제는 폭탄투척이 결행된 직후부터 프랑스조계 당국의 협조를 얻어 다수의 사복경찰을 프랑스조계 내 곳곳에 배치하고, 임시정부 청사를 비롯한 각 기관들을 수색하는 한편, 한인들을 체포하였다. 그 상

61) 《申報》 1932년 5월 3일, 「外人論安昌浩被捕 政治犯例受保護」.
62) 《申報》 1932년 5월 7일, 「引渡安昌浩之反響」.
63) 《時報》 1932년 5월 19일, 「市商會電請政府抗議 審理安昌浩權在我國」.

황을 중국 신문들은 다음과 같이 보도하였다.

> 어제 새벽 3시경 일본영사관의 요청을 받은 프랑스조계 순포방은 일본경찰 8명과 함께 순포 몇 명을 파견하여 馬浪路 普慶里 7호와 8호를 급습하였다. 아무런 소득이 없자 일행은 건너편 新民邨 일대 한국인 거주지를 수색하였다. 여기에서도 아무런 소득을 얻지 못하자 일행은 다시 普慶里 4호 한국교민단 본부에 대한 압수수색을 벌였다. 그러나 책임자들은 이미 자리를 비우고 중국인 고용인 한 사람만이 사무실을 지키고 있었다. 교민단본부에 있던 중국인 고용인은 일본헌병대로 압송되고 중요문서 역시 압수되었다.[64)]

> 일본영사관 경찰은 어제 새벽 프랑스조계 공부국에 이번 사건에 연루된 한인 검거에 도움을 청하였다. 조계 당국의 허락을 얻은 일본경찰은 즉시 각 체포대상자의 집으로 인원을 파견하여 감시와 체포에 들어갔다. 이 과정에서 프랑스조계 순포방 소속 순포들의 협조가 있었다. 어제 체포된 한인은 대부분 20세 전후의 청년들로 학생신분이었다. 이들의 거주지가 각기 다른 관계로 조계 순포방은 일본의 요구를 받아들여 체포과정에 모든 대원을 동원하여 협조하였다. 이른 새벽 순포들이 들이닥친 관계로 대부분은 잠자리에서 체포되었다. 이들은 馬浪路 崇一里 16호에서 3명, 普慶里에서 1명, 辣斐德路 388호에서 2명, 霞飛路 寶康里 65호에서 4명, 新民邨 446에서 1명, 中醫生醫院에서 1명이 체포되었다.[65)]

보경리 4호 한국교민단 본부는 바로 임시정부 청사였다. 4월

---

64) 《時報》 1932년 5월 1일, 「搜査韓僑民團」.

65) 《時報》 1932년 5월 1일, 「日因炸彈案大捕韓獨立黨 昨日一日間被捕十一人」.

29일 새벽 3시경 일본경찰 8명이 프랑스조계 순포들과 함께 임시정부 청사에 대한 압수수색을 벌였다. 그러나 임시정부 요인들은 이미 피신하고 없었다. 대신 임시정부의 중요한 문서들을 압수해 갔다. 임시정부에 대한 수색과 함께 일본경찰은 한인의 거주지를 급습하였고, 이로 인해 모두 11명이 체포되었다.

일제경찰은 이춘산을 체포하기 위해 혈안이 되어 있었고, 한인들에 대한 대대적인 수색과 체포도 계속되었다. "대대적인 수색작업이 벌어지면서 프랑스조계 내에 거주하는 한인들은 크게 불안해하고 있다. 특히 이춘산의 행적을 찾기 위해 수색이 더욱 강도를 높여가자 한인들의 불안감도 크게 증폭되고 있다."는 보도,[66] 그리고 "일본경찰은 이번 사건과 직접 연루 여부를 떠나 모든 한인을 혐의자로 간주하고 대대적인 검색을 하고 있다. 이로 인하여 전체 한인사회는 지금 엄청난 불안과 공포에서 벗어나지 못하고 있다."는 보도가[67] 당시의 상황을 말해준다.

한인들에 대한 수색 및 체포에 관해 중국의 여러 신문은 연일 주요기사로 보도하였다. 기사의 논조는 일제 측에 한인들을 수색하고 체포하도록 허락한 프랑스조계 당국의 조처에 대한 비난(「虹口炸案與租界捕房無涉 工部局表示不負任何責任」 등), 그리고 한인에 대한 보호를 요청하는 것이었다. 이에 대해 프랑스조계 당국은 중국 신문의 보도 가운데 잘못된 내용들이 있다며, 다음과 같은 내용의 특별 성명을 발표하기도 하였다.

66) 《時事新報》 1932년 5월 3일, 「日警搜索李春山」.
67) 《大晚報》 1932년 5월 2일, 「日人連日四出捕索李春山」.

> 홍구공원 폭탄투척사건 발생 당일 일본경찰은 우리 순포방에 1) 사건 현장에서 체포된 범인은 프랑스조계에 주소지를 두고 있는 한인 윤봉길이다. 2) 범인의 자백에 의하면 이번 사건의 계획과 사전 준비는 프랑스조계 내에서 이루어졌다. 등 두 가지 사실을 전해왔다. 아울러 당일 일본영사가 직접 우리 프랑스 영사에게 이상의 내용이 사실임을 조회하고 프랑스조계에 거주하는 한인 26명의 체포에 순포방이 협조해 줄 것을 요청하였다. 일본영사관은 체포 협조를 요청한 26명은 모두 이번 사건의 공모자라고 주장하였으며, 일본사법당국이 정식으로 발부한 체포영장을 제시하였다. 여기서 특별히 주목해야 할 사실은 체포된 한인을 일본영사관에 인도한 것은 법적으로 아무런 문제가 없다는 사실이다.[68]

이는 일제경찰에게 한인들에 대한 수색과 체포를 허락한 프랑스조계 당국의 조처에 대한 비난이 쏟아지자, 프랑스조계 당국이 그 경위를 발표한 것이다. 프랑스조계 당국은 일제 측이 홍구공원 폭탄투척 사건이 프랑스조계 내에서 계획 준비되었다는 것, 그리고 사건 공모자라며 26명에 대한 체포영장을 제시하였기 때문에 협조한 것이라 하고 있다. 이러한 협조경위와 더불어 체포된 한인을 일본영사관에 인도하는 것은 법적으로 문제될 것이 없다고 하였다.

이러한 프랑스조계 당국의 성명이 발표되면서, 한인들의 불안과 공포는 계속되었다. 중국의 신문들은 태도를 바꾸었다. 중요 인물들은 모두 상해를 떠나 다른 곳으로 옮겨갔다는 내용을 전

---

68) 《時報》 1932년 5월 13일, 「關於逮捕韓人事件 法租界當局之聲明」.

하는 「韓獨立黨領袖大都離滬」, 「重要韓人多離滬」 등의 기사를 보도한 것이다. 그러나 일제의 수색과 체포는 여전히 진행되고 있었고, "일본당국은 앞으로 1개월 동안 집중적으로 상해에 거주하는 한인에 대한 감시를 강화하여 혁명활동에 종사하는 모든 한인을 체포한다는 목표로 설정하였다."고 한다.[69)]

3. 김구의 「虹口公園炸彈案의 眞相」 게재

1932년 5월 9일 오후, 중국의 각 신문사에 한 통의 편지가 배달되었다. 편지 속에는 태극기 앞에 폭탄을 들고 있는 윤봉길의사의 사진 1장과 타자로 작성된 영문편지 5장이 들어 있었다. 편지의 제목은 「홍구공원작탄안의 진상」이었고, 편지를 작성한 사람은 김구(金九)였다.

김구는 윤봉길의사의 홍구공원의거를 계획하고 추진한 주모자였다. 자신은 의거가 결행된 후 피신하였지만, 안창호를 비롯하여 많은 한인들이 체포되었다는 소식을 들었다. 김구는 피신해 있으면서 체포된 가족에게 전화를 걸어 위로하기도 하였지만, 더 이상 한인들이 체포되는 것을 볼 수 없었다. 또 사건과 관계없는 사람들이 체포되는 데 대해 불만도 표출되었다. 그 상황을 김구는 다음과 같이 술회하였다.

69) 《時報》 1932년 5월 15일, 「韓獨立黨領袖大都離滬」.

날마다 왜놈들이 사람을 잡으려고 미친개처럼 돌아다니는 판이어서 우리 임시정부와 민단 직원들은 물론 심지어 부녀단체인 애국부인회까지도 아예 집회할 엄두도 낼 수 없게 되니 동포들 사이에 비난이 일기 시작했다. 이번 홍구사변을 주모하고 획책한 사람은 따로 있는데 자기가 사건을 감추어 관계없는 사람들만 잡혀가게 하는 것은 안 될 말이라 는 것이다.[70]

김구는 자신이 주모자라는 것을 세상을 공개하고자 하였다. 측근들이 반대하였지만, 김구는 엄항섭에게 홍구공원 폭탄투척 사건의 진상을 작성하도록 하였다. 그리고 피치(F.A. Fitch) 부인에게 영문번역을 부탁하고, 영문편지를 로이터 통신사에 보냈다.[71] 이것이 중국 각 신문사에 배달된 것이다.

중국의 신문사는 5월 9일 오후에 편지를 받았다. 그리고 다음날인 5월 10일 일제히 이를 보도하였다. 상해에서 발행되는《시사신보》,《시보》,《신보》를 비롯하여 남경의《중앙일보》, 천진의《대공보》가 5월 10일자로 동시에 게재한 것이다. 이중《시사신보》는 5월 9일과 10일로 두 번 게재하였다. 내용에는 차이가 없지만, 각 신문사별로 제목을 달리하여 보도하였다.

*《時事新報》(1932년 5월 9일)

제목: 虹口炸彈案 主使人金九之自白

목차: 余爲主動人, 計劃與實行, 尹奉吉歷史, 韓人愛國團, 你知我

---

70) 金九,『白凡逸志』(백범학술원 총서 2), 나남출판, 2002, 342~343쪽.

71) 金九,『白凡逸志』, 343쪽.

是誰

*《時事新報》(1932년 5월 10일)

제목: 虹口炸彈案主使人自白 致本報英文函署名金九

목차: 金九之來函

*《時報》(1932년 5월 10일)

제목: 虹口公園炸彈案之研究資料 自署韓人愛國團領袖金九述歷次刺日要人案之經過

목차: 計劃與實行, 尹奉吉略歷, 韓人愛國團, 余何人

*《申報》(1932년 5월 10일)

제목: 虹口公園炸彈案之一函 自署韓人愛國團金九 謀刺日要人之經過

목차: 計劃與實行, 尹奉吉略歷, 韓人愛國團之內容, 余爲誰

*《中央日報》(1932년 5월 10일)

제목: 虹口炸案經過詳情

목차: (1) 余爲主動人, (2) 計劃與實行, (3) 尹奉吉歷史, (4) 韓人愛國團, (5) 君知我是誰

*《大公報》(1932년 5월 10일)

제목: 上海炸彈案韓人金九自承主使

이들 신문은 영문으로 된 것을 중국어로 번역하여 게재하였다. 각 신문사별로 제목을 각기 다르게 뽑았지만, 내용은 거의 같다. 김구가 보낸 영문편지의 내용을 그대로 번역하여 게재한 것이다. 상해의 신문사들은 직접 편지를 받았고, 남경의 《중앙일보》는 상해에서 보낸 중앙사의 전보를, 천진의 《대공보》는 상해에서 오후 7시에 보낸 전보를 받아 게재하였다.

김구가 의도한 것은 홍구공원 폭탄투척사건은 자신이 계획한 것이고, 자신이 윤봉길에게 지시한 것이며, 다른 한인들은 아무런 관련이 없다는 것을 알리려는 데 있었다. 편지의 서두는 다음과 같은 내용으로 되어있다.

> 홍구공원 폭탄투척사건을 빌미로 일본당국은 한인독립운동자를 일망타진하려는 의도에서 이번 홍구공원 폭탄투척사건을 모모 여러 한인단체와 연결시키려 하고 있으나 여전히 진상을 제대로 파악하지 못하고 있다. 이번 사건에 연루된 혐의로 상해에 거주하는 무고한 한인들이 아무 영문도 모르고, 아무런 증거도 없이 일본당국에 체포되었다. 그러나 이번에 체포된 한인들은 모두 이번 사건과 관련이 없다. 특별한 임무를 수행하기 위해 상해를 떠나기 전 나는 인도와 정의의 입장에서 이번 사건의 진상을 세상에 밝히려고 하는 것이다.

김구의 의도는 실현되었다. 중국의 여러 신문들이 5월 10일자로 동시에 김구의 편지를 그대로 번역하여 게재한 것이다. 그리고 이를 통해 홍구공원 폭탄투척사건의 진상이 세상에 알려지게 되었다. 일제당국자들도 이러한 중국 신문들의 보도를 보았을 것이다. 신문보도를 보고 일제당국자들이 받았을 충격을 상상해

본다.

열흘 정도 지난 후 체포되었던 한인들이 석방되었다. 1932년 5월 21일《시사신보》에「虹口公園炸彈案 安昌浩非主使 其他被捕韓人陸續釋出」이란 제목으로 "홍구공원 폭탄투척사건에 연루된 혐의로 안창호와 함께 체포되었던 한인 11명은 혐의가 없는 것으로 밝혀져 모두 석방되었다. 안창호만이 무슨 연유에서인지 아직까지 석방되지 않고 있다."는 내용이 보이고 있다. 체포되었던 한인들이 석방된 것은 중국 신문의 힘이 작용한 것이라고 하지 않을 수 없다.

VI. 맺음말

지금까지 윤봉길의사의 홍구공원의거에 대한 중국 신문들의 보도기사를 조사하고, 그 내용을 살펴보았다. 이제 새롭게 밝혀진 사실, 그리고 강조해야 할 몇 가지 사실을 정리하면서 글을 맺고자 한다.

우선 체포과정에서 윤봉길의사가 심한 구타를 당하였다는 사실이다. 윤의사는 폭탄투척 직후 주위에 있던 일본인들에게 붙잡혀 구타를 당하였고, 이어 일본헌병들에 체포되었다. 일본인들이 "옷을 찢고 발로 차며 얼굴을 피투성"이로 만들었고, "얼굴은 보기 흉할 정도로 온통 피투성이범벅"이 되었다. 헌병들이 윤 의사를 끌어냈을 때는 "얼굴부터 허리까지 선혈이 낭자"하였다거나 "금방이라도 숨이 넘어갈 듯한 모습"이었다고 한다. 그리고 윤의사와 더불어 현장에서 6명이 체포되었다는 사실도 나타나 있다.

시라까와 육군대장의 죽음에 대해 일황이 애도하였다는 사실을 알 수 있다. 시라까와는 육군대신을 끝으로 퇴역하였다가 상해파견군사령관에 임명되어 다시 육군대장 군복을 입고 상해사변을 주도하였던 인물로, 5월 26일 사망하였다. 육군병원에서 치료를 받던 시라까와는 5월 20일 혼수상태에 빠졌다. 그 보고를 받은 일황은 5월 23일 시라까와에게 賜酒(백포도주)를 내리고, 남작의 작위를 수여하였으며, '상해파견군사령관으로 임무를 완수한 노고를 가상히 여긴다'는 내용의 조어(詔語)를 내렸다. 그리고 시라까와의 유해가 도쿄에 도착하였을 때는 시종무관이 일황의 선유(宣諭)를 낭독하기도 하였다.

일본정부와 육군성이 일본의 최고 권위자인 의사들을 파견하여 시라까와와 시께미스 등을 치료한 사실도 나타나 있다. 규슈대학 외과 의사이자 육군군의관으로 전쟁부상자 치료의 최고 권위자인 고토 시치로를 비롯하여 일등군의관으로 내과의 권위자인 三木良英, 그리고 눈에 파편을 맞은 제3함대사령관 노무라 해군중장을 치료하기 위해 안과전문가인 후나카와 유조를 파견하였다.

이러한 사실들과 함께, 5월 25일 상해파견군 군법회의에서 윤의사에게 사형을 선고한 것은 시라까와의 죽음에 대한 보복성이 있다고 생각된다. 1932년 1월 8일 일황을 저격한 이봉창의사는 9차례에 걸쳐 신문을 받았고, 그해 9월 30일 공판에서 사형을 선고받았다. 이에 비해 윤의사에게는 한 달도 채 안되어 군법회의를 열고 전격적으로 사형을 선고하였다. 윤의사의 사형선고는 시라까와와 관련이 있다. 시라까와는 5월 20일 혼수상태에 빠져 결국 26일 사망하였다. 즉 시라까와가 죽기 전에 윤의사에게 사형을 선고한 것이고, 이는 시라까와의 죽음에 대한 보복성이라고 생각할 수밖에 없다. 중국의 한 신문이 시라까와의 유해를 송환할 때 윤의사도 함께 일본으로 압송할 것이라며, "일본정부는 윤봉길을 처형하여 시라까와를 따라 순장시키려는 것"이라고 보도한 것도 그러한 생각을 갖게 한다.

이번 연구를 통해 중국 신문의 중요성을 다시 한 번 확인할 수 있었다. 의거가 결행된 4월 29일부터 두 달여 동안 중국의 여러 신문들은 윤봉길의거와 관련하여 지속적이고 다양한 내용을 보도하였고, 그 내용중에는 지금까지 알지 못했던 구체적이고 새로운 사실들이 적지 않다. 중국의 신문이 윤봉길의거 뿐만 아니라, 한국독립운동사 연구에 중요한 자료적 가치를 갖고 있다. 중국 신문에 대한 조사가 필요하다.

중국 신문뿐만 아니라 일본을 비롯하여 각국의 신문들도 조사하여 자료로 적극 활용할 필요가 있다. 런던에서 발행된 5월 1일 조간신문이 윤봉길의거에 대해 "이번 사건은 1914년 세르비아 청년 가브릴로 프린시프가 오스트리아 황태자 프란츠 페르디난

트를 저격한 이래 세계현대사에서 가장 충격적인 정치적 폭력행동이라고 평하였다."고 한[72] 기사가 그런 생각을 갖게 한다.

72)《大公報》1932년 5월 1일,「國聯震驚全歐注意」.

제3부

한 · 중의 공동항전과 성과

제1장

일제침략에 대한 한중 공동항전의 역사적 경험과 과제

Ⅰ. 머리말

지난 2014년 7월 시진핑(習近平) 주석이 한국을 방문하였을 때, 박근혜 대통령에게 제안한 것이 하나 있었다. 2015년이 중국으로서는 대일항전 승리 70주년이고 한국은 광복 70주년이 되는 해라며, 한국과 중국이 이를 함께 기념하자고 제안한 것이다. 시진핑 주석의 제안에 대해 박근혜 대통령은 명확한 답변을 하지 않은 것으로 알려져 있지만, 이 제안은 매우 중요한 의미를 갖는 것이 아닐 수 없다.

한국과 중국은 20세기 전반기에 공유하였던 역사적 경험을 갖고 있다. 시간적이나 방법상의 차이는 있었지만, 한중이 똑같이 일본제국주의의 침략을 받았다. 한국은 1910년 일제에게 국토와 주권을 완전히 빼앗기고 식민지지배를 받았고, 중국은 1931

년과 1937년에 만주지역과 중국대륙에 대한 침략을 받았다. 일제의 침략을 받게 되면서 한중은 '공동의 운명'이 되었고, 일제를 '공동의 적'으로 여겼다. 그리고 한중 양민족은 1945년 일제가 패망할 때까지 상호 협력하면서 공동으로 대일항전을 전개하였다.

시진핑 주석의 제안은 이러한 한중의 공동한 역사적 경험을 기억하고, 이를 한중이 공동으로 기념하자는 것이었다. 공동 기념식과 더불어 한중이 공동으로 해야 할 과제가 있다. 일제침략에 맞서 투쟁한 한중 양민족의 공동의 경험을 역사적으로 정리하는 일이다. 이러한 일은 그동안 한중 양국에서 추진되어 왔다. 중국에서는 석원화(石源華) · 양소전(楊昭全) · 손과지(孫科志) 등이[1], 한국에서는 한시준 · 한상도 · 장세윤 등이[2], 이에 대한 연구를 진행한 것이다. 이들의 연구로 인해 한중의 공동항전에 대한 역사적 사실이 많이 밝혀졌지만, 주로 개인적 차원의 연구이거나 부분적인 연구였다.

일제 침략에 대한 한중의 공동항전은 시간적 · 지역적 범위가 매우 넓고, 방법상으로도 다양한 형태로 이루어졌다. 때문에 개

---

1) 石源華는 이를 선도한 대표적인 학자로 『韓國獨立運動與中國』(上海人民出版社, 1995), 『韓國獨立運動與中國關係論集』 上 · 下(民族出版社, 2009), 『韓國獨立運動與中國關係編年史』 上 · 下(社會科學文獻出版社, 2012) 등을 펴냈다. 楊昭全은 『中國境內韓國反日獨立運動史』 1 · 2(吉林人民出版社, 1996) 등을, 孫科志는 『上海韓人社會硏究』(한울아카데미, 2001) 등을 저술하였다.

2) 韓詩俊은 大韓民國 臨時政府와 韓國光復軍을 중심으로 한 한중의 공동항전 관계를, 韓相禱는 中國의 軍官學校를 중심으로 한 한중의 우호와 협력 관계를, 張世胤은 만주지역에서 朝鮮革命軍과 韓國獨立軍이 중국의 무장세력과 韓中聯合軍을 형성하여 항일무장투쟁을 전개한 사실 등을 연구하였다.

인적인 연구로서는 그 전체를 정리 조망하기 어렵고, 부분적인 연구에 그칠 수밖에 없다. 일제침략에 대한 한중 공동항전의 역사를 정리하는 작업은 개인적 차원이 아니라, 국가적인 차원에서 한중의 학자들이 공동으로 참여하여 계획적인 연구로 진행할 필요가 있다.

이 글은 한국과 중국은 일제침략에 대응하여 공동으로 항전한 역사적 경험을 갖고 있다는 사실을 부각시키고, 이에 대한 연구를 한중의 학자들이 공동으로 참여하여 계획적으로 추진할 것을 제안하고자 하는 데 목적이 있다. 이를 위해 일제의 침략을 받았을 때 한중 양민족이 만주·중국관내·화북지역에서 전개한 공동항전의 역사적 사실을 개관하고, 이러한 한중 공동의 역사적 경험을 정리할 필요가 있다는 사실을 언급하고자 한다.

II. 만주지역에서의 공동항전

한중 양민족이 일제의 침략을 물리치기 위해 공동항전을 전개한 대표적인 곳은 만주지역이다. 만주지역에서 한중이 공동항전을 전개한 직접적 계기는 일제의 만주침략이었다. 일제는 1931년 9월 18일 심양(瀋陽) 교외에서 철도를 폭파하고, 이를 빌미로 북대영(北大營)의 중국군을 공격하면서 만주를 무력으로 침략하였다. 당시 만주의 통치자였던 장학량(張學良)이 중국관내로 이동하면서, 만주지역은 일제의 손아귀에 들어갔다. 이후 일제는 만주국을 세우고, 1945년 패망할 때까지 만주지역을 통치하였다.

일제가 만주를 침략하였을 때, 만주지역에는 많은 한인들이 활동하고 있었다. 한인들은 1860년대 이래 압록강과 두만강을 건너 서간도와 북간도 지역에 거주하기 시작하였고, 1910년 나라를 빼앗긴 이후에는 독립운동을 위해 많은 지도자들이 망명하면서, 만주지역이 한국독립운동의 주요한 거점이 되었다. 이들은 만주 각 지역에서 각종 단체와 독립군을 조직하고, 1910년대 이래 압록강과 두만강을 넘나들며 일본군과 항전을 계속하였다. 이들의 항일전은 1910년대 이래 1940년대까지 끊임없이 전개되었다. 1920년 봉오동전투와 청산리전투는 이러한 항일전 중 대표적인 사례이다.

한국의 독립군들은 일제가 만주를 점령한 것을 계기로 중국인 부대와 연합하여 공동으로 대일항전을 전개하였다. 만주군벌이었던 장학량이 군대를 이끌고 중국관내지역으로 이동한 후, 만주지역에는 수많은 중국인들이 자위군(自衛軍) · 호로군(護路軍) · 구국군(救國軍) 등의 반만항일군(反滿抗日軍)을 조직하여 일본군과 항전을 벌였다. 한국의 독립군들은 이들과 함께 연합하여 대일항전을 전개한 것이다. 남만주지역에서 조선혁명군이, 북만주지역에서 한국독립군이 각각 중국인 부대와 연합작전을 전개하였고, 중국인과 한국인들이 함께 동북인민혁명군과 동북항일연군을 결성하여 대일항전을 전개한 것이 그러한 사례이다.

조선혁명군은 1929년 4월 길림성(吉林省)에서 결성된 남만주 지역의 대표적 독립군이었다. 이들은 일제가 만주를 침략하자, 중국의 반만항일군과 연합하여 일본군과 무장투쟁을 전개하였다. 1932년 3월 신빈현(新賓縣)에서 활동하고 있던 중국의 농민자위대(農民自衛隊) 양석복(梁錫福)부대와, 4월에는 환인현(桓仁縣)에서 활동하고 있던 당취오(唐聚五)의 요녕민중자위군(遼寧民衆自衛軍)과 정식으로 협정을 체결하고, 영릉가(永陵街)전투·신개령(新開嶺)전투 등을 비롯하여 신빈현·환인현·집안현(輯安縣) 일대에서 수많은 전투를 수행하였다.

조선혁명군과 중국인 항일부대와의 공동항전은 1938년 9월 조선혁명군 총사령 김활석(金活石)이 체포될 때까지 8년여 동안 계속되었다. 1932년 당취오부대가 일본군의 추기공세(秋期攻勢)에 밀려 중국관내로 이동한 후, 조선혁명군은 왕봉각(王鳳閣)이 영솔하는 요동민중의용군(遼東民衆義勇軍)과 등철매(鄧鐵梅)부대와 연합하여 흥경현성(興京縣城)을 습격 점령하는 성과를 거둔 일이 있다. 그리고 1934년 3월에는 양정우(楊靖宇)가 지휘하는 동북인민혁명군이 동변도지구(東邊道地區)에 유격구를 개척하자, 이들과 함께 연합을 이루고 일본군과 치열한 무장투쟁을 전개하였다.[3)]

북만주지역에서는 한국독립군이 중국인 부대와 연합하여 대

3) 張世胤, 「1930년대 조선혁명군과 중국 항일세력과의 연대투쟁」, 『한국민족운동사연구』 16, 한국민족운동사연구회, 1997.

일항전을 전개하였다. 한국독립군은 1931년 11월 이청천(李青天)을 총사령관으로 하여 결성된 독립군이었다. 한국독립군은 결성 직후 총사령관 이청천을 비롯한 간부들이 이두(李杜)와 정초(丁超)가 이끄는 길림자위군(吉林自衛軍)과 중동철도호로군(中東鐵道護路軍)을 찾아가 함께 대일항전을 전개하다는 데 합의하고, 다음과 같은 조건으로 연합하였다.

- 한중 양군은 환경의 劣惡을 따지지 않고 함께 長期抗戰하기로 한다.
- 中東鐵路를 경계로 하여 서부전선은 중국군이 담당하고, 동부전선은 한국독립군이 담당한다.
- 한중 양군의 戰時 後方教鍊은 한국독립군 將領이 부담하고, 한국독립군이 필요로 하는 일제 資料(보급)는 중국군에서 공급한다.[4)]

이러한 조건으로 연합을 이룬 후, 한국독립군은 이들과 연합작전을 전개하였다. 1932년 2월 이두 · 정초 등이 이끄는 부대와 일본군이 주둔하고 있던 하얼빈을 공격한 것이다. 이 전투는 일본군이 비행기까지 동원하여 적극적인 공세를 펴면서 치열하게 전개되었다. 한중 연합군은 위사하(韋沙河) · 일면파(一面坡) · 오길밀(烏吉密) 등지로 후퇴하며 전투를 벌였지만, 큰 타격을 입었다.

이어 한국독립군은 길림구국군의 고봉림(考鳳林)부대와 연합

4) 一青, 「九一八後韓國獨立軍在東北殺敵略史」(韓國光復軍總司令部政訓處, 《光復》 第2卷 第1期, 1942년 1월 20일).

하여 쌍성보(雙城堡)를 공격하였다. 쌍성보는 만주지역 물산의 집산지로서 전략적 가치가 매우 높은 곳으로, 일본군과 만주국군이 지키고 있었다. 1932년 9월 한국독립군과 고봉림부대는 쌍성보를 기습 공격하여 점령하였고, 무기와 탄약 · 피복 · 식량 등 수많은 물자를 획득하는 전과를 거두었다. 그러나 두 달후인 11월 일본군과 만주국군이 비행기와 대포를 동원하여 반격하면서, 이를 막아내지 못하고 엄청난 인적 · 물적 피해를 입었다.

이후 일본군과 만주국군이 대규모 토벌작전을 전개하자. 한국독립군은 한인들이 많이 거주하고 있는 동만주로 이동하였다. 이때 동만주의 액목현(額穆縣)에는 왕덕림(王德林)이 이끄는 길림구국군이 활동하고 있었다. 한국독립군은 왕덕림 휘하에 있는 채세영(蔡世榮)부대와 연합하고, 연합부대의 이름을 중한연합토군(中韓聯合討軍)이라고 하였다. 이후 한국독립군은 동만주 일대에서 길림구국군과 함께 수많은 항일전을 벌였다. 1933년 2월 경박호(鏡泊湖)전투를 비롯하여 사도하자(四道河子) · 동경성(東京城) · 대전자령(大甸子嶺) · 동녕현성(東寧縣城) 등지에서 일본군과 치열한 항전을 전개한 것이다.[5)]

한중 양민족이 함께 군대를 편성하여 대일항전을 전개하기도 하였다. 동북인민혁명군과 이를 이은 동북항일연군이 그것이다. 동북인민혁명군은 1933년 중국공산당 만주성위원회 주도아래 결성되었는데, 여기에 많은 한인들이 참여하였다. 남만주에

5) 張世胤, 「한국독립군의 항일무장투쟁연구」, 『한국독립운동사연구』 3, 독립기념관 한국독립운동사연구소, 1989.

서 양정우를 사령관으로 결성된 제1군에는 참모장 이홍광(李紅光)을 비롯하여 박호(朴浩) · 한호(韓浩) 등 한인들이 주요 간부를 맡고 있었다. 동만주에서 결성된 제2군의 경우에는 사령관 주진(朱鎭)을 비롯하여 병력의 2/3가 한인이었다.[6)]

동북인민혁명군은 중국공산당 중앙위원회의 지시에 따라 1936년 동북항일연군으로 재편성되었다. 1935년 8월 1일 중국공산당 중앙위원회는 '8.1선언'을 통해 각 당파와 민족 모든 계층을 망라한 항일연합군의 조직을 지시하였고, 이에 따라 동북항일연군이 결성된 것이다. 동북항일연군은 처음에는 제1군부터 제11군으로 편성되었다가 남만주지역은 제1로군(총사령 양정우), 동만주지역은 제2로군(총사령 周保中), 북만주지역은 제3로군(張壽籛)으로 재편성되었는데, 각 로군에는 전광(全光, 吳成崙) · 최현(崔賢) · 김일성(金日成) · 최용건(崔庸建) · 허형식(許亨植) 등 많은 한인들이 간부로 활동하였다.[7)]

한중 양민족이 참여한 동북인민혁명군과 동북항일연군은 1940년대까지 10여년 동안 만주 전지역에서 일본군과 만주국 군대를 상대로 치열한 무장투쟁을 전개하였다. 이들의 무장투쟁은 강력하기로 이름이 난 관동군을 상대로 한 것이었고, 군량 및 군수품 조달이 어려운 가운데 이루어졌다. 제1로군 총사령 양정우가 지친 배를 채우기 위해 풀뿌리와 나무껍질을 먹어가며 간

---

6) 장세윤, 『1930년대 만주지역 항일무장투쟁』, 독립기념관 한국독립운동사연구소, 2009, 259쪽.

7) 東北抗日聯軍史料編寫組, 『東北抗日聯軍史料』 上 · 下, 中共黨史資料出版社.

고한 투쟁을 벌이다 전사하였다는 것은 너무나 유명한 이야기이다. 숱한 어려움 속에서도 한중 양민족은 연합을 이루어 항일무장투쟁을 전개하였고, 한 홉의 미숫가루와 한 알의 감자도 나누어 먹으며 '혁명적 동지애'를 형성하였다.

Ⅲ. 관내지역에서의 공동항전

관내지역에서도 한중의 공동항전이 전개되었다. 1910년을 전후하여 북경 · 상해 · 남경 · 광주 등에 많은 한인들이 이주하였고, 이들이 각각의 지역을 거점으로 각종 단체를 조직하며 독립운동을 전개하고 있었다. 이들 중에는 중국의 각종 군관학교에 들어가 군사훈련을 받고 중국군으로 복무한 경우도 많았고, 중국의 유력인사들과 교류 협력하며 활동하기도 하였다. 그리고 조선의용대 · 한국청년전지공작대 · 한국광복군 등의 무장조직을 결성하여 중국군과 함께 항일전을 전개한 경우도 있었고, 대한민국 임시정부가 중국국민당 정부와 긴밀한 관계를 맺으며 활동하기도 하였다.

관내지역에서는 다양한 형태로 공동항전이 전개되었다. 그 중 하나는 한인청년들이 중국의 군관학교에 입교하여 군사훈련을 받고 중국군으로 복무한 경우이다. 한인청년들은 1910년대부터 운남강무당(雲南講武堂) · 귀주강무당(貴州講武堂) · 보정군관학교(保定軍官學校) · 호북강무당(湖北講武堂) · 낙양강무당(洛陽講武堂) · 한단군사강습소(邯鄲軍事講習所) 등을 비롯하여 광동군사비행학교(廣東軍事飛機學校) · 남원항공학교(南苑航空學校) · 보정항공학교(保定航空學校) · 운남항공학교(雲南航空學校) 등 중국 각 지역의 군관학교에 들어가 군사훈련을 받았다. 그리고 1924년 손문(孫文)이 광주에 황포군관학교를 설립한 이후에는, 광주에 있는 본교를 비롯하여 무한 · 낙양 등 각 지역에 설립된 분교에 많은 한인청년들이 입교하였다.[8)]

중국의 군관학교를 졸업한 한인청년들은 대부분 중국군으로 복무하였고, 중국군과 함께 대일항전에 참여하였다. 대표적인 예로 김홍일(金弘壹)을 들 수 있다. 귀주강무당 출신의 김홍일은 중국군 소장으로 제19집단군 총사령부 참모처장을 역임하였고, 국민혁명군으로 북벌전을 비롯하여 중일전쟁에도 참전하여 항일전을 전개하였다.

중국공군에서 활동한 한인들도 적지 않다. 보정항공학교 출신의 최용덕(崔用德)은 중국공군에 복무하며 중일전쟁 당시 남창공군기지사령관(南昌空軍基地司令官)으로 활동하였고, 운남항공학교 출신 권기옥(權基玉)은 국민정부 군정부 항공서(航空署) 등 중국군에서 복무하며 전투비행사로, 그리고 장성철(張聖哲) · 이영무(李英茂) · 김은제(金恩濟) · 김원영(金元英, 歐陽明) 등이 중국공

8) 韓相禱, 『한국독립운동과 중국군관학교』, 문학과 지성사, 1994.

군으로 활약하였다.[9)]

한국인들이 조선의용대 · 한국청년전지공작대 · 한국광복군 등 무장조직을 결성하고 중국군과 함께 항일전을 전개하기도 하였다. 조선의용대는 1938년 10월 조선민족혁명당이 주도하여 무한에서, 한국청년전지공작대는 1939년 10월 무정부주의 계열의 청년들이 주도하여 결성한 무장조직이다. 그리고 한국광복군은 1940년 9월 대한민국 임시정부의 국군으로 중경에서 창설되었다.

이들은 중국군과 함께 항일전을 전개하였다. 조선의용대는 창설 직후 호남성(湖南省)에 근거를 둔 제9전구사령부와 제31집단군, 낙양에 근거를 둔 제5전구 등에 분산 배치되었다. 각 전구에 배치된 대원들은 주로 일본군 병사들을 향해 반전(反戰) 염전사상(厭戰思想)을 고취시키고 투항을 권유하는 선전활동을 전개하였고, 때로는 중국군의 기습공격전 · 매복전 등의 유격전에 참가하기도 하였다. 특히 제5전구에 배속된 대원들은 3차에 걸친 악북회전(鄂北會戰)을 비롯하여 강서성(江西省) 건주가(乾州街) 습격전과 남창(南昌) 서산(西山)의 유격전에 참전하여 활동하면서 일본군의 탱크와 자동차를 불태우고 40여 명을 사살하는 전과를 거두기도 하였다.[10)]

한국청년전지공작대는 결성 직후 최전방 지역인 섬서성(陝西

---

9) 崔鳳春,「民國時期中國空軍航校韓籍飛行員考述」,『朝鮮 · 韓國歷史硏究』 제14輯, 中國朝鮮史硏究會, 2013.

10) 金榮範,「朝鮮義勇隊硏究」,『한국독립운동사연구』 2, 독립기념관 한국독립운동사연구소, 1988.

省) 서안(西安)으로 이동하여, 제34집단군 호종남(胡宗南) 부대와 연계를 맺고 항일전을 전개하였다. 호종남 부대는 중국국민당 군대 중에서도 가장 맹위를 떨치고 있던 부대로, 화북지역을 점령한 일본군과 대치하고 있었다. 청년전지공작대 대원들은 호종남 부대의 지원을 받으며, 일본군 점령지역에 잠입하여 초모활동을 비롯한 각종 적후방 공작을 전개하였다.

한국광복군은 중국군사위원회와 연계를 맺고 중국 각지에서 활동하였다. 중국군사위원회는 광복군에 대해 재정적 지원과 활동의 편의를 마련해 주었다. 이를 기반으로 광복군은 최전방인 서안과 안휘성(安徽省) 부양(阜陽) 등에 거점을 마련하고, 북으로는 내몽고 포두(包頭)에서부터 남으로는 강서성 상요(上饒)에 이르는 중국대륙 전역에 대원들을 파견하였다. 이들은 주로 일본군 점령지역에 들어가 일본군에 끌려나온 한인청년들을 빼내오는 초모활동(招募活動)을 전개하였고, 1943년 7월에는 산서성 태곡(太谷)에서 일본군 수송열차를 폭파하는 등 적후공작을 수행하였다.[11)]

이와 더불어 중국관내에서 한중 공동항전을 대표하는 것이 있다. 대한민국 임시정부가 중국 정부의 긴밀한 협력과 지원을 받으며 활동한 것이 그것이다. 대한민국 임시정부는 1919년 4월 11일 상해에서 수립되어, 1945년 해방을 맞아 환국할 때까지 26년여 동안 중국에서 활동하였다. 한국임시정부가 중국에서 26년여 동안 정부의 조직을 유지 운영하면서 활동할 수 있었던 데에

11) 韓詩俊, 『韓國光復軍硏究』, 一潮閣, 1993.

는 중국 정부의 협력과 지원이 적지 않았다.

한국임시정부가 중국 정부와 긴밀한 관계를 맺은 것은 손문(孫文)의 호법정부(護法政府)부터이다. 1921년 10월 3일 한국임시정부의 국무총리 대리를 맡고 있던 신규식(申圭植)이 전권특사로 광주를 방문하여 관음산(觀音山)에 있는 대총통 관저에서 손문과 회담을 가졌다. 이때 신규식은 '한국임시정부는 호법정부를 중국의 정통정부로 승인한다'고 하면서, 호법정부도 한국임시정부를 승인해 줄 것과 한국독립운동에 대한 지원을 요청하였다. 이에 대해 손문은 한국과 중국의 관계는 영국과 미국의 관계와 같다고 하면서, 한국임시정부를 승인하는 것과 한국의 독립운동을 지원하는 것은 당연한 일이라고 하였다.[12] 이는 국제법상으로 보면 절차나 형식에 문제가 있을 수 있지만, 중국이 한국임시정부를 사실상 승인하고 독립운동에 대한 지원을 약속한 것이었다.

장개석(蔣介石)의 중국국민당 정부도 손문의 유지(遺志)를 그대로 계승하였고, 한국임시정부와 긴밀한 관계를 유지하며 지원하였다. 그 계기가 된 것은 이봉창 · 윤봉길 의사의 의거였다. 이를 계기로 장개석은 1933년 남경에서 김구와 면담을 갖고 한국임시정부를 지원하기 시작한 것이다. 한국임시정부가 중일전쟁의 와중에서 항주(杭州) · 진강(鎭江) · 장사(長沙) · 광주(廣州) · 유주

12) 石源華, 「南方護法軍政府與韓國獨立運動」, 『韓國獨立運動與中國關係論集』 上, 民族出版社, 2009 ; 韓詩俊, 「대한민국임시정부와 중국 廣州의 관계」, 『한국독립운동사연구』 45, 독립기념관 한국독립운동사연구소, 2013.

(柳州) · 기강(綦江) 등지로 이동하면서도 정부를 유지할 수 있었던 것, 그리고 중경에서 한국광복군을 창설하여 군사활동을 전개할 수 있었던 데에는 장개석 정부의 지원이 큰 힘이 되었다.

Ⅳ. 화북지역에서의 공동항전

화북지역에서도 한중의 공동항전이 전개되었다. 화북지역은 중국공산당의 활동중심지였던 곳이다. 중국공산당은 대장정(大長征)을 통해 1936년 연안(延安)에 정착하였고, 이후 연안과 태항산(太行山)을 거점으로 화북지역 일대로 세력을 확장하고 있었다. 중국공산당에는 김무정(金武亭)을 비롯하여 적지 않은 한인들이 당원으로 활동하고 있었고, 화북지역에서 조선독립동맹과 조선의용군이 결성되어 팔로군 · 신사군과 함께 공동항일전을 전개한 것이다.

중국공산당과 함께 화북지역에서 공동항일전을 전개한 것은 1940년대였다. 화북지역에는 크게 두 부류의 한인들이 있었다. 하나는 일제가 만주를 점령한 후 화북지역으로 세력을 확대하면서, 일본군 점령지역에 약 20만명에 달하는 한인들이 이주한 것이다. 이들은 일본군 또는 일본군을 상대로 생계를 유지하던 한인들이었다. 둘째는 중국국민당 지역에서 활동하던 한인 독립운동 세력이 이동한 것이다. 남경에서 활동하던 정율성(鄭律成)을 비롯하여 1938년에는 최창익(崔昌益) · 허정숙(許貞淑)을 비롯한 조선청년전위동맹, 그리고 1941년에는 조선의용대가 화북지역으로 이동하였다.

한인들이 모여들면서, 화북지역에 독립운동 단체가 결성되었다. 1941년 1월 화북조선청년연합회가 결성된 것이 그 시초였다. 이는 김무정 · 최창익을 중심으로 한 한인들이 화북지역에 이주해 있던 한인들을 규합한 것으로 중국공산당과 밀접한 관련 속에서 결성되었다. 결성된 곳은 팔로군 전방사령부가 있던 산서성(山西省) 동욕(桐峪)이었고, 결성식에 팔로군 부총사령 팽덕회(彭德懷)가 참석한 것으로 알려져 있다.[13)]

이후 화북조선청년연합회와 중국공산당은 중국국민당 지역에서 활동하고 있던 진보적인 청년들과 조선의용대를 화북으로 끌어들였다. 조선청년전위동맹의 지도자였던 최창익은 중국국민당 지역에 남아 있던 맹원(盟員) 및 조선의용대 대원 한빈(韓斌) 등과, 그리고 중국공산당은 낙양 · 중경 등에 있는 팔로군 판사처(辦事處)를 통해 이들과 연계를 맺고 있었다. 이를 통해 많은 진보적 청년들과 조선의용대 대원들이 화북으로 이동하였다.

이들의 화북진출은 환남사변(皖南事變) 직후 이루어졌다. 1941년 1월 국민당 군대가 환남에서 신사군을 공격한 사건이 일어나고, 중국공산당 뿐만 아니라 외국인 공산주의자들에 대한 탄압

13) 石源華, 「中國共産黨與韓國獨立運動」, 『韓國獨立運動與中國關係論集』 上, 民族出版社, 2009.

이 가해지자, 이들은 화북으로 이동할 것을 결정하였다. 중국 각 전구에 배속되어 있던 조선의용대 대원들은 낙양으로 집결한 후 1941년 3월과 5월에 걸쳐 황하를 건넜다. 황하를 건넌 대원은 전체 대원 중 약 80%였다. 조선의용대 대원들 대부분이 화북으로 이동한 것이다.

조선의용대가 화북으로 이동한 후, 화북지역에 새로운 독립운동 단체와 독립군이 결성되었다. 1942년 7월 화북조선청년연합회가 발전적으로 해소하는 형식을 통해 조선독립동맹과 그 무장세력으로 조선의용군을 결성한 것이다. 이는 중국공산당 지역에서 활동하던 세력과 중국국민당 지역에서 활동하다가 화북으로 이동한 조선의용대를 구성원으로 하여 결성한 것이었고, 독립동맹의 위원장은 김두봉(金枓奉), 조선의용군 사령관은 팔로군 포병사령관인 김무정이 맡았다.[14)]

조선독립동맹과 조선의용군은 중국공산당의 지원을 받으며, 팔로군과 함께 활동하였다. 이들은 화북으로 이동한 후 팔로군 측으로부터 화북지역에 대한 정세와 팔로군 활동에 대한 교육을 받았다. 팔로군 야전정치부 주임 나서경(羅瑞卿)이 팔로군 근거지에 대한 정황과 혁명운동의 경험 등을 보고하는 형식이었다. 그리고 향후 활동방침으로 무장선전활동, 간부양성, 적후활동을 결정하였다.

조선의용군은 팔로군과 함께 화북지역에서 항일전을 전개하

---

14) 鄭龍發, 「朝鮮獨立同盟研究」(石源華 主編, 『韓國獨立運動政黨與社團研究』, 中國社會科學出版社, 2003).

였다. 이에 앞서 이들은 화북으로 이동하는 과정에서 일본군과 몇차례 전투를 치렀다. 황하를 건너 태항산으로 이동하던 중 1941년 12월 호가장(胡家莊)과 읍성(邑城) 등지에서 일본군을 만나 치열한 전투를 벌인 것이다. 이들 전투는 숙영하던 중 일본군의 기습을 받아 이루어진 것으로, 일본군에 포위된 상태에서 적지 않은 사상자가 발생하기도 하였다. 그렇지만 인근에 있던 팔로군이 지원하면서 포위망을 벗어날 수 있었다.

1942년 5월에는 팔로군과 함께 일본군의 소탕전(掃蕩戰)에 맞선 반소탕전(反掃蕩戰)에 참전하였다. 일본군은 수만명을 동원하여 팔로군 근거지에 대한 소탕전을 전개하였고, 이 과정에서 팔로군 사령부가 일본군에 포위되었다. 일본군에 포위된 팔로군이 이를 벗어날 수 있었던 데에는 조선의용군의 역할이 컸다. 박효삼(朴孝三)이 지휘하는 조선의용군이 일본군과 치열한 접전을 벌려 두 고지를 점령하였고, 팔로군 부대가 두 고지 사이를 통해 탈출한 것이다. 이 과정에서 팔로군측에서는 참모장 좌권(左權) 등이, 의용군측에서는 진광화(陳光華)・윤세주(尹世胄)가 전사하였다.[15)]

팔로군과 함께 항일전을 수행하는 한편, 조선독립동맹은 화북지역 일대에 세력을 확장해 나갔다. 화북지역에 이주해 있는 한인들을 기반으로 하여 화북 각지에 분맹(分盟)을 설립한 것이다. 1943년 12월에 이르면 독립동맹은 중국공산당의 근거지인 섬서성(陝西省) 서북과 감숙성(甘肅省)을 포괄하는 섬감녕(陝甘寧)을

15) 廉仁鎬,『조선의용대・조선의용군』, 독립기념관 한국독립운동사연구소, 2009.

비롯하여 산서성(山西省) · 하북성(河北省) · 산동성(山東省), 그리고 신사군의 활동지역인 화중지역(華中地域)에 이르기까지 분맹을 설립하였다.[16)]

조선의용군은 이러한 조직기반을 배경으로, 화북지역 일대에서 팔로군과 함께 항일전을 전개해 나갔다. 조선의용군의 활동은 무장선전활동 · 간부양성 · 적후활동이란 3대 활동지침에 의해 이루어졌다, 이러한 활동은 팔로군과 긴밀한 협조하에 이루어졌고, 1945년 8월 일제가 패망할 때까지 계속되었다.

Ⅴ. 한중 공동항전의 상징, 카이로선언

수십년 동안 전개된 한중의 공동항전을 상징하는 것이 있다. 카이로선언이 그것이다. 카이로선언은 1943년 12월 1일 루스벨트(Franklin D. Roosevelt) · 처칠(Winston Churchill) · 장개석이 카이로회의에서 합의한 내용을 발표한 것으로, 여기에 "위의 3대국은 한국인의 노예상태에 유의하여 적절한 시기에 한국을 자유독립되게 할 것을 결의하였다"는 내용이 들어 있다. 전후 한국의 독립을 보장한 카이로선언은 한국임시정부의 요청과 중국의 지원으로 이루어낸 성과였다.

---

16) 廉仁鎬, 『조선의용군의 독립운동』, 나남출판, 2001.

카이로회의는 1943년 6월 루스벨트가 장개석에게 제의하여 이루어졌다. 장개석이 루스벨트를 만나 회담을 한다는 정보를 입수한 한국임시정부는 장개석에게 면담을 요청하였다. 면담은 1943년 7월 26일 주석 김구 · 외무부장 조소앙 · 선전부장 김규식 · 광복군 총사령 이청천과 부사령 김원봉이 참가한 가운데 중국군사위원회 접견실에서 이루어졌다. 한국임시정부 요인들은 장개석에게 '일제가 패망하면 한국은 곧바로 독립될 수 있도록 해 달라'고 요청하였다. 이에 대해 장개석은 쉬운 일은 아니겠지만, '역쟁(力爭)하겠다'고 하였다.[17)]

장개석은 약속을 지켰다. 회의를 준비하는 과정에서부터 한국 독립문제를 주요 사항으로 다룬 것이다. 중국은 회의에서 제안할 내용을 군사위원회 참사실과 국방최고위원회 비서청이 각각 준비하였는데, 준비안에 모두 '한국의 독립을 승인'하는 문제를 포함시켰다.[18)] 뿐만 아니라 장개석도 회의에 임하면서 일기에 '한국의 자유 독립' 제안을 주요 사항으로 기록해 놓았다.[19)] 준비 과정에서부터 한국의 독립을 제안한다는 방침을 정한 것이다.

---

17) 「總裁接見韓國領袖談話紀要」(백범김구선생전집편찬위원회, 『白凡金九全集』 5, 1999, 251~252쪽).

18) 「軍事委員會參事室自重慶呈蔣委員長關於開羅會議中我方應提出之問題草案」 및 「國防最高委員會秘書廳自重慶呈蔣委員長關於準備在開羅會議中提出之戰時軍事合作, 戰時政治合作及戰後中美經濟合作等三種方案」(秦孝儀 主編, 『中華民國重要史料初編-對日抗戰時期』第3編 戰時外交(3), 中國國民黨中央委員會黨史委員會, 1981).

19) 李相哲, 「蔣介石日記에 나타난 한국독립운동 관계 사료」, 《월간조선》 2010년 11월호, 538쪽.

장개석은 1943년 11월 21일 가장 먼저 이집트 카이로에 도착하였다. 이어서 처칠이, 루스벨트는 22일에 도착하였다. 공식회의는 23일 오전 11시 루스벨트 · 처칠 · 장개석이 참석한 가운데 개최되었다. 이후 오후부터 군사부문을 비롯하여 각 분야별로 3국의 실무자들이 모여 회담을 가졌다.

11월 23일 저녁 장개석은 부인 송미령(宋美齡)과 함께 루스벨트 숙소를 찾아가 만찬을 함께 하였다. 만찬에는 장개석 · 송미령 · 루스벨트와 그의 보좌관 홉킨스(Harry L. Hopkins) 4명이 참석하였고, 4시간 동안 진행되었다. 이때 장개석은 일제가 패망하면 만주와 대만 · 팽호도(澎湖島)는 중국에 귀환되어야 한다는 것, 그리고 한국을 자유 독립국으로 할 것을 제안하였다. 루스벨트는 장개석의 제의에 동의하였다.

만찬을 끝낸 후, 루스벨트는 홉킨스에게 장개석과 합의한 내용을 초안으로 작성토록 지시하였다. 홉킨스는 백악관 문서기록관인 코넬리우스(Albert M. Cornelius)를 불렀다. 그리고 자신이 구술하는 내용을 타이프로 받아 적으라고 하였다. 이렇게 하여 카이로선언의 초안이 작성되었다. 홉킨스는 작성한 초안을 루스벨트에게 보여주고 수정을 받았다.[20] 그리고 다음 날인 24일 초안을 가지고 와 송미령과 국방최고위원회 비서장 왕총혜(王寵惠)에게 건넸다. 왕총혜는 이를 번역하여 장개석에게 보고하였고, 장개석은 팽호도가 소립원도(小笠原島)로 잘못 표기되었다는 것을 지적하고, 나머지에 대해서는 제안한 내용이 모두 들어갔다며

20) 정일화, 『대한민국 독립의 문, 카이로선언』, 선한약속, 2010, 30~31쪽.

만족해 하였다.

영국측에는 25일에 초안이 전달되었다. 영국외상 이든(Anthony Eden)과 차관 카도간(Alexander Cadogan)이 11월 24일 도착한 때문이었다. 영국은 초안에 대해 불만이 많았다. 초안이 중국측에 먼저 전달되었다는 것도 그렇고, 중국에 주는 선물이 너무 크다는 점도 있었지만, '한국을 자유 독립국가로 되게 한다'는 내용 때문이었다.[21)]

11월 26일, 3국의 실무자들이 초안을 가지고 모였다. 실무자는 왕총혜 · 카도간 · 주소미국대사 해리만(Harryman)이었다. 처음부터 논란이 일어났다. 영국이 '한국을 자유 독립국가로 되게 한다'는 내용 대신에 '일본의 통치에서 벗어나게 한다'는 것으로 고치자고 한 것이다. 영국의 수정제의에 대해 왕총혜가 강력히 반대하고 나섰다. 왕총혜는 "한국은 일본의 침략으로 병탄되었고, 일본의 대륙정책은 한국을 병탄함으로부터 비롯된 것이다. 단지 일본의 통치에서 벗어나게 한다는 것은 말도 되지 않는다"라며 강력하게 반대하였다.[22)]

영국도 강력하게 반발하였다. 카도간은 "영국은 내각에서 한국독립에 대해 토론한 일이 없다" 또 "소련과 한국독립 문제에

---

21) 王寵惠,「開羅會議日誌」(秦孝儀 主編, 『中華民國重要史料初編-對日抗戰時期』 第3編 戰時外交(3)에 수록되어 있음).

22) "王秘書長對此表示不贊成 聲稱朝鮮原由日本侵略併呑 而日本之大陸政策卽由呑併朝鮮而開始 僅言「脫離日本之統治」而不言其他 則祗爲將來留一重大之問題 殊非得計 宜於此時決定將來自由獨立之地位 並爲公報中關於此點 在 中國及遠東方面視之 甚爲重要"(秦孝儀 主編, 532쪽)

대한 태도와 반감에 대해 의견을 나눈 바 없다"라는 이유를 들면서, 그렇다면 "한국독립에 관한 것을 모두 빼버리자"고 한 것이다.[23] 한국독립 문제를 두고 파란이 일어났다. 이를 수습한 것은 해리만이었다. 해리만은 "루스벨트 대통령의 의견으로 볼 때 한국독립문제에 대해 소련은 아무런 관계가 없고, 특별히 소련과 협의할 필요도 없다"고 한 것이다. 11월 23일 만찬에서 장개석과 루스벨트가 합의한 것을 근거로 한 것이었다. 미국측이 동조하면서, 초안에 있는 그대로 하기로 결정되었다.

3인의 실무자들은 협의를 마친 후, 3국 영수들이 회담하는 곳으로 갔다. 당시 3국 정상들은 세 번째 만남을 갖고 있었다. 회의장에는 루스벨트 · 처칠 · 장개석 · 송미령이 참석해 있었고, 3인의 실무자들은 이들 앞에서 초안을 낭독하였다. 한국독립 문제에 이르렀을 때, 루스벨트는 "이 문제에 대해 소련의 의견을 헤아릴 것이 없다"고 하였고, 3국 영수는 모두 찬성한다고 하였다.[24] 이로써 한국독립문제가 카이로선언에 포함되게 되었고, 3국 영수들의 찬성으로 카이로선언이 채택되었다.

카이로선언은 수십년에 걸친 한국독립운동에서 거둔 가장 커다란 성과였다고 할 수 있다. 이러한 성과를 거둘 수 있었던 것

---

23) "賈德幹次長謂關於朝鮮問題 英內閣前此並未討論 英係內閣制 若未經閣議而在此間決定 殊爲不宜 且蘇聯對此問題之態度與反感 事前未與接洽 無從知悉 事宜顧及 故如不能照修正案更改 轉不如全段刪去也"(秦孝儀 主編, 532쪽).

24) "其時三領袖及蔣夫人正在會談中 上述商談會議公報草案之各員卽前往參加 將最後稿朗讀一次 讀至關於朝鮮一段 羅斯福總統謂蘇聯對於此點 諒無意見 讀畢三領袖贊成 遂作爲定稿"(秦孝儀 主編, 532~533쪽).

은 한국임시정부와 중국 정부의 긴밀한 협조를 기반으로 한 것이고, 중국측의 적극적인 지원이 있었던 것이다. 한중 공동항전의 상징적 사례라 하겠다.

VI. 맺음말(한중의 역사적 과제)

한국과 중국은 20세기 전반기에 모두 일본제국주의의 침략을 받았고, 이로 인해 엄청난 고통과 시련을 겪었다. 그렇지만 1945년 한국은 일제의 식민지지배로부터 해방되었고, 중국은 일제의 침략을 물리치고 승전을 거두었다. '해방'과 '승전'을 맞기까지 한중 양민족은 일제의 침략으로 인해 고통과 시련을 겪은 '공동의 운명'이었고, 일제를 '공동의 적'으로 여겼다. 그리고 상호 협력하여 대일항전을 전개하면서 공동의 역사적 경험을 갖게 되었다.

내년이면 한국과 중국이 각각 해방 70주년과 승전 70주년을 맞이하지만, 한중 양국이 아직까지 해결하지 못하고 있는 과제가 있다. 일제의 침략에 맞서 한중 양민족은 상호 협력하면서 공동으로 항일투쟁을 전개하였던 역사적 경험을 갖고 있지만, 이를 공유하지 못하고 있는 것이다. 한중 양국은 이러한 공동의 역사적 경험을 기억할 필요가 있고, 이를 위해 수행하여야 할 몇 가지 과제를 안고 있다.

하나는 시진핑 주석이 제의한 것처럼, 한중 양국이 '해방'과 '승전'에 대한 기념식을 공동으로 개최하는 문제이다. 지난 2014년 6월 6일 프랑스 주최로 노르망디 상륙작전 70주년 기념식이 열렸다. 잘 알려져 있듯이 노르망디 상륙작전은 독일 패망의 계기가 된 작전이었다. 그 70주년을 맞아 미 · 영 · 프 · 러 등 연합국은 물론이고, 심지어는 독일 메르켈 총리도 참석한 가운데 기념식을 가졌다는 사실을 유념할 필요가 있다.

둘째는 한중 공동항전에 대한 역사 자료를 수집 정리하고, 이를 자료집으로 발간하는 문제이다. 한국과 중국은 그동안 일제의 침략에 맞서 항일투쟁을 전개한 역사 자료들을 수집하고 이를 자료집으로 발간해 왔다. 그렇지만 이러한 작업은 개별적으로 이루어졌다. 한국은 한국의 항일투쟁을, 중국은 중국의 항일투쟁만을 대상으로 삼았다. 이러한 성과를 기반으로 한중이 공동으로 항일투쟁을 전개한 역사 자료들을 수집하고, 이를 자료집으로 발간할 필요가 있다.

셋째는 한중 학자들이 일제 침략을 물리친 한중 공동항전에 대한 역사를 공동으로 연구하는 문제이다. 자료 수집과 마찬가지로, 항일투쟁에 대한 연구도 한국과 중국이 각각 별도로 진행해 왔다. 그동안 한국과 중국에서 이루어진 연구성과를 기반으로, 한중의 학자들이 공동으로 참여한 가운데, 한중 양민족이 전개하였던 항일투쟁사를 연구할 필요가 있다.

넷째는 공동의 역사적 경험을 기반으로 한중이 동아시아 및 세계평화에 대한 정책을 모색하는 문제이다. 역사적으로 보면, 동아시아지역에서 일어난 커다란 전쟁은 대부분 일본의 침략에서 비롯되었고, 중국에 대한 침략은 한반도에서 시작되었다. 동아시아와 세계평화에 대한 정책을 모색하기 위해 일제가 침략한 원인과 과정, 그리고 이에 대해 한중이 어떻게 대응하였는지를 연구할 필요가 있다.

다섯째는 한중이 일본의 역사왜곡 및 침략사 부정에 공동으로 대응하는 문제이다. 일본은 한중일 관계에 대해 역사를 왜곡하고 있을 뿐만 아니라, 심지어는 '위안부' 문제와 '남경대학살' 등 침략사 마저도 부정하고 있다. 이에 대해 한국과 중국은 그동안 개별적으로 대응해 왔다. 그렇지만 일본의 역사 왜곡과 침략사 부정은 계속되고 있다. 일본의 역사 왜곡과 침략사 부정에 대응하기 위해서는 한중의 공동노력이 필요하고, 이를 위해 일제 침략에 맞섰던 한중 공동항전의 역사를 정리할 필요가 있다.

한국과 중국은 70년이 나 되도록 일제의 침략을 물리친 공동의 역사적 경험을 정리하지 못하고 있다. 공동항전의 역사적 경험을 정리하는 일, 이것이 한중이 수행하지 않으면 안될 과제이다. 이러한 과제를 더 이상 미루어서도 안 되고, 과제로 남겨두어서도 안된다고 생각한다. 내년이면 70주년을 맞는다. 70주년을 맞이하면서, 한중이 공동으로 기념식을 거행하고, 한중의 공동항전을 연구하는 역사적 과제를 추진해 나갈 것을 제안한다.

제2장

중국의 군관학교를 통한 군사간부 양성

Ⅰ. 머리말

일제 식민지시기에 전개된 한민족독립운동의 주요 방략의 하나는 무장투쟁이었다. 무장투쟁의 방향은 1910년대 독립운동전선에서 '독립군을 양성하였다가 적기(適期)에 일제와 독립전쟁을 감행하여 민족독립을 쟁취한다'는 독립전쟁론으로 구현되었다.[1] 독립전쟁을 수행하기 위한 일차적 과제가 독립군의 양성이었고, 독립운동전선에서는 서간도의 신흥무관학교(新興武官學校)와 대한민국 임시정부의 육군무관학교(陸軍武官學校) 등과 같이 직접 무관학교를 설립하여 독립군을 양성하려는 노력을 전개하고 있었다.

이외에 독립군 간부가 양성되고 있던 또 하나는 중국의 각종 군관학교를 통해서였다. 중국의 군관학교에는 1910년대부터 한

1) 尹炳奭, 「1910년대 한국독립운동」, 『韓國近代史論』 2, 지식산업사, 1979, 27쪽.

인청년들이 입교하여 정식 군사교육을 받기도 하였고, 또는 중국군관학교의 지원과 협조아래 한인청년들에 대한 특별군사훈련이 이루어지기도 하였다. 이에 대한 과정과 실태를 규명하는 작업은 중국관내에서 전개된 독립운동의 양상, 특히 조선의용대, 한국광복군, 조선의용군 등 무장조직의 결성과 활동을 이해하는데 있어 주요한 연구과제가 된다.

최근들어 이에 대한 관심이 고조되고 있는 추세이고, 이미 괄목할만한 연구업적이 발표되기도 하였다.[2)] 이중 1930년대 김구(金九)와 김원봉(金元鳳)의 주도하에 이루어진 군사간부 양성 실태를 규명한 한상도와 김영범의 연구는, 중국관내 독립운동에서 주도적 역할을 해 왔던 김구와 김원봉의 세력기반을 이해하는데 큰 도움을 주었다. 이러한 연구성과와 함께 또 하나의 과제는 중국관내에서 결성되어 활동한 무장조직의 기반을 밝혀내는 것이고, 이를 위해서는 중국군관학교를 통한 군사간부의 양성 과정과 실태가 규명되어져야 한다는 생각이다.

이 글의 주요 목적은 중국관내에서 무장조직이 결성되어 활동하게 된 기반을 밝혀보려는 데 있다. 이를 위해 1910년대 이래 중국의 각종 군관학교를 통해 군사간부가 양성되는 과정과 실

2) 중국군관학교를 통한 군사간부 양성과 관련된 대표적 연구성과로는 韓相禱, 「金九의 韓人軍官學校(1934-35)운영과 그 입교생」, 『韓國史硏究』 58, 1987 및 「金元鳳의 朝鮮革命軍事政治幹部學校 운영(1932-35)과 그 입교생」, 『韓國學報』 57, 1989 및 「中國軍閥政權 軍事學校와 韓國獨立運動」, 『水邨朴永錫敎授華甲紀念 韓民族獨立運動史論叢』, 1992 ; 金榮範, 「1930년대 義烈團의 抗日靑年鬪士 養成에 관한 硏究」, 『한국독립운동사연구』 3, 1989 ; 水野直樹의 「黃埔軍官學校と朝鮮の民族解放運動」, 『朝鮮民族運動史硏究』, 不二出版 등이 있다.

상을 규명해 보려고 한다. 1910년대의 운남강무당(雲南講武堂)을 비롯한 각종 군사학교, 1920년대의 황포군관학교(黃埔軍官學校), 1930년대의 조선혁명간부학교, 낙양군관학교(洛陽軍官學校), 성자군관학교(星子(江陵)軍官學校) 등 주요 검토 대상으로 하였다.

II. 운남강무당

한인청년들이 중국의 군관학교에 입학하여 군사훈련을 받게 된 것은 1910년대부터였다. 그것은 주로 중국의 혁명인사들과 긴밀한 교류를 맺고 있던 신규식(申圭植)에 의해 이루어지고 있었다. 신규식은 1911년 상해로 망명하여 중국의 신해혁명에 직접 참여했던 인물이다. 이후 그는 진기미(陳其美)·송교인(宋敎仁)·호한민(胡漢民)·황흥(黃興) 등을 비롯하여 손문(孫文)과도 접촉하였으며, 중국 혁명문학단체인 남사(南社)와 유학생들의 취업을 알선하기 위해 조직된 환구중국학생회, 그리고 비밀결사인 신아동제사(新亞同濟社) 등에 참여하여 활동하면서 중국혁명인사들과 밀접한 관계를 갖고 있었다.[3)]

신규식이 이러한 활동을 하고 있을 때, 상해에는 국내로부터

---

3) 辛勝夏,「睨觀申圭植과 中國革命黨人과의 관계」,『金俊燁敎授華甲紀念 中國學論叢』, 1983, 617쪽.

많은 독립지사들과 청년들이 모여들기 시작하였다. 신규식은 이들과 함께 1912년 7월 동제사(同濟社)를 조직하고, 상해에 독립운동 기반을 구축해 갔다. 동제사는 한인간의 친목과 환난상구(艱難相求)를 표방하였지만, 국권회복을 목표로 하는 독립운동단체였다.[4] 다른 한편으로는 청년학생들을 교육시키기 위한 기관으로 1913년 12월 박달학원(博達學院)을 설립하였다.[5] 당시 상해로 모여든 청년학생들은 대부분 유학을 목적으로 하고 있었고, 이들에게 중국이나 구미유학을 위한 예비교육을 실시하기 위해서였다. 신규식은 이를 졸업한 학생들이 지원하는 바에 따라 유학을 보내거나 학자금을 알선해 주었고,[6] 진기미(陳其美)로부터 받는 재정적 지원금의 대부분을 이들의 학비에 쓰고 있었다.[7]

신규식은 이와같이 청년학생들의 유학을 알선해주는 과정에서 중국 지방군벌들이 세운 각급 군관학교에도 이들을 입학시켰다. 자신이 대한제국 육군무관학교 출신이기도 한 신규식은 무엇보다도 군사교육을 중시하고 있었다. 그는 평소 교류를 맺고 있던 중국의 이열균(李烈鈞) · 박문울(柏文蔚) · 노영상(盧永祥) · 하계붕(夏孫鵬) · 왕탁부(王卓夫) 등의 협조를 얻어, 오광선(吳光鮮) · 조개옥(趙介玉, 潤植) · 서왈보(徐日甫) 등을 보정군관학교(保

4) 金正明, 『朝鮮獨立運動』 3, 原書房, 1967, 880쪽.

5) 독립운동사편찬위원회, 『독립운동사』 4, 1972, 109쪽.

6) 姜英心, 「申圭植의 생애와 독립운동」, 『한국독립운동사연구』 제1집, 독립기념관 한국독립운동사연구소, 1987, 243쪽.

7) 신승하, 위의 논문, 618쪽.

定軍官學校)에,[8] 김홍일(金弘壹)을 귀주강무당(貴州講武堂)에 입학시킨 것을 비롯하여,[9] 박달학원을 졸업한 학생들과 상해에 모인 청년들을 天津軍需學校·南京海軍學校·湖北講武堂·廣東講武堂 등 중국의 군관학교에 입학을 주선하였다.[10] 그 중에서도 한인청년학생들이 많이 입학한 곳 중의 하나가 雲南講武堂이다.

운남강무당은 일본육사 출신인 당계요(唐繼堯)가 운남성(雲南省) 곤명(昆明)에 설립한 군관학교이다. 당계요는 일본육사를 졸업하고 귀국하던 중 한국에 들려 "한국인민은 망국망민(亡國亡民)이 아니다. 반드시 조만간 구제(救濟)가 있을 것"이라며 한국의 처지에 동정을 보였던 인물로,[11] 1910년대 신규식과 각별한 교분관계를 갖고 있었다. 신규식은 당계요에게 한인청년들이 운남강무당에 입학하여 군사훈련을 받을 수 있도록 교섭, 1916년 가을 이범석(李範奭)을 비롯한 4명을 입학시켰다.[12] 이들이 첫 입학생이었다. 이범석은 여운형(呂運亨)을 따라 상해로 와서 신규식의 집에 머물고 있다가 신규식의 주선으로 운남강무당에 입학하게 되었다고 한다.[13] 이들의 훈련내용은 알 수 없지만, 이범

---

8) 韓鎔源,『創軍』, 박영사, 1984, 44쪽 및 李基東,「黃埔軍官學校 출신 韓國人將校들」,『新東亞』1987년 8월호, 628쪽.

9) 이기동, 위의 글, 628쪽.

10) 閔弼鎬,「睨觀申圭植先生傳記」(申圭植 저, 閔丙河 역,『韓國魂』, 박영사, 1978, 104~105쪽) ; 楊昭全,「申圭植先生評傳」,『水邨朴永錫教授華甲紀念 韓民族獨立運動史論叢』, 1992, 806쪽.

11) 한상도,「中國軍閥政權 軍事學校와 韓國獨立運動」,『水邨朴永錫教授華甲紀念 韓民族獨立運動史論叢』, 1992, 931쪽.

12)「睨觀申圭植先生傳記」85쪽 ; 李範奭,『우둥불』, 사상사, 1971, 475쪽.

13) 李範奭,『事實의 全部를 記述한다』, 희망출판사, 61쪽.

석이 1919년 3월 기병과(騎兵科)를 졸업한 것으로 보아[14] 약 2년 6개월간 훈련을 받았던 것 같다.

운남강무당으로의 입학은 임시정부가 수립된 이후에도 계속되었다. 당계요는 임시정부의 증명서를 소지한 자는 자신이 경영하는 군관학교에 계속 받아들였다고 한다.[15] 확인할 수 있는 입학생들만 보아도, 1921년에는 이준식(李俊植) · 김관오(金冠五) · 안경근(安敬根) · 이희연(李希淵) · 최윤동(崔允東) · 문일민(文一民) · 이휘석(李彙錫) · 이노원(李魯源) · 손진국(孫鎭國) · 이준수(李俊洙) · 이우백(李又白) 등이,[16] 그리고 1923년에는 김종진 등이[17] 입학하고 있다. 이리하여 이범석 등을 비롯한 50여 명의 한인청년들이 운남강무당을 졸업하였다.

이 무렵 운남강무당 외에도 한인청년들이 중국 각 지역에 있는 군관학교에 입학하여 군사교육을 받고 있었다. 한국노병회(韓國勞兵會)가 주관하여 파견한 것이다. 한국노병회는 "조국광복에 공헌하기 위해 향후 10개년 이내에 1만 명 이상의 노병을 양성한다"는 것을 목적으로 한 임시정부의 외곽단체로서,[18] 그 회원들을 중국의 각급 군사학교로 유학시키고 있었다. 1922년 12월 노병회 이사회에서는 이동건(李東健) · 김세쟁(金世錚) ·

---

14) 이범석, 『우등불』, 475쪽.

15) 민필호, 「韓中外交史話」, 『韓國魂』, 162면

16) 한상도, 「김구의 한인군관학교(1934-35)운영과 그 입교생」, 85쪽.

17) 李乙圭, 『是也金鐘鎭先生傳』, 한홍인쇄소, 1963, 16~24쪽.

18) 金喜坤, 「韓國勞兵會의 결성과 독립전쟁준비방략」, 『尹丙奭敎授華甲紀念 韓國近代史論叢』, 지식산업사, 1990, 908~913쪽.

성준용(成俊鏞)·나석주(羅錫疇)·강명규(姜明圭)·송호성(宋虎聲)·이경재(李景材)·김기덕(金基德) 등 10여 명을 하남성(河南省)에 있는 군사강습소에, 그리고 주문원(朱文源)과 윤원장(尹元章)을 개봉병공국(開封兵工局)에 파견하여 군사교육을 받도록 하였다.[19] 또한 1923년에는 하북성독군(河北省督軍) 오패부(吳佩孚)의 후원을 얻어 최천호(崔天浩)·채군선(蔡君仙, 蔡元凱)·조석구(趙錫九)·박희곤(朴熙坤) 등을 낙양강무당(洛陽講武堂)에 입학시켰다.[20]

이와 같이 1910년대부터 운남강무당을 비롯한 중국의 각급 군관학교에서 한인청년들이 군사훈련을 받으면서 군사간부로 양성되고 있었다. 이러한 군사간부 양성은 독립운동진영에서 계획적으로 추진한 것이라기 보다는 신규식의 경우처럼 중국측 인사들과의 친분관계에 의한 것이거나 한국노병회와 같이 단체에서 추진되고 있었다. 그리고 이를 통해 양성된 군사간부들은 만주시역에서 독립군으로 활동하거나 독립운동진영에서 조직한 군사조직에서 활동하고 있었고, 후일 광복군의 기간요원이 되었다.

19) 金承學,『韓國獨立史』, 獨立文化社, 1967, 407쪽.
20) 김희곤, 앞의 논문, 913쪽.

Ⅲ. 황포군관학교

1920년대 한인청년들이 군사간부로 양성된 대표적인 곳은 황포군관학교(黃埔軍官學校)였다. 황포군관학교는 손문(孫文)이 광동정부(廣東政府)를 수립한 후 국민혁명에 필요한 간부를 양성하기 위해 레닌정부의 재정과 군사적 지원을 받아 설립한 군관학교로써, 정식명칭은 중국국민당육군군관학교였고,[21] 광동성(廣東省) 주강(珠江)의 장주도(長州島) 황포에 위치하고 있어 흔히 황포군관학교라고 한다. 손문이 1924년 1월 장개석(蔣介石)을 군관학교주비위원회 위원장으로 임명하여 설립을 추진한 이래 6월 6일 장개석을 교장으로 하여 개교하였다. 이후 장개석이 국민정부를 남경(南京)으로 옮기고, 남경에 중앙육군군관학교를 설립하면서 황포군관학교는 1930년 여기에 통합되었다. 이때까지 모두 6기에 걸쳐 2만여 명의 졸업생을 배출하였다.[22]

한인청년들이 황포군관학교에 입학하게 된 것은 신규식이 손문과 교섭한 데서 비롯된다고 할 수 있다. 신규식은 임시정부의 국무총리 대리로 1921년 10월 광주(廣州)에서 광동 호법정부(護法政府) 대총통인 손문과 회견할 때, 임시정부 승인문제를 비롯

21) 황포군관학교의 명칭은 개교 당시에는 中國國民黨陸軍軍官學校 였고, 이후 國民革命軍中央軍事政治學校(1926년 2월), 國民黨革命軍軍官學校(1928년 5월), 國民革命軍黃埔軍官學校(1929년 9월) 등으로 변경되었다. 그리고 1930년에는 남경의 중앙육군군관학교로 흡수되었다.

22) 楊牧, 「黃埔軍官學校述要」, 『黃埔軍校史論稿』, 河南人民出版社, 1989, 7~8쪽.

한 한국독립운동에 대한 5가지 요구사항을 제시한 가운데 "한국학생의 중화민국 군관학교에의 수용을 허가할 것"을 요청하였다.[23] 이에 대해 손문은 임시정부의 승인과 아울러 北伐이 완성되면 한국독립운동을 적극적으로 지원할 것을 약속하고, 각 군관학교에 한국학생들을 받아들이도록 지시하였다.[24] 그러나 다음해 호법정부가 붕괴되고, 신규식 또한 1922년 8월 死去하게 되면서 구체적으로 실현되지 못하였다. 그러다 손문에 의해 황포군관학교가 설립되면서 한국학생들을 받아들이기 시작한 것이다.

황포군관학교에 한국청년들이 입학한 것은 3기부터였다. 3기는 1924년 12월 선발하였는데, 여기에 차정신(車廷信)·이빈(李彬)·정성철(鄭聖哲)·유철산(劉鐵山) 등 4명이 입학하였다.[25] 이들의 입학은 임시정부의 조소앙(趙素昂)과 박찬익(朴贊翊)의 주선으로 이루어졌다. 조소앙과 박찬익은 황포군관학교 개교 이후 장개석의 지시로 입교생들을 모집하고 있던 진과부(陳果夫)에게 이들을 소개, 입학시켰다.[26] 이들 3기생이 황포군관학교 첫 입학생인 셈이다. 이후 황포군관학교가 남경의 중앙육군군관학교에 통합될 때까지 매기마다 한국학생들이 입교하고 있다.

23) 민필호,「韓中外交史話」,『韓國魂』, 177쪽.

24) 水野直樹의「黃埔軍官學校と朝鮮の民族解放運動」,『朝鮮民族運動史硏究』, 46쪽.

25) 廣東革命歷史博物館,「第3期同學姓名籍貫表」,『黃埔軍校史料』, 1982, 532~552쪽.

26) 蕭爭,「韓國光復運動之鱗爪」(추헌수, 앞의 책 제1권, 571쪽.)

4기에는 의열단원들이 대거 입학하였다. 의열단은 1919년 길림성(吉林省)에서 김원봉(金元鳳)을 중심으로 창립되어 암살 파괴활동을 위주로 한 의열투쟁을 전개하고 있던 단체였다. 이들은 1920년대 중반에 이르러 의열투쟁으로 인한 투쟁역량의 소모와 한계를 자각하게 되면서 군대조직에 의한 무장투쟁 노선으로 방향을 전환하였다.[27] 그 첫 단계 준비작업으로 단원들의 군사교육을 추진키로 하고, 1926년 초 단장인 김원봉은 장개석과 친분이 있는 손두환(孫斗煥)의 주선으로[28] 황포군관학교 교장인 장개석과 면담, 의열단원의 입교를 요청하여 승낙을 받게 되었다. 그리하여 김원봉 자신을 비롯한 권준(權晙) · 박효삼(朴孝三) 등 단원 24명이 1926년 3월 4기생으로 입학하였다.[29]

3기생과 4기생의 입교과정에서 알 수 있듯이, 한국학생들이 황포군관학교에 입교하는 데는 일정한 루트가 없었던 것 같다.

---

27) 朴泰遠, 『若山과 義烈團』, 백양당, 1947, 202~203쪽.

28) 당시 孫斗煥은 留奧韓國革命同志會 회장을 맡고 있으면서 광동지역에서 활동하던 한국독립운동자들의 리더 역할을 하였고, 후일 황포군관학교에서 교편생활을 하기도 하였다(朝鮮總督府警務局, 『朝鮮の治安狀況』(昭和 2년版) 青丘文庫, 1984, 289-290쪽 ; 경상북도경찰부, 『高等警察要史』, 1929, 107쪽).

29) 제4기생으로 입학한 24명의 명단은 다음과 같다.

步兵科(17명) : 姜平國 · 柳遠郁 · 朴孝三 · 朴建雄 · 崔林(金元鳳) · 揚儉 · 田義昌 · 李愚懿 · 權晙 · 李集中 · 王子良 · 尹義進 · 崔永澤 · 李鐘元 · 盧一龍 · 金鐘(金容宰) · 李箕煥

砲兵科(1명) : 吳世振

工兵科(1명) : 金洪默

政治科(5명) : 白紅 · 勞世芳 · 朴益濟 · 文善在 · 盧建

〈第4期同學姓名籍貫表〉(앞의 『黃埔軍校史料』 553~587쪽) ; 김영범, 「朝鮮義勇隊 硏究」, 『한국독립운동사연구』 제2집, 1988, 473쪽.

이후에도 입교과정은 알 수 없지만, 한국학생들의 입교는 계속 되었다. 그 명단을 확인할 수 있는 것만도, 5기에 신악(申岳)·박시창(朴始昌)·장흥(張興)·김호원(金浩元)·박우균(朴禹均)·안유재(安維才)·장익(張翼)·진갑수(陳甲壽)·반해량(潘海亮) 등 9명이,[30] 6기에도 안재환(安載煥)·송욱동(宋旭東)·오상선(吳尙善)·최문용(崔文鏞)·김정문(金貞文)·김은제(金恩濟) 등 6명이, 7기에는 이석(李石) 1명이 입교하였다.[31] 이들은 모두 모두 광주 본교에서 입교한 것이다.

이외에 무한분교(武漢分校)에도 한인청년들이 입교하였다. 황포군관학교는 국민당 지배지역이 확대됨에 따라 광동성(廣東省) 호주분교(湖州分校), 광서성(廣西省) 남녕분교(南寧分校), 호남성(湖南省)에 장사분교(長沙分校), 호북성(湖北省)에 무한분교 등을 설치하였다.[32] 이 중 무한분교는 무창의 양호서원에서 1927년 2월 중앙군사정치학교 무한분교로 개교하여 6천명의 남녀학생을 교육하고 있었다. 여기에 특별반을 설치하여 한국학생들을 받아들였다고 하며,[33] 그 수는 2백명 가까이 되었다고 한다.[34] 이들의 입교과정은 분명하지 않지만, 일부 학생들의 명단은 확인할 수 있다. 당시 무한에서는 국민혁명군으로 북벌전에 참가한 한

30) 水野直樹, 앞의 논문, 53쪽.

31) 이기동, 앞의 글, 629쪽.

32) 「黃埔軍校本校學生駐地及分校」(이는 황포군관학교 舊址의 전시관에 걸려있는 도표로써, 각 분교의 설립 현황과 학생수 등을 통계한 자료이다)

33) 호춘혜 저, 신승하 역, 『중국안의 한국독립운동』, 43쪽.

34) 현룡순 외, 『조선족백년사화』, 료녕인민출판사, 1984, 32~33쪽.

국인 장교들이 이들과 함께 유악(留粤)한국혁명청년회를 조직하였고,[35] 그 회원명단에서 진공목(陳公木) · 안동민(安東民) 등 무한분교 학생 24명의 명단이 확인되고 있다.[36]

또한 황포군관학교에는 학생들이 입교한 것 뿐만 아니라, 한국인들이 교관으로 복무하고 있기도 했다. 교수부의 러시아어 교관인 오성륜(吳成崙)을 비롯하여 소교대부(少校隊附) 채원개(蔡元凱), 구대장 최추해(崔秋海, 崔庸建) · 이일태(李逸泰) · 안응균(安應均), 기술주임 양녕(楊寧, 楊林), 기술조교 오명(吳明) 등이 그들이다.[37] 이들이 황포군관학교 교관으로 복무하게 된 경위는 분명하지 않다. 이 중 경력을 알 수 있는 사람을 보면, 양녕은 운남강무당 출신으로[38] 3기부터 복무하고 있고, 채원개는 낙양강무당 출신이며,[39] 오성륜은 모스크바 동방노력자공산대학을 졸업하고 1926년 러시아어 교관으로 부임하였다.[40] 이들의 경우로

35) 김승학, 『韓國獨立史』, 독립문화사, 1967, 415쪽.

36) 이들 24명의 명단은 다음과 같다.
정치과(14명) : 陳公木 · 陳甲秀 · 安東民 · 安子山 · 史劍仁 · 汪炬 · 關錐 · 趙國棟 · 安東晩 · 宋旭東 · 金俊 · 劉光世 · 金致延 · 李鐘
포병과(10명) : 柳源道 · 朴泰燮 · 陳龍鶴 · 白珪 · 李建 · 崔承淵 · 金熙喆 · 朴禹均 · 李春植 · 李碧波
(박창욱 편, 『조선족혁명열사전』 제1집, 료녕인민출판사, 1983, 53쪽)

37) 水野直樹, 앞의 논문, 63쪽의 표3을 참조

38) 양녕(양림 또는 양주평)은 운남강무당 15기(1921-1923)로 성적이 전교에서 최우등일 정도로 우수학생이었다고 한다. 양녕의 운남강무당 시절에 대해서는 현룡순 리정문 호룡구 편저, 『조선족백년사화』 제1집, 료녕인민출판사, 1985, 151~156쪽에 상세히 서술되어 있다.

39) 한용원, 앞의 책, 44쪽.

40) 水野直樹, 앞의 논문, 64쪽.

보아 황포군관학교 설립 이전에 각급 군사학교 졸업생들 중에서 교관으로 초빙된 경우가 있었던 것 같다.

이와같이 황포군관학교에는 3기생 이래 7기생에 이르기까지 본교와 분교를 합쳐 한국학생들이 적어도 2백명 이상 입교하고 있었다. 그리고 한국인들이 교관으로 복무하기도 하였다. 입교생 중 그 명단을 확인할 수 있는 것은 모두 73명이었다. 이들은 입교하여 보병과 · 포병과 · 공병과 · 정치과에 들어가, 대략 6개월에서 1년간의 교육을 받고서 졸업하였다.[41]

황포군관학교 입교생들은 입교자체가 특정기관이나 단체가 주도하여 계획적 조직적으로 추진한 것이 아니었다. 따라서 졸업후 이들의 진로 역시 일정하지 않았다. 그 중에서 가장 두드러진 경우를 들자면, 우선 공통적인 것은 국민혁명군으로 동원되어 북벌전에 참여하였다는 점이다. 재학시절 광동지방의 반혁명세력이나 진형명(陳炯明)의 반란을 진압하는데 학생군으로 동원되기도 하였고, 1926년 7월 교장인 장개석이 국민혁명군 총사령이 되어 북벌을 개시하면서 대부분 이에 참여하게 되었다.[42] 이를 계기로 실전경험을 쌓기도 하였지만 이들 중 상당수는 1927년 12월 광주봉기에서 희생을 당하기도 하였다.[43]

---

41) 교육기간이 일정한 것은 아니었다. 제1기는 1924.5.5-11까지 6개월간, 제2기는 1924.6-1925.9까지 1년간, 제3기는 1924.12-1926.1까지 1년여간, 제4기는 1926.1-10까지 10개월간, 제5기는 1926.11-1927.8까지 10개월간, 무한분교는 1927.2-7까지 6개월 등으로 각 期마다 교육기간이 달랐다.

42) 이기동, 앞의 글, 632~633쪽.

43) 1927년 12월 11일 발생한 광주봉기에는 2백 여 명의 한국인이 참가하였다고 한다. 북벌군 第4軍 소속에 중앙군사정치학교 武漢分校 입교생과 황포군관학

또 하나는 한국독립운동의 주요한 세력으로 활동하고 있다는 점이다. 김원봉을 중심한 4기생들이 그들이다. 이들은 졸업 후 조선혁명간부학교를 통한 군사간부 양성과 조선민족혁명당의 결성, 그리고 조선의용대를 조직하면서 독립운동의 주요한 세력이자 군사적 기초가 되었다. 이러한 활동은 의열단을 통해 조직적으로 이루어졌기 때문에 가능했을 것이다. 이외에 황포군관학교의 교관이나(權晙 · 朴始昌)[44] 중국군으로 복무한 사람(車廷信 · 鄭聖喆 · 劉鐵山)도[45] 있다.

Ⅳ. 조선혁명군사정치간부학교

군사간부를 양성하려는 노력이 1930년에 들어와 한국독립운동자들에 의해 직접적으로 추진되었다. 그 중 하나가 조선혁명

교 5기생을 비롯하여, 武漢 · 上海 · 南京 · 長沙 등지의 중국 각급학교 재학생들과 만주출신의 한인청년들이 주축이 되었다고 한다. 教導團 第2營 第5蓮의 당조직 책임자였던 金星淑을 비롯하여 李鏞 · 吳成崙 · 崔庸健 · 金山 · 李彬 등이 대표적인 인물이다(현룡순 리정문 허룡구편, 『조선족백년사화』 2, 료녕인민출판사, 1985, 32~64쪽)

44) 이들은 武漢分校에 설치된 특별반에서 한국인 학생들을 지도했다고 한다.(이기동, 앞의 글, 630쪽)

45) 3기생인 이들은 황포군관학교를 졸업한 후 다시 소련에 유학하여 항공기술을 배우고, 중국군 비행사로 근무했다고 한다(水野直樹, 앞의 논문, 70쪽).

군사정치간부학교다.[46] 이는 김원봉이 의열단원들의 군사훈련을 위해 설립한 학교였다.

조선혁명군사정치간부학교(이하 간부학교로 약칭)는[47] 김원봉이 의열단의 항일투쟁 방향을 모색하는 과정에서 설립되었다. 김원봉을 비롯한 단원들이 황포군관학교에 입교하여 군사훈련을 받은 후, 의열단은 민족협동전선의 제창과 혁명정당으로의 전환을 모색하고 있었다. 1926년 겨울 광주에서 개최된 전체회의에서 일기 시작한 이러한 움직임은 1927년 5월 '통일적 총지휘기관의 확립'을 촉구하는 '대독립당촉성회에 대한 선언',[48] 그리고 1928년 10월 제3차 전국대표대회에서 20개항의 정강・정책을 발표하면서 구체화되었다.[49] 이는 의열단을 '정당체 조직'으로 전환하여 활동을 재정비하려는 것이었다. 그러나 유일당운동이 결렬되면서 그러한 의도는 좌절되었고, 1929년 12월 상해지부에서는 독자적으로 의열단의 해체를 발표하였다.[50] 새로운 진

---

46) 조선혁명군사정치간부학교는 황포군관학교의 명칭을 본딴 것 같다. 김원봉이 입학하였을 때의 황포군관학교의 정식명칭은 '국민혁명군중앙군사정치학교'였다. 일제측 정보자료에서는 이를 흔히 '조선혁명간부학교', '의열단간부학교'로 지칭하고 있으며, 중국측 자료에는 '조선혁명간부훈련반''탕산(湯山)훈련반'으로 나타나 있다.

47) 조선혁명간부학교에 대해서는 한상도,「金元鳳의 조선혁명군사정치학교 운영(1932-35)과 그 입교생」(『韓國學報』 57, 1989)과 김영범,「1930년대 의열단의 抗日青年鬪士養成에 관한 硏究」(『한국독립운동사연구』 3, 1989)가 있다.

48) 在上海日本總領事館警察部 第2課,『朝鮮民族運動年鑑』 215~216쪽 ; 독립운동사편찬위원회,『독립운동사 자료집』 제7권, 1973, 1394쪽 ; 김정명, 앞의 책 2, 327~328쪽.

49) 강만길,『조선민족혁명당과 통일전선』, 화평사, 1991, 37쪽.

50) 국회도서관,『韓國民族運動史料』 중국편, 1976, 636쪽.

로를 모색하는 동안, 의열단은 별다른 활동을 전개하지 못하였고 조직 또한 분산되었다.

의열단이 새로운 활동방향을 모색하게 된 것은 만주사변 발발을 계기로 해서였다. 의열단은 만주사변이 발발한 직후인 1931년 10월 제5차임시대표대회를 소집, 국내외의 제반 정세를 검토하고 향후 의열단이 취할 전반적인 전략 · 전술을 결정하였다.[51) 이 전략 · 전술의 내용은 확인되지 않고 있지만, 이후 김원봉은 북경에서 중국의 국민정부가 있는 남경으로 이동, 1932년초 의열단원들이 남경으로 집결하고 있다. 그리고 김원봉 등 의열단 지도부는 동북의용군후원회(東北義勇軍後援會) · 동북난민구제회(東北難民救濟會) 등 중국인 항일운동 단체와 관계를 맺는 한편,[52) 중국측과의 한중합작을 모색하였다. 이로보아 당시 의열단은 중국측과의 합작을 통한 항일투쟁으로의 진로를 결정하였던 것 같다.

의열단은 삼민주의역행사(三民主義力行社)를 통해 중국측과 교섭을 전개하였다. 남의사(藍衣社)로 더 잘 알려진 삼민주의역행사는 1932년 2월 설립된 중국국민당의 비밀조직으로,[53) 김원봉과 4기 동기생인 등걸(藤傑) · 강택(康澤)과 5기생인 간국훈(干國

51) 「軍官學校事件ノ眞相」(韓洪九, 李在華 편, 『韓國民族解放運動資料叢書』 3, 1988, 경원문화사, 144~145쪽).

52) 范廷傑, 「蔣委員長培育韓國革命軍事幹部」, 『傳記文學』 제28권 제4기, 51쪽.

53) 干國勳 증언, 「中國特別訓練班과 朝鮮義勇隊」, 한국정신문화연구원 편, 『韓國獨立運動史資料集』 1983, 13쪽 ; 藤傑 증언, 「三民主義力行社의 韓國獨立運動에 대한 援助」, 같은 책, 66쪽.

勳) 등 황포군관학교 졸업생들이 주도하고 있었다. 김원봉은 이들을 통해 국민정부에 '중한합작에 관한 건의'·'조선혁명계획서'등을 제출,[54] 한중합작과 반만항일(反滿抗日)을 내세우면서 중국측의 지원과 협조를 교섭하였다. 이러한 교섭은 황포(黃埔) 동학(同學)들의 적극적인 협조로[55] 장개석의 승인을 받게 되었고, 삼민주의역행사 민족운동위원회가 김원봉에 대한 지원을 담당,[56] 재정을 비롯한 적극적인 지원을 하게 되었다. 이러한 지원을 배경으로 의열단은 1932년 9월 제6차정기대표대회에서 "한중합작으로 군관학교를 설립하여 조선혁명당 조직에 필요한 전위투사를 양성한다"는 방침을 결정,[57] 군사간부를 양성하기 위한 간부학교를 설립하게 된 것이다.

간부학교의 설립은 극비리에 추진되었다. 일제 당국에 알려질 경우 한국독립운동을 지원하고 있다고 하여 중국측과 분쟁이 될 우려가 있었던 것이다. 그리하여 정식명칭이 조선혁명군사정치간부학교였지만, 표면적으로 군민정부 군사위원회 간부훈련반 제6대로[58] 하여 중국의 군사교육기관인 것처럼 하였다.

---

54) 앞의「軍官學校事件ノ眞相」441~469쪽 ; 范廷傑, 앞의 글, 51~52쪽.

55) 간부학교 설립과 관련하여 金星淑은 "康澤이 김원봉에게 '네가 조선의 독립운동을 할 수 있도록, 조직운동을 할 수 있도록, 내가 무엇인가 돕고 싶다'고 말하자, 김원봉은 '그러면 내가 군관학교 하나 만들 수 있도록 도와다오'라고 했고, 강택이 '그러면 그렇게 해라'고 해서 결국 그쪽에서 나오는 돈으로 남경 군관학교를 세우게 되었다"고 증언하고 있다(이정식 면담, 김학준 편집 해설, 『혁명가들의 항일회상』, 민음사, 1988, 95면).

56) 한상도, 앞의 논문, 163~164쪽.

57) 앞의「軍官學校事件ノ眞相」145쪽.

58) 당시 국민정부 군사위원회 간부훈련반은 제5대까지 편제되어 있었다. 조선혁

간부학교는 중국정부의 지원, 실제로는 삼민주의역행사 민족운동위원회의 지원을 받고 있었지만, 의열단에 의해 독자적으로 운영되었다. 교장은 의열단 단장인 김원봉이었고, 그 조직은 비서겸교관 : 왕현지(王現之, 李英駿), 군사조 : 이동화(李東華) · 김종(金鐘) · 권준(權晙), 정치조 : 김정우(金政友, 朴建雄) · 왕현지 · 한일래(韓一來), 총무조 : 이집중(李集中) · 필성초(畢性初, 중국인), 부대실(隊附室) : 신악(申岳) · 노을룡(盧乙龍) · 이철호(李哲浩), 의관실 : 대모(戴某, 중국인), 외교주임 : 김원봉(겸임)이었다.[59] 이들은 김원봉과 함께 의열단의 간부들이었고, 또한 황포군관학교 등을 졸업한 군사인재들이었다.

간부학교는 1932년 10월 20일 남경 교외 탕산 선사묘(善祠廟)에서 개교하였다. 김원봉을 비롯한 의열단 간부들의 개인적 연고관계를 통해 26명을 모집(6명은 나중에 개별 입학), 1기생 교육을 실시한 것이다. 이들은 6개월 과정의 훈련을 마치고 1933년 4월 20일 졸업하였다.[60]

2기생은 1933년 9월 16일 입학하였다. 입학식에는 45명이 참가하였으나, 이후 10명이 추가 입학하여 모두 55명이었다. 이들은 의열단원 모집원과 1기 졸업생들에 의해 모집된 학생들이었다. 의열단에서는 개교 이후 국내외 각지로 모집원을 파견하여 학생들을 모집하고 있었다. 한 예로 의열단원 이의은(李義恩)

명간부학교가 설립되면서 이를 제6대로 한 것이다.

59) 앞의 「軍官學校事件ノ眞相」, 150~151쪽.

60) 간부학교 제1, 2, 3기생의 입교과정과 교육훈련, 졸업생의 인원과 명단은 한상도의 앞의 논문 165~182쪽과 김영범의 앞의 논문 460~475쪽 참조.

은 국내로 잠입하여 김승곤(金勝坤)·김재호(金在浩) 등 5명을 모집,[61] 2기생으로 입학시키고 있다.

이들은 1기생 졸업 후 강소성(江蘇省) 강녕진(江寧鎭)으로 이전한 교사에서 7개월간 교육을 받고, 1934년 4월 20일 졸업하였다. 이들 중 15명은 졸업을 열흘 정도 남겨놓고 김구의 요청에 의해 낙양군관학교로 옮겨가 훈련을 받았다.[62]

2기생이 졸업한 후 1년만인 1935년 4월 1일 3기생이 입학하였다. 개교가 늦어진 것은 의열단이 1934년 3월 이래 대당조직운동을 적극적으로 추진하기 시작하였고,[63] 또 재정형편 등의 이유가 있었다. 남경 교외의 황룡산(黃龍山) 천녕사(天寧寺)에 실시된 3기생의 교육은 모두 44명이 입학하여, 6개월만인 1935년 9월 30일 졸업하였다.

조선혁명간부학교는 학교의 운영과 학생들의 모집 훈련이 김원봉을 중심한 의열단에 의해 이루어지고 있었다. 개교 이후 일제 경찰의 엄중한 감시와 추적을 피하기 위해 여러차례 교사를

61) 金勝坤 증언(1991년 10월 27일). 김승곤은 조선의열단 간부학교 2기생의 초모를 위해 국내에 잠입한 李義恩에게 포섭되었고, 함께 포섭된 金在浩(胡建) 등 5명과 함께 1933년 5월 8일 慶安丸을 타고 목포항을 출발, 남경으로 가서 2기생으로 입학하였다고 한다. 이러한 모집활동에 대해 그는 1기생인 陳唯一의 경우는 평북 定州에서 20여 명을 모집하기도 했다고 증언하고 있다.

62) 김영범, 앞의 논문, 479쪽.

63) 의열단은 1932년 10월 상해에서 한국독립당 등 5개단체와 더불어 대일전선의 확대 강화와 전선통일을 목표로 한 한국대일전선통일동맹을 결성하여 주도적 역할을 하고 있었고, 1934년 3월 1일 제2차 대표대회를 계기로 통일동맹은 가맹단체를 해소하고 단일대동맹을 조직하자는 단일당조직운동을 적극적으로 추진하기 시작하였다(한시준, 「상해한국독립당 연구」, 『龍巖車文燮博士華甲紀念 史學論叢』, 1989, 627~628쪽).

옮겨 다녀야 했지만, 만 3년 동안 3기생을 모집하여 교육을 실시, 모두 125명의 군사간부를 양성하였다.

졸업생들은 설립 당시에 규정되어 있던 활동방침에[64] 따라 대개 국내와 만주지역으로 파견되었다. 이들은 각종 특무공장 임무를 띠고 있었고, 의열단의 조직확대 및 입교생 모집활동 등도 병행하고 있었다. 이에 따라 의열단의 조직이 크게 확대되기도 하였으나, 특파공작원 중 절반 가까운 인원이 피검 또는 이탈하면서[65] 많은 인적 손실이 있기도 하였다.

간부학교를 통한 군사간부의 양성은 일차적으로는 의열단의 확대 · 강화와 김원봉의 입지를 강화시킨 계기가 되었다. 제1기와 2기의 졸업생을 비롯 교육중에 있던 3기생 전원은 민족혁명당이 결성된 직후인 1935년 7월 15일 민족혁명당으로 입당,[66] 사실상 김원봉의 세력기반이 되었다. 1930년대 중반 이후 독립운동전선에 김원봉이 주요 지도자로서의 위치를 확보하게 된 것은 바로 이와같은 인적 기반이 하나의 배경이 되었던 것이다.

또한 이들은 한국독립운동의 군사적 기초가 되었다. 특파공작

---

64) 간부학교는 '한국의 절대독립' '만주국의 탈환'을 목표로 하고 있고, 구체적인 활동지침으로 '日滿要人의 암살, 在滿反日團體와의 제휴, 鮮滿노농농민에 대한 혁명조직 준비공작, 위조지폐 남발을 통한 만주국의 경제교란, 특무활동을 통한 물자확보'등을 규정하고 있다(한상도, 앞의 논문, 164쪽 ; 范廷傑, 앞의 글, 51쪽).

65) 특파공작원은 1, 2, 3기의 졸업생에서 모두 88명이 파견되었는데, 이 중 1기의 14명, 2기의 19명, 3기의 10명 등 모두 43명이 국내외 각지에서 피검 투항 이탈하였다고 한다(김영범, 앞의 논문, 482쪽).

66) 한상도, 앞의 논문, 189~190쪽 ; 김영범, 앞의 논문, 480쪽.

원으로, 조선의용대 대원으로 투쟁경력을 쌓아갔고, 1940년대에는 조선의용군과 한국광복군의 중견간부 또는 전위투사로써 활동하게 된 것이다.

Ⅴ. 낙양군관학교(한인군관학교)

군사간부를 양성하려는 또 하나의 노력은 중국중앙육군군관학교 낙양분교(洛陽分校)에서 추진되었다. 이는 김구가 주도하였다. 1932년 윤봉길의사의 홍구공원의거를 계기로 중국정부의 적극적인 지원이 있게 되자, 김구는 이를 기반으로 군사간부를 양성하는 사업을 추진한 것이다.

윤봉길의거를 수노한 이후 중국측으로부터 특별한 주목과 지원을 받고 있던 김구는 1933년 봄 장개석과 면담을 하게 되었다. 김구의 측근이자 중국국민당 당원인 박찬익과 진과부(陳果夫)를 매개로 하여 성립된[67] 이 면담에서 군사간부양성에 대한 협의가 이루어졌다. 이 과정을 김구는 다음과 같이 기록하고 있다.

'선생이 백만 금을 허하시면 이태 안에 일본 조선 만주 세 방면

67) 백범김구선생기념사업회,『白凡逸志』, 1971, 319쪽 ; 남파박찬익 전기간행위원회,『남파박찬익전기』, 을유문화사, 1989, 214쪽.

> 에 폭동을 일으켜 일본의 대륙침략의 다리를 끊을 터이니 어떻게 생각하오'하고 써보였다. 그것을 보더니 이번에는 장씨가 붓을 들어 '請以計劃書詳示'라고 써서 내게 보이기로 나는 물러나왔다. 이튿날 간단한 계획서를 만들어 장주석에게 드렸더니 '특무공작으로는 천황을 죽이면 천황이 또 있고 대장을 죽이면 대장이 또 있으니, 장래의 독립전쟁을 위하여 무관을 양성함이 어떠한가'하기로 나는 '이야말로 不敢請이어정 固所願'이라 하였다.[68]

김구는 특무공작에 대한 지원 정도를 요구하였으나, 장개석은 이에 더 나아가 무관양성을 제의한 것이다. 그리고는 이에 따른 지원을 중국국민당의 진과부에게 지시, 조직부장인 진과부를 중심으로 소쟁(蕭錚) · 공패성(貢沛誠) 등이 지원을 담당하게 되었다.[69]

장개석의 적극적인 지원을 얻은 김구는 그 실무 책임자인 진과부와 협의, 하남성 낙양에 소재한 중국중앙육군군관학교 낙양분교에 무관양성을 위한 특별반을 설치하였다. 정식명칭은 중국중앙육군군관학교 낙양분교 제2총대(總隊) 제4대대 육군군관훈련반 제17대이다.[70] 주로 동북군(東北軍)을 양성하는 낙양분교에는 당시 제16대까지 편제되어 있었고, 제17대는 한인청년들을 교육하기 위해 특별히 편제된 것이었다. 이를 한인군관학교로

68) 백범김구선생기념사업회, 『白凡逸志』, 1971, 320~321쪽.

69) 호춘혜 저, 신승하 역, 앞의 책, 47~48쪽 ; 藤傑 증언, 「三民主義力行社의 韓國獨立運動支援」(앞의 『韓國獨立運動史資料集』, 64~65쪽).

70) 社會問題資料研究會, 「中國軍官學校洛陽分校」, 『思想情勢視察報告書』 2, 동양문화사, 1976, 381쪽.

부르기로 한다.[71)]

한인군관학교는 김구에 의해 독자적으로 운영되었다. 중국국민당측에서는 재정적 지원과 장소를 제공한 것이었고,[72)] 교관의 초빙 및 입교생의 모집 등은 모두 김구가 주도하였다. 김구는 입교생 모집과 더불어, 만주의 한국독립군 총사령 이청천(李青天)을 비롯한 간부들과 중국군에 복무하고 있던 이범석(李範奭) 등을 교관으로 초빙, 이청천을 총교도관, 오광선(吳光鮮)·이범석·조경한(趙擎韓)·윤경천(尹敬天)·송호(宋虎, 宋弘萬)를 교관, 이범석을 학생대장으로 하는 교관단을 구성하였다.[73)] 그리고 이들에게 교육과 훈련을 위임하였다. 김구는 고문자격으로, 자신의 측근인 안공근(安恭根)을 학생보호계, 안정근(安定根)을 생도계, 김동우(金東宇)를 보호계로 하여 학교의 운영을 총괄하고 있었다.[74)] 교육과 훈련은 독립군 출신들이, 학교의 운영은 김구와 그 측근들이 관장한 것이다.

---

71) 이에 대해서는 한상도,「金九의 韓人軍官學校(1934-35)운영과 그 입교생」(『韓國史研究』 58, 1987)이란 심도있는 논문이 있다. 한상도는 이 논문을 통해 낙양분교에서 실시된 한인청년들의 교육과 훈련은 '중국정부의 재정적 지원을 받고 있었지만, 그 운영과 교육훈련은 독자적으로 이루어졌고, 또한 독립적 성격을 유지하고 있었다'는 이유로, 이를 한인군관학교라 불러야 한다고 주장하였다.

72) 중국정부에서는 중국국민당 조직부장 陳果夫를 통해 매월 5천 원의 경상비와 필요시 임시사업비를 지급하고 있었고, 장소가 낙양분교로 결정된 것은 당시 낙양분교 교장인 祝紹周가 지원 책임자인 陳果夫와 동기생이었던 관계가 작용했다(蕭爭 증언, 앞의『韓國獨立運動史資料集』, 152쪽).

73) 한상도, 앞의 논문, 93쪽.

74)「金九一味ノ動靜ニ關スル件」(金正柱,『朝鮮統治史料』 8, 韓國史料研究院, 1971, 859쪽).

한인군관학교는 1934년 2월 92명이 입교함으로써 개교하였다. 학교 설립이 협의된 후, 김구와 그 측근들은 입교생을 모집하기 시작하였다. 입교생의 모집은 상해 · 북경 · 천진 · 만주 등지에서 이루어졌다. 그 중에는 이청천이 중국관내로 이동하면서 한국독립군을 중심으로 한 만주지역의 한인청년들을 입교생으로 데려오기도 했고,[75] 안공근이 남경의 조선혁명간부학교를 찾아가 학생파견을 요청하여 김원봉이 학생들을 보내기도 하였다.[76] 이러한 과정을 통해 한인애국단을 중심으로 한 김구계열의 38명, 김원봉이 보내온 15명, 이청천이 데리고 온 34명, 한국독립당에서 4명 등이[77] 입교한 것이다.

한인군관학교의 운영과 교육훈련은 비밀리에 이루어졌다. 일제의 정보망에 노출되지 않기 위해서였다. 학생들에게는 휴가나 외출이 통제된 채 교육훈련이 실시되었다. 이들은 전술학 · 병기학 · 통신학 · 정치학 등의 학과와 무술 · 검술 · 사격 · 체육 등의 교육을 받았다.[78] 한때는 낙양분교 교장인 축소주(祝紹周)가

---

75) 池憲模,『靑天將軍의 革命鬪爭史』, 삼성출판사, 1949, 163~164쪽.

76) 김원봉이 한인군관학교에 학생들을 파견한데 대해서는 두 가지 견해가 있다. 하나는 김구가 안공근을 대동하고 남경으로 와서 김원봉에게 학생을 보내달라고 요청했다는 것이고(김승곤 증언), 다른 하나는 한인군관학교의 입교생 모집이 순조롭지 않자 김원봉이 조선혁명간부학교 학생 14명을 북경 등지에서 새로 모집한 것처럼 꾸며 입교시켰다는 것이다(국회도서관,『韓國民族運動史料』 中國篇, 1976, 865쪽).

77) 각 계열별 학생수에 대해서는「洛陽軍官學校卒業生一覽表」,『思想情勢視察報告集』2, 258~262쪽과 김승곤의 증언

78)「軍官學校事件ノ眞相」(韓洪九 · 李在華 편,『韓國民族解放運動資料叢書』3, 경원문화사, 1988, 382쪽).

삼민주의(三民主義) 정치교육을 강요하여 이청천과 마찰을 빚기도 하였으나,[79] 대체로 한인교관들이 주도하는 교육을 받고 있었다.

그러나 한인군관학교는 원활하게 운영되지 못하였다. 그 이유의 하나는 김구와 이청천 사이에 알력이 생겨난 것이다. 운영과 교육훈련이 구분된 이원적 형태가 한 원인이 되었던 것 같다. 또한 입교생들을 대상으로 각기 자기 세력의 확대를 모색하였던 것 같고, 김구·이청천·김원봉계열의 청년들로 이루어져 있던 입교생들 사이에서도 감정대립이 일어나게 된 것이다.[80] 이러한 갈등으로 인해 김구는 1934년 8월 자신의 계열 입교생 중 25명을 남경으로 철수시켰고,[81] 이범석을 비롯한 교관들도 사직하게 되었다. 이후 나머지 학생들은 제1대에서 제16대까지 중국학생대대에 분산 수용되어 교육을 받고, 1935년 4월 9일 62명이 졸업하였다.[82]

또 하나는 일제가 중국정부에 대해 한인군관학교의 폐쇄를 요구한 것이다. 밀정을 통해 한인군관학교의 설립과 운영을 파악한 일제는 남경주재 일본영사 수마(須麻)를 통해, 중국정부에 대해 한인군관학교의 폐쇄와 지원중지를 강력히 요청하였다.[83] 이

79) 趙擎韓,『白岡回顧錄』, 한국종교협의회, 1979, 217쪽.

80) 국회도서관, 앞의 책, 865쪽.

81)「金九一味ノ動靜ニ關スル件」(김정주, 앞의 책, 510~512쪽).「洛陽軍官學校生中金九より選拔され昭和九年七月に歸りた學生一覽表」,『思想情勢視察報告集』2, 265~266쪽.

82)「所謂朝鮮人軍官學校の概況」(김정명, 앞의 책, 554쪽).

83) 지헌모, 앞의 책, 269~270쪽. 蔡根植,『武裝獨立運動秘史』대한민국공보처,

에 중국정부에서는 일제와의 분쟁을 우려하여, 한인군관학교를 폐쇄하게 되었다. 이로써 한인군관학교는 1기생 62명의 졸업생을 배출하고, 설립 1년여만에 폐교되고 말았다.

졸업생들은 대체로 세 갈래로 나뉘어졌다. 이청천 · 김원봉계열의 졸업생들은 졸업 직후 4월 중순 남경으로 이동하여 남경성 중화문(中華門) 밖 통광영방(通光營房)에서 대기하다가,[84] 이청천계열은 신한독립당 산하의 청년군사간부특훈반으로,[85] 김원봉계열은 1935년 7월 민족혁명당이 결성되면서 이에 흡수되었다.[86] 그리고 김구계열의 졸업생들은 남경성 내 목장영(木匠營) 고안리(高安里) 1호에 있는 김구의 특무조직인 한국특무대독립군으로 편입하였다.[87]

한인군관학교가 폐쇄된 후, 군사간부를 양성하려는 노력은 다시 남경의 중앙육군군관학교로 이어졌다. 김구는 낙양에서 철수시킨 학생들 중 김인(金仁) · 노태준(盧泰俊) · 안춘생(安椿生) · 고시복(高時福) · 최덕신(崔德新) · 김동수(金東洙) 등을 1934년 8월 중앙군관학교에 입학시킨 것이다. 이들이 입교하기 전에도 중앙군관학교에는 한국학생들이 입교하고 있었던 것 같다. 장군장(蔣君章)은 한인청년들의 훈련과 관련하여 "남경중앙군관학교에 특별훈련반을 설치하여 한국학생 42명을 수용했고, 1934년 8월

1947, 196쪽.

84) 「所謂軍官學校事件の槪要」(김정명, 앞의 책, 554쪽).

85) 조경한, 앞의 책, 219쪽.

86) 「在支不逞鮮人の青年養成情況」, 『思想情勢視察報告集』 2, 382쪽.

87) 위와 같음.

중앙군관학교 제10기에도 한국학생 20명을 받아 훈련했다"고 증언하고 있다. 이에 대해서는 확인되고 있지 않지만, 적어도 10기생이 입교하기 이전에도 중앙군관학교에는 한국학생들이 입학하고 있었던 것으로 보인다.[88]

김구는 10기생을 입교시킨 이후에도 중앙군관학교 입교생들을 모집, 입교시키고 있다. 1934년 12월 중앙군관학교 10기 입교생들을 중심으로 한국특무대독립군을 조직한 김구는[89] 그 조직원들을 각지로 파견하여 중앙군관학교에 입학시킬 입교생들을 모집하였다. 그리고 모집된 한인청년들을 남경성 내 동관두(東關頭) 32호에 설치한 학생훈련소에 수용,[90] 중앙군관학교 입교에 필요한 예비교육을 실시하였다. 이러한 활동으로 박기성(朴基成), 진춘호(陳春浩) 등이 11기로 입학하였고, 그 수는 28명이었던 것 같다.[91]

---

88) 蔣君章,「孫文 · 蔣介石의 韓國獨立運動支持」(한국정신문화연구원 편,『韓國獨立運動史資料集』197쪽).

89) 한국특무대독립군은 1934년 12월 김구가 중앙군관학교 입교생들을 중심으로 조직한 것으로써 '金九俱樂部'라고 불렀다고도 하며, 특무활동기구이면서 군사적 조직체를 지향, 그 조직원들을 각지로 파견하여 중앙군관학교 입교생들을 모집하기도 하였다(한상도,「김구의 항일특무조직과 활동(1934-35)」,『한국민족운동사연구』4, 1989, 158~162쪽).

90) 학생훈련소는 1935년 2월 김구에 의해 설치 운영되었던 것으로, 김구계열 한인청년들의 수용 대기 시설의 성격을 갖고 있다.「金九派特務隊豫備訓練所學生一覽表」,『思想情勢視察報告集』2, 387~389쪽에는 학생훈련소 28명의 명단이 수록되어 있다.

91) 蔣君章 증언(『韓國獨立運動史資料集』196쪽).「南京中央軍官學校 第11期入校朝鮮人一覽表」,『思想情勢視察報告集』2, 262~263쪽에는 11기생 21명의 명단이 수록되어 있고, 여기에는 김원봉 계열의 의열단원(14명)도 포함되어 있다.

중앙군관학교에는 김구가 주선한 이외에 김원봉계열에서도 입학하였다. 후일 성자분교(星子分校)에서 견습관을 한 엽홍덕(葉鴻德) · 이세영(李世榮, 10기 보병과)과 이지강(李志剛) · 조열광(趙烈光, 11기)등이 중앙군관학교 출신들이고,[92] 명단이 알려진 11기 21명 중에는 14명이 의열단계였다.[93] 또한 각지에 설치된 분교에도 입교생들이 있었던 것 같다. 조인제(趙仁濟) · 노복선(盧福善) · 신송식(申松植) 등은 10기생이지만, 광동분교에서 졸업하고 있다.[94] 이후에도 중앙군관학교와 각 분교에는 한인청년들이 계속하여 입교하였다. 유해준(劉海濬, 15기) · 박영준(朴英俊, 17기)등을 비롯하여 1940년대에 성도분교(成都分校)에서도 민영수(閔泳秀) · 강홍모(姜弘模) 등이 입교하여 교육을 받고 있다.[95]

낙양의 한인군관학교를 비롯하여 중앙군관학교와 그 분교를 졸업한 학생들의 수를 정확히 파악하기는 어렵다. 그렇지만 앞에서 언급된 수를 가지고 보면, 대략 1934-1937년간에 적어도 2백명이 가깝다고 할 수 있다. 이들은 김구 · 이청천 · 김원봉의 계열로써, 졸업 후 이들이 주도하는 독립운동 단체에서 활동하게 된다. 그 중 김구계열은 한국국민당청년단으로 흡수되었다가 중일전쟁 이후 이청천계열과 연합하여 한국광복진선청년공작대를 조직하였고, 이후 군사특파단 또는 한국청년전지공작대에

92) 이정식 · 한홍구 엮음,『항전별곡』, 거름, 1986, 189쪽.

93) 앞의「南京中央軍官學校 第11期入校朝鮮人一覽表」

94) 조인제 증언

95) 이기동, 앞의 글, 636~637쪽 ; 민영수 증언

서 활동하면서, 한국광복군 창설에 기초적 역할을 하였다. 또한 안춘생・조인제 등의 경우와 같이 중국군에 복무한 경우도 적지 않다. 그러나 이들도 광복군이 창설되면서, 대부분 광복군으로 참여, 간부로 활동하게 된다.

VI. 성자(강릉)군관학교

군사간부를 집단적으로 양성한 또 하나는 강서성(江西省) 성자현(星子縣)에 소재하고 있던 성자분교(星子分校)다. 성자분교는 원래 장개석의 국민당정부에서 중국공산군을 토벌하기 위한 실전훈련을 위해 설립한 것이었는데, 중일전쟁이 일어나자 항일역량을 증대시킨다는 목적하에 예비역 장교 3천명을 소집하여 재교육시키고 있었다.[96] 여기에 한인청년들이 입교하여 군사훈련을 받게 된 것이다.

성자분교에서의 군사교육은 중국측의 종용에 의한 것으로 보인다. 중일전쟁이 발발한 직후인 1937년 7월 10일 중국측에서는 김구・김원봉・유자명(柳子明)을 강서성 구강(九江) 부근의 노산(廬山)으로 불러, 중한합작에 의한 항일연합전선 전개의 필요성

96) 高等法院檢事局思想部, 「在支朝鮮義勇隊の情勢」, 『思想彙報』 22호, 1940, 158쪽.

을 강조하였다.[97] 이때 논의된 항일연합전선의 방법이나 형태에 대해서는 알려져 있지 않지만, 9월 하순에 강택이 당시 중국관내 한국독립운동진영의 양대 세력인 김원봉의 조선민족혁명당과 김구가 주도하는 광복진선에 대해 한인청년들을 선발하여 특별공작훈련을 실시할 것을 교섭 내지 종용하고 있다.[98] 이로 보아 중국측이 강조한 '중한합작에 의한 항일연합전선'이란 한인청년들을 성자분교에서 훈련시켜 중국군과 함께 항일전을 전개한다는 취지였던 것 같다.

성자분교에의 입교는 조선민족혁명당이 주도하였다. 일제의 정보자료는 "김원봉과 김구는 각지에서 자파청년당원들을 모집, 83명이 남경으로 집결하였다"고 하여 김구측에서도 참여한 것으로 파악하고 있고,[99] 또 입교생들은 김구와 김원봉이 추천한 것으로 설명한 경우도 있다.[100] 그렇지만 입교생 중 김구계열의 청년들은 거의 없으며, 입교생에 대한 사후 관리나 졸업후의 진로를 보아도 이들은 조선민족혁명당과 밀접한 관계에 있다. 조선민족혁명당 주도하에 이루어졌다는 것은 김학철(金學鐵)의 다음과 같은 글이 적극적으로 뒷받침한다.

> 조선민족혁명당에서는 정세의 요구에 의해 군사간부를 배양하

---

97) 위와 같음.
98) 위와 같음.
99) 위와 같음.
100) 한홍구, 「華北朝鮮獨立同盟의 조직과 활동」, 서울대대학원 석사학위논문, 1988, 7쪽.

> 고자 90여 명의 청년들을 선발하여 국민당에서 꾸린 강서성 성자현의 중앙육군군관학교특별반에 보냈다. 그 중 조선청년전위동맹 성원이 20여 명이었고, 50여 명의 길림성 청년 가운데서 연변출신이 33명이었으며, 그 외는 요녕성의 단동 심양 홍경 청원 개원 등지의 청년들과 흑룡강성의 주하 하얼삔 오상 해륜 동흥 등 현의 청년들이었다. 그 외 조선에서 온 청년들도 몇 명되었다.[101]

성자분교 입교생들은 조선민족혁명당 주도하에, 조선청년전위동맹원을 비롯하여 만주의 길림성·요녕성·흑룡강성 일대와 국내 등지에서 모집한 것이었다. 조선청년전위동맹은 최창익(崔昌益) 등이 중심이 된 비밀조직으로, 당시 동맹원들은 단체의 이름을 드러내지 않은 채 개별적으로 조선민족혁명당에 입당해 있었다.[102]

모집된 90여 명은 1937년 12월 1일 중국중앙육군군관학교 성자분교 특별훈련반 제4중대에 입교하였다.[103] 특별훈련반이란 중국군 예비역 장교를 재훈련하는 것을 가리키는 것이다. 그 중 제4중대에 편입한 것이고, 이들은 중국군 예비역 장교들과 함께 훈련을 받게 되었다. 훈련이 시작된 지 채 한 달이 안돼 이들은 장소를 옮겨야 했다. 일본군이 남경을 점령하게 되자, 중국측에서는 중국인 학생 1천 명은 서안(西安)으로, 나머지 2천 명과 한국인 학생 전원은 호북성(湖北省) 강릉(江陵)으로 이전토록 한 것

---

101) 이정식·한홍구 엮음,『항전별곡』, 거름, 1986, 301쪽.
102) 김영범,「朝鮮義勇隊 硏究」,『한국독립운동사연구』제2집, 1988, 480쪽.
103) 앞의「在支朝鮮義勇隊の情勢」, 158쪽.

이다.[104)]

강릉으로 이전한 후, 이들은 독립중대로 편성되었다. 중대장과 소대장을 비롯한 중국인 일부만 남긴 채, 1938년 3월 1일자로 제4중대는 한국인 학생들 중심의 독립된 중대로 편제를 바꾼 것이다. 이에 따라 교관을 비롯한 중대의 간부진도 한국인으로 교체되었다. 당시 교관은 윤세주(尹世胄, 石正) · 왕웅(王雄, 金弘壹) · 한빈(韓斌, 한미하일) · 김두봉(金枓奉)이었고, 주세민(周世敏)이 중대지도원을, 이익성(李益星)과 최경수가 소대장을, 그리고 중앙군관학교 10 · 11기생들인 엽홍덕(葉鴻德) · 이철중(李哲重) · 이지강(李志剛) · 조열광(趙烈光) · 이세영(李世榮) 등이 견습사관을 맡았다.[105)] 이로써 이들은 "다행하게도 삼민주의 따위의 군더더기는 아니 배워도 되었다"고 하듯이,[106)] 비교적 독자적 교육을 받게 되었다. 그러나 보병조전 · 사격교범 · 축성폭파 등은 전과 마찬가지로 중국인 교관들이 지도하였다.

이들이 훈련을 마칠 무렵, 조선민족혁명당 간부들이 이들을 방문하고 있다. 1938년 5월 17일 중앙집행위원 김원봉 · 왕해공(王海公, 申翼熙) · 왕현지(王現之) · 최석순(崔錫淳) · 이집중(李集中) · 이춘암(李春岩) · 김두봉 · 이건우(李健宇, 崔昌益) 등이 훈련반 소재지인 강릉으로 찾아왔고, 이들은 학생들에게 5월 24일

104) 坪江汕二, 『朝鮮民族獨立運動秘史』, 巖南堂書店, 1966, 95~96쪽.

105) 교관 중 김두봉은 한글과 조선역사를, 한빈은 정치경제학을 담당하였으나 주로 세계공산주의운동사를, 윤세주는 조선독립운동사를 각각 가르쳤다고 한다(『항전별곡』, 188~190쪽).

106) 위의 『항전별곡』, 190쪽.

졸업식을 거행한다는 것을 통보함과 아울러 '졸업후의 공작방침'과 '당의 통일문제'에 대해 학생들의 의견을 집약하도록 하였다. 그리고 5월 19일 학생대표들을 참여시킨 가운데 강릉에서 조선민족혁명당 제3차 전당대표대회를 개최하였다.[107] 이와 같은 사실은 성자분교 입교생들이 조선민족혁명당의 주요한 세력기반이었음을 반증해 주는 것이다.

당 간부들이 대거 강릉으로 왔던 주요한 이유는 무엇보다도 이들의 졸업 후 향배 때문이었다. 입교과정에서 나타나듯이 중국측에서는 졸업후 이들을 중국군에 포함시키려는 의도를 갖고 있었고, 졸업을 앞두고 "당국에서는 국민당의 각 부대로 편입시키려고 음모하였다"고 하듯이, 그러한 계획이 추진되고 있었던 것 같다. 그러나 조선민족혁명당에서는 이들을 기반으로 하여 당군(黨軍)을 편성하고, 독자적인 활동방안으로 강구하고 있었다.[108] 때문에 이들의 중국군 편입 방지와 당으로의 흡수가 긴급한 문제가 아닐 수 없었던 것이다.

결국 졸업생 전원은 조선민족혁명당으로 흡수되었다. 이들은 6개월 과정의 훈련을 마치고, 1938년 5월 24일 졸업하였다. 그리고 졸업생 전원은 교관 김홍일의 인솔하에 6월 2일 당본부가 있

107) 앞의「在支朝鮮義勇隊の情勢」, 159쪽.

108) 조선민족혁명당은 제2차대표대회에서 '당원의 군사적 편제'와 '군사행동의 준비' 등을 주요 사업방침으로 결정한 바 있었고, 제3차대회에서는 당의 주력부대를 東北으로 진출시킨다는 것을 기본방침으로 결정하였다(위의「在支朝鮮義勇隊の情勢」, 159~160쪽).

는 한구(漢口)에 도착,[109] 조선민족혁명당에 참여한 것이다. 일시 무창(武昌)의 대공중학교(大公中學校)에 수용되어 있던 이들은 당의 지도노선에 불만을 품고 최창익 · 김학무 · 김인철 · 석성재 등 49명이 탈당, 조선청년전시복무단을 결성하기도 하였다.[110] 그러나 조선민족혁명당이 주도하고 있던 조선민족전선연맹 명의로 1938년 10월 10일 조선의용대가 조직되면서, 이들은 이에 참여하여 주요 구성분자가 되었고, 조선의용대에서 활동 중 화북진출을 주도하여 연안(延安)으로 가 조선의용군의 주력이 되었다.

Ⅶ. 맺음말

중국의 군관학교에는 1910년대부터 1940년대에 이르기까지 한인청년들이 입교하여 군사교육을 받고 있었다. 입교 경위와 그것을 추진한 주체는 다양했지만, 시기적으로 일정한 특징을 보여주고 있다.

1910년대 후반에서 1920년대 초반에는 주로 신규식의 주선과 한국노병회 주도하에 이루어졌다. 중국혁명인사들과 친분관계

109) 앞의「在支朝鮮義勇隊の情勢」, 161쪽.

110) 김영범, 앞의 논문, 481쪽.

를 맺고 있던 신규식은 이를 매개로 하여 운남강무당 · 귀주강무당 · 보정군관학교 등에 한인청년들을 입교시켜 군사훈련을 받도록 하였고, 한국노병회에서는 '1만명 이상의 노병(勞兵)을 양성한다'는 목표아래 한단군사강습소 · 낙양강무당 등을 통해 군사간부를 양성하고 있었다. 임시정부가 수립된 후에는 신규식이 중국 광동정부의 손문과 교섭, 중국 군관학교를 통한 계획적인 군사간부 양성을 추진하기도 하였지만, 그의 死去로 인해 실현되지 못하였다.

1924년 광동성 광주에 황포군관학교가 설립된 이후에는 주로 황포군관학교를 통해 이루어졌다. 한인청년들의 입교는 3기부터 이루어지기 시작, 황포군관학교가 남경의 중앙육군군관학교로 흡수되는 7기까지 계속되었다. 3기생은 임시정부의 주선에 의해, 4기생은 의열단원 24명이 대거 입학하였고, 본교 외에 무한분교에도 다수의 한인청년들이 입교하여 군사훈련을 받았다.

1930년대에 들어와서는 윤봉길 의거 이후 군사간부 양성에 커다란 변화가 있었다. 중국측의 지원과 협조아래 한국독립운동자들이 직접 군관학교를 설립 운영하면서 군사간부를 양성한 것이다. 그 하나는 김원봉이 주도한 조선혁명군사정치간부학교다. 이는 중국군사위원회의 협조를 얻어 김원봉이 설립 운영한 학교로 주로 의열단원 중심으로 군사훈련을 실시하였다. 1932년에서 1935년까지 3기에 걸쳐 125명의 군사간부를 양성하였다.

또 하나는 김구가 주도하여 설립 운영한 낙양군관학교 내에 한인특별반이다. 이는 장개석의 승낙을 얻어 낙양군관학교 내에 설치한 것으로, 만주 한국독립군 총사령 이청천이 교육을 담당하고 있었다. 1934년 2월 김구계 · 이청천계 · 김원봉계 청년들 92명이 입교하여 훈련을 실시, 다음해 4월 62명이 졸업하였다.

그리고 중일전쟁 직후 성자군관학교를 통해서도 군사간부가 양성되었다. 이는 김원봉이 중심이 된 조선민족혁명당 주도하에 이루어진 것으로, 국내외 각지에서 입교생들을 모집하여 90여 명이 1937년 12월부터 다음해 5월까지 군사훈련을 받았다. 이외에 남경에 있는 중앙육군군관학교를 비롯하여 광동분교 · 성도분교 등에서도 1930년대 이래 1940년대에 이르기까지 다수의 한인청년들이 입교하여 정식 군사교육을 받고 있었다.

독립군 간부를 양성하려는 노력은 1910년대부터 중국의 각종 군관학교를 통해서도 이루어지고 있었다. 정확한 숫자는 제시하기 어렵지만, 대체로 4백-5백 명 정도였다고 생각된다. 이들 중에는 중국의 북벌전에 동원되거나 1927년 광주봉기에서 다수가 희생되기도 했다. 중국군으로 복무한 경우도 있다. 그렇지만 대다수는 독립운동진영에 참여하여 활동하였다. 이들이 중국관내에서 결성된 무장조직인 조선의용대 · 한국광복군 · 조선의용군 등의 기초세력이자 근간이 되었던 것이다.

제3장

중국군으로 대일항전을 전개한 김홍일

Ⅰ. 머리말

항일전쟁 시기 한국인으로 중국군에서 활동한 인물들이 적지 않았다. 일제에게 나라를 빼앗긴 후 많은 한인청년들이 중국으로 망명하였고, 이들이 운남강무당(雲南講武堂)·보정군관학교(保定軍官學校)·황포군관학교(黃埔軍官學校) 등 중국의 각종 군관학교에서 훈련을 받고 중국군으로 활동한 것이다. 서왈보·안창남·최용덕·권기옥의 경우처럼 비행사로 중국공군의 창설과 활동에 크게 기여한 인물도 있었고, 이일태·박시창 등과 같이 중국육군에서 지휘관으로 대일전쟁에 참전한 인물들도 많았다. 이 중 대표적 인물이 김홍일(金弘壹)이다.

김홍일(王雄·王逸曙, 1898~1980)은 평안북도 용천에서 태어난 한국인이다. 그는 20세에 중국으로 망명하여, 귀주육군강무학교(貴州陸軍講武學校)에서 군사교육을 받았다. 그리고 1948년 8

월 한국으로 귀국할 때까지 중국군복을 입고 중국군으로 활동하였다. 국민혁명군으로 북벌전에 참전하였고, 중일전쟁 당시에는 일본군을 상대로 치열한 대일전쟁을 전개하기도 하였다. 중국군의 장성으로 엘리트 코스도 밟았다. 계급은 소장에 이르렀고, 중국군의 최고위 교육과정인 육군대학도 다녔다.

중국군에서 활동한 김홍일은 항일전쟁 시기 한중 공동항전의 한 사례가 된다. 20세기 전반기 한국과 중국은 모두 일제의 침략을 받았고, 이를 물리치기 위해 공동으로 대일항전을 전개하였다. 한중 공동항전은 만주지역과 중국대륙 각지에서, 일제가 패망할 때까지 다양한 형태로 전개되었다. 그러한 하나의 사례로 한국인들이 중국군에 참여하여 대일항전을 전개한 것을 들 수 있다. 이러한 점에서 김홍일은 한중 공동항전의 역사적 경험을 되살리는 데 중요한 연구대상이 되지 않을 수 없다.

그동안 김홍일에 대한 관심이나 연구는 제대로 이루어지지 않았다. 김홍일은 자신의 삶을 자서전의 형식으로 기록하여 『대륙의 분노 - 노병의 회상기』라는 이름으로 출간하였다.[1)] 중국대륙에서 중국군으로 활동한 기록을 남긴 것이다. 그렇지만 한국과 중국에서 그에 대한 연구는 거의 없다. 다만 한국에서 그의 생애와 독립운동을 정리한 논문이 한 편 발표되었을 뿐이다.[2)]

이 글은 한중 공동항전의 한 사례로, 김홍일이 중국군으로 활

1) 김홍일, 『대륙의 분노 : 노병의 회상기』, 문조사, 1972.

2) 김종문, 「김홍일의 생애와 독립운동」, 『한국근현대사연구』 68, 한국근현대사학회, 2014.

동하며 대일항전을 전개한 역사적 사실을 밝히려는 데 목적이 있다. 우선 김홍일이 중국으로 망명하여 귀주육군강무학교를 졸업한 과정을 언급하고, 국민혁명군으로 북벌전에 참전하여 활동한 사실, 중일전쟁 당시 지휘관으로 대일항전을 전개한 사실 등을 살펴보려고 한다.

Ⅱ. 중국 망명과 귀주육군강무학교 졸업

1. 중국 망명

김홍일이 군인이 된 것은 어렸을 때의 경험 때문이었다. 그는 어려서 러일전쟁을 직접 겪었다. 러일전쟁은 1904년 2월 일본군이 여순과 인천 앞바다에서 러시아 함대를 공격하면서 비롯되었다. 그의 고향 평안북도 용천은 러일전쟁 동안 러시아군과 일본군이 번갈아가며 점령하던 전쟁터였다. 뿐만 아니라 규모가 컸던 그의 집이 러시아 군대의 사령부로 사용되기도 했다. 김홍일은 일곱 살 때 러일전쟁을 경험하였고, 이것이 그로 하여금 군인의 길을 가게 된 계기가 되었다.

김홍일은 1898년 9월 23일 평안북도 용천군에서 김진건(金振健)의 셋째 아들로 태어났다. 평북 용천은 압록강 하류에 위치하고 있는 곳으로, 중국과 가까운 곳이다. 신의주를 거쳐 압록강을 건너면 바로 중국 단동이다. 이러한 지리적 근접성으로 인해 용천 출신의 많은 사람들이 만주지역을 오갔고, 만주에 생활터전을 갖기도 하였다, 일제에게 나라를 빼앗긴 이후에는 아예 만주로 이주한 경우도 많았다.

김홍일의 집안도 만주로 이주하였다. 그의 아버지는 나라가 망하자 "왜놈의 통치하에서 사느니보다는 자유를 찾아야겠다"며, 가족을 데리고 심양(瀋陽)의 신민둔(新民屯)이라는 곳으로 이사를 갔다. 그리고 땅을 사들여 벼농사를 지었고, 큰 아들 김홍익(金弘翊)은 장춘(長春)으로 가 그곳에서 정미소를 운영하였다.

만주에 정착한 그의 아버지는 김홍일에게 중국에서 공부할 것을 권하였다. 일본세력을 꺾으려면 공부하는 길밖에 없다고 하면서, "중국은 언젠가는 청일전쟁의 수치를 털고 일어날 것이고, 중국의 혁명가나 지도자들과 친분을 넓혀야 하며, 그 사람들과 함께 일본에 대항할 궁리를 해야 한다"는 것이 그 이유였다.[3)]

김홍일은 아버지의 권유를 받고, 심양에서 중국인 학교에 들어갔다. 16살 때였다. 나이로 보면 중학교에 입학하여야 했지만, 언어 문제 때문에 소학교로 들어가야 했다. 심양 소서변문(小西邊門) 밖에 있는 모범소학교였다. 그러나 한 학기만 다니고 그만두었다. 나이가 들어 소학교에 다니는 것이 부끄럽기도 하였고, 중국인 아이들이 까오리빵즈(고려놈이라는 욕설)라거나 망국노라고 놀려댔기 때문이었다.

---

3) 김홍일, 『대륙의 분노』, 38쪽.

김홍일은 고향으로 돌아와 오산학교에 입학하였다. 오산학교는 남강 이승훈이 민족운동의 인재와 국민교육의 사표가 될 인재를 양성하기 위해 1907년 평북 정주에 세운 학교로, 당시 대표적인 민족교육기관이었다. 오산학교에서의 배움을 통해 김홍일은 민족과 독립에 대한 의식을 키울 수 있었다.

오산학교를 졸업한 김홍일은 이승훈의 주선으로 황해도 신천에 있는 경신학교에 교사가 되었다. 황해도 신천은 많은 민족운동가들이 활동하였던 곳이다. 일제의 침략기에 나라를 구하기 위해 많은 인사들이 활동하던 곳이고, 경술국치 직후 일제가 민족운동가들을 체포한 '안명근사건' '105인사건'의 진원지가 되기도 하였다. 김홍일은 경신학교 교사로 재직하면서 민족운동의 주도적 인물이었던 김홍량 · 임치정 등을 만나며, 이들과 함께 항일활동을 모색하고 있었다.

김홍일은 일제 경찰의 감시대상이 되었고, 급기야는 체포되는 일을 당하였다. 고향집에서 일제 경찰에 체포되어 일주일 동안 모진 고문을 받았다. 특별한 혐의를 찾지 못한 일제 경찰은 그를 석방하면서, 일본 유학을 보내주겠다는 등 여러가지로 회유하였다. 그는 이를 받아들이지 않았다. 일제 경찰은 그에게 집에서 30리 이상 밖으로 나갈 수 없다는 처분을 내렸다.

이때 큰 형이 중국으로 망명할 것을 권유하였다. 큰 형의 권유도 있었지만, 중국의 혁명가나 지도자들과 함께 일본에 대항하여야 한다는 아버지의 뜻을 받들어야 한다는 생각도 있었다. 김홍일은 마음을 결정하였다. 중국으로 망명하여 군관학교에 들어가 군사기술을 배워 일제와 싸워야 한다고 생각한 것이다.

1918년 9월, 김홍일은 압록강을 건넜다. 그리고 안동을 거쳐 상해에 도착하였다. 당시 상해는 독립운동의 주요한 거점으로 부상하고 있던 곳이었다. 대한제국 군인 출신인 신규식을 비롯한 박은식 · 신채호 · 조소앙 등의 인사들이 동제사(同濟社)를 조직하여 활동하고 있었고,[4] 다른 한편으로 중국의 혁명당 인사들과 연계하여 활동하면서 국내에서 오는 청년들에게 중국의 각종 군관학교 입학을 주선하기도 하였다.

2. 귀주육군강무학교 입교와 졸업

상해에 도착한 후, 김홍일은 여러 인사들을 만났다. 우선 큰형이 소개해 준 한진교를 찾아갔다. 한진교는 평안남도 중화 출신으로 상해에 망명하여 해송양행(海松洋行)을 운영하며, 상해에 모여든 인사들과 함께 활동하고 있던 인물이었다. 그의 소개로 여운형 · 장덕수 등을 비롯하여 많은 인물들을 만났다. 이들을 통해 군관학교 입학을 알아보았지만, 그 방법을 찾지 못하고 있었다.

이때 김홍일이 만난 인물이 있었다. 중국인 황개민(黃介民)이었다. 황개민은 일본유학생 출신으로 당시 상해에서 반일단체인 구국단의 단장과 구국일보사 사장을 맡고 있었고, 또 한중의 인

4) 손과지, 『상해한인사회사』, 한울, 2001, 65쪽.

사들이 조직한 신아동제사의 간부로 활동하고 있었다.[5] 황개민을 만났을 때, 군관학교에 입학하고 싶다는 이야기를 하였다. 황개민은 마침 귀주 독군(督軍) 유현세(劉顯世)의 아들 유강오(劉剛吾)가 상해에 와 있다며 그를 소개해 주었다.

김홍일은 유강오를 만나면서, 군관학교에 들어가는 꿈을 실현할 수 있었다. 유강오가 귀주육군강무학교에 들어갈 수 있도록 주선해 준 것이다. 귀주로 출발하면서 그는 이름을 王雄으로 바꾸었다. 황개민이 그를 찾아와 이름을 중국식으로 바꾸라고 한 때문이었다. 김홍일은 광주(廣州)를 거쳐 1918년 12월 귀주성 귀양(貴陽)에 도착하였다.

김홍일이 귀양에 도착하였을 때, 이미 귀주육군강무학교의 교육과정은 상당히 진행되고 있었다. 강무학교의 교육과정은 6개월의 입오생 훈련기와 1년간의 사관교육으로 이루어져 있는데, 입오생 과정이 거의 다 끝나가고 있었던 것이다. 귀주 독군은 그에게 입오생 훈련을 거치지 않고 바로 사관교육을 받을 수 있도록 배려해 주었다. 그리고 한국인이라는 신분을 밝히지 말고 봉천(奉天)의 혁명투사의 아들로 행세할 것을 부탁하였다.

귀주육군강무학교는 운남성(雲南省) 군벌 당계요(唐繼堯)가 세운 군사교육기관이다. 당계요는 1912년 귀주성을 점령하고, 귀양에 귀주육군강무당을 설립하였다. 귀주육군강무당은 1913년 10월에 폐쇄되었다가 1916년 다시 귀주육군강무학교로 재건되

---

5) 신승하, 「예관 신규식과 중국혁명당인과의 관계」(석원화 김준엽, 『신규식 민필호와 한중관계』, 나남출판, 2003, 483~484쪽).

어 운영되고 있었다.[6] 귀주육군강무학교의 교육과 운영은 일본 육군사관학교와 거의 같았다. 교관도 대부분 일본육사 출신이었고, 교육내용도 일본 육사와 다르지 않았다.

김홍일은 1919년 1월 귀주육군강무학교에 정식으로 입교하였다. 입오생 훈련이 끝나고, 사관교육이 시작될 때 입교한 것이다. 당시 교장은 하응흠(何應欽)이었다.[7] 하응흠은 그에게 특별한 배려를 해주었다. 당시 김홍일은 '차렷'이라는 중국어 구령조차 제대로 알아듣지 못할 정도로 중국어 실력이 형편없었다. 하응흠은 그의 빈약한 중국어 실력을 고려하여 개인지도를 하는 조교를 배치해 주었다.

김홍일은 교육을 받으며 많은 어려움을 겪었다. 다행히 어려서부터 한자를 배워 교과서는 읽을 수 있었지만, 강의하는 내용을 제대로 알아들을 수 없었다. 말이 제대로 통하지 않아 핀잔을 받게 되었을 때, 몽고인이라고 둘러댔다. 이로 인해 교관과 학생들은 그를 몽고인으로 알고 있었다. 그는 사력을 다해 교육과 훈련을 받았다. 4개월 정도가 되자 중국인들과 별다른 차이가 없게 되었다.

김홍일은 각고의 노력으로, 1년 동안 교육과 훈련을 받았다. 당시 졸업을 위해서는 졸업논문을 써야 했다. 김홍일은 소총구경은 갈수록 작아지고 대포구경은 갈수록 커진다는 내용의 병기

6) 한상도, 『한국독립운동과 중국군관학교』, 문학과지성사, 1994, 45쪽.
7) 余克禮 · 朱顯龍 主編, 『중국국민당전서』 하 ,섬서인민출판사, 2001, 903쪽.

에 관한 논문을 제출하였다.[8] 그의 논문은 교관들로부터 우수하다는 평가를 받았고, 2백명 중 15위의 성적을 거두었다. 김홍일은 비교적 우수한 성적으로 1919년 12월 30일 귀주육군강무학교를 제2기로 졸업하였다.

귀주육군강무학교를 졸업한 김홍일은 다시 호남성에 있는 육군실시학교(陸軍實施學校)에 들어가 교육을 받았다. 육군실시학교는 병과별 교육을 실시하는 교육기관으로 특기별 군사기술을 가르치는 곳이었다. 김홍일은 이곳에서 산포병과(山砲兵科)에 들어가 6개월 동안 포병장교가 되는 교육을 받았다.

육군실시학교를 마친 김홍일은 운남지방군인 금군(黔軍)으로 복무하였다. 이때 원세개(袁世凱)와 단기서(段祺瑞)에 반대하는 혁명파들이 운남성으로 집결하여 반군벌전을 전개하고 있었고, 김홍일도 반군벌전에 동원되어, 귀주의 독군 유현세가 이끄는 사천전투 등에 참전하였다. 그러나 반군벌운동에 이어 독군들을 추방하려는 폐독운동(廢督運動)과 연성자치운동(聯省自治運動)이 일어나면서, 유현세가 그의 부하인 왕문화(王文華)에 의해 추방되는 일이 일어났다.[9] 이를 계기로 김홍일은 귀주군을 떠나기로 마음먹었다.

---

8) 김홍일, 『대륙의 분노』, 66쪽.

9) 胡春惠, 『民初的地方主義與聯省自治』, 正中書局, 1983, 117쪽.

Ⅲ. 국민혁명군으로 북벌전 참전

1. 국민혁명군에 참여

김홍일은 귀주군을 떠나 상해로 돌아왔다. 당시 상해에는 대한민국 임시정부가 수립되어 활동하고 있었다. 1920년 12월, 그는 임시정부를 찾아가 군무부장 노백린을 만났다. 노백린은 그에게 만주로 갈 것을 권유하였다. 당시 만주지역의 독립군들은 청산리대첩을 치른 후 러시아의 자유시로 이동하고 있었는데, 이들과 함께 활동하라고 한 것이다.

임시정부 군무부장의 명령을 받은 김홍일은 만주로 갔다. 안도현(安圖縣)에서 대한독립군비단과 만나, 이들과 함께 자유시로 향했다. 그러나 그보다 앞서 도착한 독립군들은 1921년 6월 일크츠크파 공산당 세력과 소련 적군에게 무장해제를 당하고 사살을 당한 자유시참변을 겪었다. 김규면 · 이용 등 살아남은 독립군들이 이만이란 곳으로 이동해 왔다. 김홍일은 이들과 함께 독립군들을 규합하고, 한국의용군을 조직하였다.

김홍일은 이만을 거점으로 한국의용군의 조직을 확대시켜 나갔다. 이만에 이주해 있는 한인들을 대상으로 군사교육을 실시하고, 무기를 마련하기도 하였다. 이러한 활동으로 6백여 명의 병력을 갖게 되었다. 병력이 확대되면서 부대의 편제도 갖추었다. 사령관은 이용이 맡았고, 제1중대장은 임표, 제2중대장은 김

홍일, 제3중대장은 한운용이 맡았다.[10)]

김홍일은 한국의용군을 통해 흩어진 독립군의 조직을 통합하고, 이를 중심으로 독립전쟁을 전개하고자 하였다. 그러나 이러한 계획은 좌절되고 말았다. 소련의 적군 연해주사령부가 백군 및 일본군과 전투를 벌이면서, 한국의용군에게 합류할 것을 요청한 것이다. 1921년 12월 백군과 일본군이 이만을 공격해 왔고, 한국의용군은 적군과 함께 전투를 벌였다. 치열한 전투가 벌어졌고, 한국의용군은 제3중대가 거의 전멸하는 피해를 입었다. 나머지 병력도 무장해제를 당하였다.

1922년 가을, 김홍일은 이만에서 북간도로 내려왔다. 당시 북간도지역에는 자유시참변에서 살아남은 독립군들이 모여들어 학교를 세우고 농장을 마련하는 등 재기의 발판을 마련하고 있었다. 그도 목릉(穆陵)에서 중학교를 설립하여 운영하기도 했고, 용정(龍井)에 있는 명동학교에서 교사로 활동하기도 했다. 하지만 그에게는 일제 밀정의 손길이 끊임없이 뻗치고 있어 활동에 적지 않은 제약이 뒤따랐다.

이 무렵 김홍일은 새로운 소식에 접했다. 한국의용군 사령관이었던 이용이 광동성 산두(汕頭)의 국민혁명군 포병대에 복무하고 있다는 소식이었다. 또 다른 소식도 있었다. 많은 한인청년들이 손문(孫文)이 세운 광주의 황포군관학교에 입교하여 군사훈련을 받고 있다는 소식이었다. 황포군관학교는 1924년 6월 손문이 국민혁명에 필요한 군사인재를 양성하기 위해 세운 군관학

10) 김홍일, 『대륙의 분노』, 122쪽.

교였다.[11] 이러한 소식을 접한 김홍일은 자신도 광동으로 가서 중국의 국민혁명군에 참여하여야 겠다고 생각하였다. 그는 곧바로 광동으로 향했다.

김홍일이 광동 산두에 도착한 것은 1926년 10월이었다. 이때 장개석을 총사령관으로 한 국민혁명군이 편성되어 북벌전을 시작하고 있었다. 당시 북쪽에는 호북 · 호남 · 하남의 3개성을 근거로 한 오패부(吳佩孚), 강서 · 복건 · 안휘 · 절강 · 강소 등 5개 성을 차지하고 있던 손전방(孫傳芳), 그리고 북경 이북의 동북지역을 장악한 장작림(張作霖) 등의 군벌이 할거하고 있었다. 장개석은 손문을 이어 이들에 대한 북벌전을 감행하였다.

산두에 도착한 김홍일은 곧바로 이용을 찾아갔다. 이용은 연해주 이만에서 함께 한국의용군을 조직하여 총사령관을 맡고 있던 인물이었다. 김홍일이 북간도지역에서 머물고 있을 때, 이용은 광동으로 와 국민혁명군에 참여하고 있었던 것이다. 당시 이용은 국민혁명군 포병교관으로 활동하고 있었다. 또 귀주육군강무학교 동창으로 산두의 경비사령관을 맡고 있던 하즙오(何輯五)도 만나게 되었다.

김홍일은 이들의 주선으로 국민혁명군에 참여하게 되었다. 당시 국민혁명군은 복건을 향해 출발해 있었다. 하즙오는 전방사령부로 김홍일이 도착한 사실을 알렸다. 그리고 소식을 받은 사령부에서는 김홍일을 소교(소령) 계급과 함께 총사령부 참모로

11) 楊牧, 「黃埔軍校述要」, 『黃埔軍校史論稿』, 河南人民出版社, 1990, 7쪽.

발령하였다.[12] 김홍일은 즉각 복건으로 떠났다. 이로써 국민혁명군에 참여하여 활동하게 되었다.

2. 북벌전 참전

김홍일은 북벌군 중 동로군(東路軍)에 소속되었다. 북벌전은 국민혁명군의 제2군・3군・6군이 동원되어 3개로를 통해 손전방 군벌을 공격하는 것으로 시작되었다. 김홍일이 총사령부 참모로 발령받은 것은 복건을 공격하는 동로군이었다. 동로군은 이미 9월에 출발하여 복건을 향해 진격하고 있었다. 김홍일은 발령을 받자마자 복건으로 향했다.

북벌군은 비교적 손쉽게 복건을 점령하였다. 손전방 군벌은 북벌군의 총공세를 받아 강력하게 저항하였고, 이로 인해 북벌군은 힘겨운 싸움을 벌였다. 특히 남창(南昌)에서 손전방 군벌이 많은 병력으로 대항하고, 북벌군을 후원하는 부대의 통로를 차단함으로써 상당한 고초를 겪어야 했다. 그러나 북벌군의 제4군이 증원되어 강서를 점령하게 된 것을 계기로 내부 분화가 일어나면서 급격히 붕괴되었다.

북벌군이 강서를 점령한 후, 복건도 곧바로 점령되었다. 당시 복건의 독판은 주양인(周陽人)으로, 한때는 광동을 침략하여 국민정부를 위협할 정도로 세력이 강한 적이 있었다. 그러나 북벌

12) 김홍일, 『대륙의 분노』, 218쪽.

군이 강서를 점령한 후, 그 내부에 분열이 일어났고, 이로 인해 주양인이 도망하여 잠적해 버렸다. 이로써 북벌군은 격렬한 전투없이 12월 18일 복건성의 중심인 복주(福州)를 점령할 수 있었다.[13)]

김홍일은 복주를 점령한 후, 북벌군을 따라 상해를 거쳐 항주로 진격하였다. 복주에서 항주로 진격하는 동안 별다른 전투는 없었다. 당시 국민들의 인심은 군벌을 떠나 있었고, 군벌군은 국민혁명군을 제대로 감당하지 못하였다. 한구 · 남경 등을 점령한 국민혁명군은 1927년 4월 남경에서 국민정부를 수립하였다.[14)]

남경에서 국민정부가 수립되었을 때, 김홍일에게 잊지 못할 일이 있었다. 국민혁명군 지휘관인 하응흠과 함께 나란히 말을 타고 열병식에 참여한 것이 그것이었다. 남경에서 국민정부 수립을 축하하는 열병식이 거행되었는데, 이때 김홍일은 지휘관의 연락참모로 발탁되었다. 연락참모로 발탁된 것은 말을 잘 탔기 때문이라고 한다. 김홍일은 부대내에서 말을 잘 타기로 소문이 났고, 이것이 연락참모로 발탁된 계기가 되었다. 그는 연락참모로서 열병식을 거행할 때 지휘관 하응흠을 수행하여 그와 함께 나란히 말을 타고 열병식을 거행한 것이다.[15)] 하응흠은 그가 귀주육군강무학교 학생이었을 때 교장을 맡았던 인물이고, 중국어를 못하는 그에게 조교를 붙여주는 등 많은 도움을 주었던 적이

13) 田澤沛 主編,『中國革命史』, 文化藝術出版社, 1991, 134쪽.
14) 위의 책, 144쪽.
15) 김홍일,『대륙의 분노』, 225쪽.

있었다.

남경에 국민정부가 수립된 후, 김홍일은 단위부대 부대장에 임명되었다. 1927년 7월 절강성 수비를 위해서 새로 독립경비연대를 편성하였는데, 그가 부연대장 겸 제1대대 대장으로 임명된 것이다.[16] 독립경비연대는 항주에 주둔하고 있었고, 이로써 김홍일은 부대장으로 부대를 직접 지휘하게 되었다.

김홍일은 부연대장으로 북벌전에서 직접 전투를 지휘하였다. 부연대장으로 임명된 지 한달 정도 되었을 때, 양자강 이북으로 밀려났던 손전방 군대가 다시 강을 건너와 남경을 위협하게 되었다. 1927년 8월 김홍일은 군대를 이끌고 손전방 군대를 막으라는 명령을 받았다. 부대를 이끌고 용담(龍潭)이라는 곳에서 손전방 군대와 4일 동안 전투를 벌였다. 양자강에 배수진을 치고 있던 손전방 군대는 상해에서 온 국민혁명군의 함대에 의해 포위되고 말았다. 일부는 밤을 틈타 도망쳐 버렸고, 나머지 3만여 명은 투항하였다. 용담전투는 북벌전 중에서도 가장 큰 승리를 거둔 전투였고, 김홍일은 이 전투로 국민정부로부터 화주영예장장(華胄榮譽獎章)이란 공로장을 수여받았다.[17]

용담전투 이후 김홍일은 다시 총사령부에 근무하게 되었다. 1928년 1월 장개석이 다시 총사령관에 취임하면서, 부대를 4개 집단군으로 개편하였다. 장개석이 제1집단군 사령관을 맡고, 풍

16) 김홍일, 『대륙의 분노』, 233쪽.

17) 〈邵毓麟呈蔣中正擬准韓人王逸曙除役返國服〉(金永新 編譯, 『蔣中正總統檔案 中韓國關聯資料集譯』, 선인, 2011, 365~366 쪽; 김홍일, 『대륙의 분노』, 239쪽.

옥상(馮玉祥)을 제2집단군 사령관, 염석산(閻錫山)을 제3집단군 사령관, 이종인(李宗仁)을 제4집단군 사령관, 그리고 하응흠을 참모총장에 임명한 것이다.[18] 이러한 부대개편이 이루어지면서, 김홍일은 총사령부 기계처 통계과장에 임명되었다. 기계처는 병기와 탄약을 관리 공급하는 부서였다.

이후 김홍일은 북벌전이 끝날 때까지 총사령부에서 병기와 탄약을 공급하는 임무를 맡고 있었다. 북벌전은 국민혁명군이 북경을 점령함으로써 사실상 종결되었다. 북경과 만주를 차지하고 있던 장작림이 1928년 5월 심양으로 철수하던 중 일본군에 의해 황고툰(黃姑屯)에서 폭사당하였고, 국민혁명군은 1928년 6월 북경을 점령하였다. 이로써 2년 5개월에 걸친 북벌전은 종결되었고, 중국대륙은 중국국민당 정부의 통치하에 들어갔다.

김홍일은 북벌전이 종결된 후 상해에서 근무하게 되었다. 처음에는 상해시 북쪽 오송요새사령부(吳淞要塞司令部)의 참모장으로 임명되었다가 상해병공창 주임으로 발령받았다.[19] 병공창은 청나라 때부터 각 창고마다 쌓여있는 각종 무기와 탄약을 조사 수리하고, 각 군에 병기와 탄약을 보급하는 일을 담당하던 부서였다.

상해병공창 주임으로 있을 때, 김홍일은 한국의 독립운동에서도 큰 역할을 하였다. 이봉창 · 윤봉길의사가 사용한 폭탄을 만들어 준 것이다. 상해에서 활동하던 대한민국 임시정부는 의열

---

18) 軍事科學院 軍事歷史研究部,『中國抗日戰爭史』, 解放軍出版社, 1991, 59쪽.
19) 김홍일,『대륙의 분노』, 268쪽.

투쟁을 전개하기로 하고, 그 책임을 김구에게 맡겼다. 김구는 한인애국단을 조직하여 이를 추진하면서, 김홍일을 찾아와 폭탄을 만들어 줄 것을 부탁하였다. 김홍일은 폭탄을 마련해 주었다.

김홍일이 마련해 준 폭탄을 가지고 이봉창 · 윤봉길의사가 의거를 결행하였다. 이봉창의사는 1932년 1월 8일 일본 동경에서 일왕에게 폭탄을 투척하였고, 윤봉길의사는 4월 29일 상해홍구공원에서 거행된 일본의 상해전승 및 천장절 기념식 단상에 폭탄을 투척한 것이다. 이 두 의거는 한국의 독립운동에서 대표적인 쾌거로 평가받는 것은 물론이고, 중국의 대일항전에도 커다란 영향을 끼친 의거였다.

이봉창 · 윤봉길의거가 결행된 후, 김홍일도 몸을 숨겨야 했다. 일제는 두 의거가 대한민국 임시정부에서 김구가 주도한 것을 파악하고, 상해에 있던 임시정부를 습격하여 안창호를 비롯한 요인들을 체포하였다. 김구는 가흥으로 피신하였고, 임시정부는 항주로 옮겼다. 김홍일도 일제의 추격을 받게 되었다. 김홍일은 남경으로 피신하였다. 그리고 이름을 왕일서(王逸曙)로 바꾸고, 남경 교외에 있는 공병학교 부관처장이 되었다.[20]

---

20) 김홍일,『대륙의 분노』, 291쪽.

Ⅳ. 중국군 지휘관으로 대일항전 전개

1. 만가령 전투

1937년 7월 7일 중일전쟁이 일어났다. 중일전쟁은 일본군이 북경 교외에 있는 노구교에서 중국군을 공격하면서 시작되었다. 일본군은 병사가 실종되었다는 것을 빌미로 중국군을 공격하였고, 중국이 이에 맞서 전면적인 대일항전에 나선 것이다. 중일전쟁이 발발하였을 때, 김홍일은 중국군사위원회 군정부 군수서군수설계위원(軍需署軍需設計委員)을 맡고 있었다. 군수설계위원이란 전쟁에 대비하여 병기 · 탄약 · 피복 · 군량 등을 준비하고 관리하는 직책이었다.

북경에서 시작된 전쟁은 크게 확산되었다. 일본군은 북경과 천진을 점령하였고, 이어 상해와 남경도 공격하였다. 당시 중국정부는 남경에 있었고, 상해는 남경으로 들어오는 통로에 해당하는 곳이었다. 일본군은 1938년 8월 상해를 점령하였고, 곧바로 남경으로 진격해왔다. 중국군은 이를 막아내려고 하였지만, 12월 13일 남경이 함락되고 말았다. 김홍일은 중국정부와 함께 한구(漢口)로 이동하였다.

김홍일은 한구에서 새로운 임무를 부여받았다. 군사위원회 정치부장인 진성(陳誠)의 명령으로 강릉중앙군관학교(江陵中央軍官學校) 특별훈련반에 부설된 일본유학생 출신 학생들의 교육을 담당하게 된 것이다. 이는 중국인 일본유학생 출신들을 모아, 일본군에 대한 정보수집과 포로들을 신문하기 위한 교육을 실시하기 위해 설립한 특별반이었다. 여기에는 한국인들도 있었다. 김원봉이 주도하는 조선민족혁명당 계열의 청년들도 포함되어 있었다. 김홍일은 6개월여 동안 이들에 대한 교육을 담당하였다.

한구로 다시 돌아온 김홍일은 제102사단 참모장을 맡았다. 제102사단은 귀주에서 김홍일이 편성한 부대였다. 김홍일은 남경에서 공병학교 부관처장으로 있다가 귀주에 있는 서남수정공서(西南綏靖公署) 고급참모로 발령을 받은 일이 있었다. 일제가 김홍일이 윤봉길의사의 의거에 폭탄을 제공하였다며 그의 체포를 요구하자, 중국측에서 김홍일을 귀주로 보낸 것이다. 서남수정공서는 중국공산당군이 떠난 후 지방에 행정기관을 개편하고 새로운 군벌이 형성되지 못하도록 지방부대를 정리 통합하는 일을 수행하던 부서였다. 귀주는 그에게 있어 고향이나 다름없었다. 김홍일은 귀주에서 동창과 선후배 등을 만나 그곳에 있는 병력을 모아 102사단과 103사단을 창설하였다.[21)]

이러한 제102사단을 한구에서 만난 것이다. 당시 제102사단은 남경보위전(南京保衛戰)에 동원되었다가 한구로 철수해 있었다. 사단장 백휘장(柏輝章)과 연대장 등은 귀주육군강무학교 동창생들이었다. 이들을 만나 제102사단 참모장이 부상을 당하여 결원이 된 것을 알게 되었다. 중일전쟁이 발발한 지 1년여동안 후방에서 군수설계위원으로 활동하던 김홍일은 일선에서 일본군과

21) 김홍일, 『대륙의 분노』, 307쪽.

직접 전투를 벌이고 싶었다. 그는 군정부장 진성(陳誠)에게 자신이 제102사단의 참모장을 맡겠다고 하였고, 승낙을 받았다.

김홍일은 제102사단의 참모장이 되면서, 일본군과 직접 전투할 수 있는 기회를 갖게 되었다. 기회는 곧바로 찾아왔다. 그가 참모장에 취임한 직후, 일본군이 무창과 한구에 대한 대대적인 공격을 감행한 것이다. 구강(九江)을 점령한 일본 화중방면군(華中方面軍) 전준육(畑俊六)이 지휘하는 제2군과 제11군을 비롯하여 15개 사단이 구강에서 무한을 향해 공격을 감행하였다.[22] 당시 무한은 남경에서 철수한 중국국민당 정부가 머물고 있던 곳으로, 일본군이 주요 목표로 삼고 있었다.

일본군이 무한을 향해 공격할 때, 김홍일이 참모장으로 있던 제102사단은 특별한 임무를 부여받았다. 강서성 덕안현(德安縣) 부근을 방위하라는 임무였다.[23] 구강에서 무한을 향하던 일본군이 1938년 9월 말 덕안현 만가령(萬家嶺)에 나타났다. 일본군 제101사단 · 제106사단 · 제27사단이 세 곳으로 나뉘어 덕안현을 통과하게 되었는데, 일본군 제106사단이 만가령에 나타난 것이다.

김홍일은 제102사단 참모장으로 만가령에서 일본군과의 전투를 직접 지휘하였다. 중국군 제102사단은 일본군 제106사단과 정면으로 맞서 치열한 접전을 벌였다. 양군의 공방은 산과 산을

22) 河野收, 『近代日本戰爭史 : 滿洲事變, 支那事變』, 東京出版社, 1995, 378~386쪽.

23) 蔡仁照, 『中國抗日時期的戰爭』, 解放軍文藝出版社, 2001, 238쪽.

사이에 두고 벌어졌다. 일본군과의 거리는 1.5km 정도였고, 일주일 동안 대치하면서 수없는 공방을 벌였다. 김홍일은 건너편 산정상에 있는 일본군의 진지를 공격하였다. 주된 방법은 야음을 타서 산을 기어올라 공격하는 것이었다. 그러나 산중턱까지 올라가는 데는 성공하였지만, 일본군의 기관총 사격과 수류탄 투하 때문에 물러나기를 반복하였다.

김홍일은 작전을 바꾸었다. 중국군은 일본군에 비해 무기가 열세인 상황이었다. 보병들을 동원하여 일본군의 진지를 공격하였지만, 매번 일본군의 기관총과 수류탄 공격에 가로 막혔다. 김홍일은 일본군의 기관총을 파괴하는 것이 우선이라 생각하고, 중국군 각 부대에 있는 박격포를 모았다. 그리고 10월 8일 박격포로 일본군의 기관총 진지를 공격하였다. 당시의 작전 상황을 김홍일은 다음과 같이 서술해 놓았다.

> 나는 2개 연대에 있는 박격포 16문을 한곳에 모으라고 명령했다. 저녁에 적의 진지를 향해 접근하기 시작한 우리 보병들이 공격개시선에 도착했다는 신호에 접하자마자 박격포 16문이 일시에 포문을 열고 한곳에 집중적으로 포격을 퍼부었다. 그러자 산이 완전히 무너지는 듯싶은 요란한 폭음과 함께 적의 가장 주력적인 기관총 진지가 산산조각이 났다. 우리 보병들의 진로가 열렸다. 사기충천한 우리 보병들은 그때 우렁찬 만세소리와 함께 돌격전을 감행하여 기어이 적의 山嶺을 점거하는데 성공했다.
>
> 그때 적은 도망치는 데만 정신이 팔려서 사단사령부의 서류도 채 처리하지 못했다. 적의 106사단 사령부는 산 뒷면의 계곡에 자리잡

고 있었는데 그들은 우리 부대의 기습공격에 몰려 당황한 나머지 副官部 소관 중요 기밀작전문서 등을 하나도 챙기지 못하고 그냥 도망쳐버린 것이었다. 우리는 적들이 남기고 도망친 그 기밀작전 문서에 의거하여 적의 華中軍 편성 병력의 규모와 작전계획 등을 상세히 알 수가 있었다.

하여간 내가 제1선에 나서 직접 지휘한 만가령작전은 태아장(兒兒庄)작전 이후 아군이 처음으로 거둔 혁혁한 대전과였다. 우리가 노획한 적의 무기만 하더라도 소총 1천여 자루, 경중 기관총 50여 정, 포로 30여 명, 말은 1백여 필에 달했다.[24)]

만가령전투는 10월 8일부터 10일까지 전개되었고, 중국군의 승리로 끝났다. 이 전투에서 일본군 제106사단은 작전참모 나리토미 마사이치 중좌를 비롯하여 사단의 참모 다수가 전사하고, 전 병력의 70%의 손실을 입은 것으로 나타나 있다.[25)] 만가령 전투는 무한지역의 전투에서 일본군이 유일하게 참패한 전투로 기록되기도 하고, 중국군이 태아장 전투에[26)] 이어 일본군을 크게 패퇴시킨 전투로 평가받기도 하였다.

---

24) 김홍일.『대륙의 본노』, 329~330쪽.

25) 권성욱,『중일전쟁』, 미지북스, 2015, 396쪽.

26) 태아장전투는 1938년 3월 중순에서 4월초까지 서주(徐州)의 동북쪽 태아장이란 곳에서 중국군이 일본군을 크게 패퇴시킨 전투를 말한다. 중국군은 서주를 공격하려던 일본군을 태아장의 성내로 유인하고, 성내에 들어온 일본군 제5사단과 제10사단을 거의 섬멸하였다. 이 전투에서 일본군 2만명 이상이 전사한 것으로 알려져 있다. (軍事科學院 軍事歷史硏究部,『中國抗日戰爭史』中, 解放軍出版社, 1994, 164~167쪽 ; 李蓉,『中華民族抗日戰爭史』, 中央文獻出版社, 2005, 232~241쪽).

2. 상고회전

만가령전투 이후 김홍일은 여러 전투에 참전하였다. 1939년 4월 중국군사위원회가 전국의 각 전투지구에 일본군에 대한 총공세를 명령하면서 남창을 탈환하는 작전에 참여한 것을 비롯하여 여러 전투를 치렀다. 그 중에서 그가 사단장으로 직접 지휘한 전투가 있었다. 상고현(上高縣)전투였다.

상고현 전투는 제19집단군에 소속되어 사단장으로 지휘한 전투였다. 김홍일은 만가령전투를 승리로 이끈 이후 1939년 5월 대령에서 소장으로 진급하였다.[27] 소장으로 진급됨과 동시에 소속도 바뀌었다. 제19집단군 총사령부의 참모처장으로 발령받은 것이다. 제19집단군은 그 산하에 4개 군단으로 나뉘어 12개 사단으로 편성되어 있었고, 남창 이남의 지역을 관할구역으로 삼고 있었다.[28] 총사령관은 나탁영(羅卓英)이었는데, 그는 북벌전 때 김홍일과 함께 활동하였던 인물이었다.

상고현전투는 일본군이 남창에서 장사로 가는 길을 뚫고자 제19집단군을 공격하면서 일어났다. 일본군은 1939년 9월 장사를 공격한 일이 있었다. 그러나 중국군의 강력한 저항에 부딪혀 퇴각하고 말았다. 이를 제1차 장사대회전이라고 한다. 이후 일본군은 다시 장사를 공격하였다. 1941년 3월 일본군은 남창에서

27) 김홍일,『대륙의 분노』, 334쪽.

28) 軍事科學院 軍事歷史研究部,『中國抗日戰爭史』中, 解放軍出版社, 1994, 488쪽.

출발하여 장사(長沙)를 공격한 것이다. 일본군의 공격은 대규모였다. 제11군을 비롯하여 새로 파견된 제33사단, 제34사단, 제20혼성여단, 그리고 전차대도 동원하였다.

일본군이 공격해 올 때, 김홍일은 사단장을 맡게 되었다. 제19집단군 산하의 제19사단장이 병으로 입원 중이어서, 김홍일에게 사단장을 맡도록 한 것이다. 사단장이 된 김홍일은 직접 일본군과의 작전을 지휘했다. 전투는 3월 15일에 시작되어 4월 1일까지 보름여 동안 계속되었다. 상고현 전투의 전투상황에 대해 김홍일은 다음과 같이 회고해 놓았다.

> 우리 19집단군은 3월 15일을 기하여 정면의 북쪽 방향에서 공격해오던 적 제33사단을 상대로 17, 18일 양일간에 걸쳐 치열한 공방전을 벌인 끝에 적 2천여 명을 살상하는 대전과를 올렸다. 그러자 적들은 완전히 포위되는 신세만은 면하려고 19일 일제히 퇴각해버리고 말았다. 남쪽 방향에서 침공하여 오던 적군 제20혼성여단 역시 적 제33사단과 마찬가지로 15일을 기해 본격적으로 아군을 공격해왔다.
>
> 그들 적은 남쪽에서 아군에 대한 대포위작전을 감행할 속셈인 모양이었지만, 워낙 숫적으로 우세한 아군의 병력에 눌려서 뜻을 이루지 못하자 그들은 북쪽과 남쪽의 중간 통로를 따라 아군을 공격하던 적 34사단과 같이 합류하여 다시 상고 방면으로 아군에 대한 공격을 개시하였다.
>
> 아군의 군세는 포병과 전차 등 중무기가 없는데다가 적에 비하여 기관총과 같은 자동화기가 턱없이 부족하여 공격력은 약하였지만, 숫적으로는 적의 3배에 달하였다. 아군은 우세한 병력을 활용하여

적을 포위하여 근거리 접전을 벌일 계획이었다. 아군은 중로(中路)를 통해 공격해오는 적의 예봉을 될 수 있는 한 피하면서, 적을 우리측 진지 깊숙이 유인했다. 그리고 우세한 병력을 활용하여 침공하는 적을 사방에서 포위했다. 말하자면 후퇴하면서 적을 포위하는 퇴각포위작전이었다. 적은 우리의 포위작전에 휘말려 24일 완전히 포위되는 신세가 되었다.

그러자 포위된 적들은 일단 후퇴하였던 33사단의 도움에 힘입어 25일을 기해 아군의 포위망을 뚫고 퇴각로를 찾으려 하였지만, 아군의 완강한 반격을 부딪혀 27일 적들은 다시 포위되고 말았다. 아군의 포위권내에 들어간 적들은 당황한 나머지 저희들끼리 좌충우돌하며 돌파구를 찾느라 여념이 없었다. 적들은 수많은 전차를 앞세우고 싸우면서 퇴각한지 수일만인 4월 1일에 가서야 겨우 포위망을 벗어났다. 결국 19일간에 걸친 적과의 싸움에서 아군은 승리를 거두었다.

(중략) 적은 이번 싸움에서 제34사단의 부사단장인 암영(岩永) 소장 이하 전사자만도 무려 5천여 명을 헤아렸으며, 우리가 노획한 적의 소총만도 2천여자루, 야포 10문, 기관총 50여정에 달했으니, 실로 중일전쟁 발발 이후 그때까지 거둔 전과 중 가장 휘황찬란한 대전과를 올렸다.[29)]

상고현 전투에서 중국군은 승리를 거두었다. 일본군은 우세한 무기를 가졌지만, 중국군에 포위되어 커다란 타격을 입고 패하였다. 전투과정에서 일본군 제34사단 부사단장 암영(岩永)이 전사한 것을 비롯하여, 3월 15일부터 18일까지 전개된 상고현전투

---

29) 김홍일, 『대륙의 분노』, 329~330쪽.

에서만 2천여 명이, 그리고 4월초까지 고안(高安) · 봉신(奉新) 등지에서 계속된 전투에서 모두 1만 5천 명이 전사한 것으로 나타나 있다.[30)]

상고현 전투는 김홍일의 표현대로 중일전쟁 발발 이후 중국군이 거둔 가장 큰 성과였다. 장개석은 제19집단군 사령관 나탁영에게 직접 승리를 축하하면서 15만 원의 상금을 지급하였고, 군사위원회는 나탁영의 유인작전과 포위전술에 대한 연구보고서를 배포하였다고 한다.[31)] 이후 중국은 상고현전투를 평가하여 항일전쟁사에서 '상고회전(上高會戰)'으로 명명하였다.[32)]

4. 육군대학 수료

김홍일은 상고회전을 치른 후, 육군대학에 들어갔다. 육군대학은 중국국민당의 최고급 군사학 교육기관이다. 고급지휘관과 참모를 양성하는 곳으로, 국민당 군대의 고급지휘관과 참모들은 대부분 육군대학을 졸업하였다. 김홍일은 1942년 1월 육군대학에 입학하여 1943년 12월까지 2년 동안 교육을 받았다.

육군대학은 원래 3년 과정이었다. 그러나 김홍일이 입학할 때는 전시중이라 2년 동안 교육을 받게 된 것이다. 교육과정에 포

30) 李蓉,『中華民族抗日戰爭史』, 中央文獻出版社, 2005, 408쪽.

31) 권성익,『중일전쟁』, 507쪽.

32) 中華民國國防大學 編,『中國現代軍史主要戰役表』, 由美軍顧問團史政處, 1967, 269쪽.

함되어 있는 전적지 답사와 산업시찰 등에 소요되는 반년 이상의 기간을 절약하고, 전술과 전략 연구 및 육해공군의 연합작전 및 대병단 운용, 참모업무, 고등사령부에서의 작업 실습 등을 배웠다.

이러한 교과목을 학습한 것과 더불어 김홍일이 특별히 감명깊게 배운 것이 있었다. 유럽지역에서 전개된 전투의 상황과 각종 작전에 참전하였던 지휘관들의 강연을 듣게 된 것이다. 우선 중국인 무관들이 유럽전선에서 벌어진 전투를 참관하고 돌아와 전투상황을 보고하는 '관전보고'강의를 들었다. 이들의 보고는 참고할 점이 많았다고 한다.

또 유럽지역의 전투에서 직접 작전에 참가하였던 지휘관들의 강연도 들었다. 육군대학에서는 유럽에서 직접 전투를 지휘한 지휘관들을 초빙하여, 학생들에게 강연을 듣도록 하였다. 이집트 사막에서 명성을 떨친 몽고메리 휘하에서 작전을 지휘한 사단 참모장, 그리고 모스크바 스탈린그라드 방위작전에 참가하였던 소련군 사단장 등이 초청되었다. 김홍일은 이들의 강연을 대단히 감명깊게 들었다고 하면서, 육군대학 2년간의 수업과정은 군사학을 아주 깊게 파고들어 연구할 수 있는 기회였다고 회고하고 있다.[33]

육군대학을 졸업한 후, 김홍일을 계림(桂林)에 있던 제2병단 참모장으로 부임하였다. 제2병단은 미국이 지원하는 무기로 신군을 편성하는 임무를 맡고 있었다. 미국의 군사원조가 본격화되

33) 김홍일, 『대륙의 분노』, 349~350쪽.

면서 미국의 무기로 무장한 군대를 편성하고 훈련하는 일이 추진되었다. 이러한 일은 인도에 파견되어 있는 중국군, 그리고 운남성 곤명(昆明), 광서성 계림 세 곳에서 이루어졌다. 이 중 김홍일은 계림에서 미국의 무기로 무장한 군대를 편성하는 일을 맡은 것이다.

제2병단에서 활동하던 중, 김홍일은 한국광복군에 참여하여 참모장을 맡게 되었다. 광복군에 참여하게 된 것은 김구 주석의 요청에 의해서였다. 대한민국 임시정부는 중국군사위원회와 교섭하여 새로운 군사협정을 맺었고, 군사협정은 1945년 5월 1일부터 시행되었다. 이에 의하면 중국정부의 재정적 지원을 차관형식으로 바꾸고, 광복군에 파견되었던 중국군 출신의 장교들은 모두 원대복귀시킨다는 것이었다. 이에 의해 참모장 조덕수(趙德樹)를 비롯한 중국인 장교들이 모두 철수하였다.[34]

중국인 참모장이 철수하자, 김구는 김홍일에게 참모장을 맡아달라고 하였다. 김홍일 자신도 바라던 터였지만, 중국군을 그만두어야 하는 절차가 있었다. 그는 김구 주석에게 장개석의 허락을 받아달라고 하였다. 며칠 후 장개석이 불렀다. 장개석은 "임시정부의 형편을 듣고 할 수 없이 귀관을 놓아주는 것이니 장차 광복군에 가서 더욱 빛나는 공훈을 세우라"며, 전출을 허락하였다.[35]

김홍일은 1945년 5월 광복군 참모장에 부임하였다. 참모장으

34) 한시준, 『한국광복군연구』, 일조각, 1993, 178쪽.
35) 김홍일, 『대륙의 분노』, 367쪽.

로 부임한 김홍일은 중국군과의 합작을 추진하였다. 호남성 방면을 관할하고 있던 제74군단의 왕요무(王耀武) 사령관과 협의하여, 광복군에게 일체의 장비를 지급하고 함께 대일작전을 전개하기로 한 것이다. 그러나 당시 광복군은 미국의 전략첩보기구인 OSS(Office of Strategic Services)와 국내진입작전을 추진한다는 계획하에, 광복군 대원들에 대한 특수훈련을 실시하고 있었다.

당시 김구 주석과 총사령 이청천 등은 미국 OSS와의 공동작전에 주력하고 있었다. 더욱이 광복군의 주력 부대인 제2지대와 제3지대가 모두 OSS훈련을 받고 있는 상황에서, 중국군과 합작하여 항일전을 전개한다는 것은 어려운 문제이기도 했다. 이러한 문제를 두고 논의가 오가던 중 일제가 항복한다는 소식이 전해졌다. 1945년 8월 10일 저녁 8시 뉴스를 통해 일본이 포츠담선언을 수락하였다는 소식이 전해진 것이다.[36)]

일제가 항복한 후, 김홍일은 다시 중국군으로 복귀하였다. 그 계기는 중국국민당 정부가 만주지역에 대한 접수를 추진한 것이었다. 중국정부는 만주를 점령한 소련군으로부터 만주지역을 접수하고자 두율명(杜聿明)을 동북보안사령장관에 임명하였다. 새로운 임무를 부여받은 두율명이 만주출신의 장교를 물색하고 있다는 소식을 듣고, 두율명을 찾아갔다. 김홍일은 아버지가 심양으로 이주하면서, 어릴 적에 심양에서 학교를 다닌 적이 있었고,

36) 張秀章 編著,『蔣介石日記揭秘』下, 단결출판사, 2007, 728쪽. 중국이 일제의 항복소식을 접한 것은 8월 10일 오후 7시 50분이었다. 이 소식은 곧바로 저녁 8시 라디오뉴스를 통해 알려졌고,《大公報》,《新華日報》등 중국의 각 신문들은 다음날인 8월 11일자로 이를 보도하였다.

또 만주지역에 있는 교포들을 보호하여야 한다는 생각도 있었다.

두율명은 김홍일의 제안을 선뜻 받아들였다. 그리고 김홍일의 중국군적을 회복시켜주었다. 이로써 김홍일은 다시 중국군으로 활동하게 되었고, 두율명과 함께 만주를 접수하는 임무를 수행하였다. 1945년 11월 상순 김홍일은 두율명과 함께 진황도(秦皇島)에 전진사령부를 설치하고, 금주(錦州)를 접수하였다. 이후 고급참모로 두율명을 도와 심양 · 장춘 등지에서 만주지역을 접수하는 일을 수행한 것이다.

만주에서 활동하면서, 김홍일은 곧바로 만주에서 국내로 귀국하고 싶었다. 그러나 30년 가까이 중국군으로 활동하였는데, 중국군에서 전역을 하여야 한다는 생각이 들었다. 1946년 10월 김홍일은 전역을 신청하기 위해 남경으로 갔다. 남경에 도착한 후 국방부 정치부 전문위원으로 발령을 받았다. 국방부에 전역을 신청하였지만, 전역수속은 쉽게 이루어지지 않았다. 1948년 5월 19일 소육린(邵毓麟)은 장개석(蔣介石)에게 김홍일의 전역을 허가하는 좋겠다는 의견을 올렸다.[37] 그의 전역은 이루어졌고, 김홍일은 1948년 8월 28일 귀국하였다.

---

37) 〈邵毓麟呈蔣中正擬准韓人王逸曙除役返國服務〉(김영신 편역, 『장중정총통당안 중 한국관련자료집역』, 선인, 2011, 365~366쪽).

Ⅴ. 맺음말

김홍일은 한국인으로 30년 가까이 중국군에서 활동한 인물이다. 1919년 1월 귀주육군강무학교에 입학하여 군사교육을 받고 중국군에서 복무한 이래, 1948년 8월 한국으로 귀국할 때까지 중국군에서 활동하였다. 이동안 김홍일은 국민혁명군으로 북벌전에 참전하였고, 중일전쟁이 발발한 이후에는 지휘관으로 대일항전을 전개하기도 하였다. 그리고 계급은 小將에 이르렀고, 중국군의 최고 엘리트코스인 육군대학을 거쳤다.

김홍일은 한국인으로서 중국군에서 활동한 대표적인 인물이었다. 1910년대부터 많은 한인청년들이 중국의 운남강무당·황포군관학교 등 각종 군관학교를 졸업하고 중국군으로 활동하였다. 최용덕·권기옥·박시창 등 중국군에서 활동한 한인들이 적지 않았다. 김홍일은 이들 중 한 사람으로, 귀주육군강무학교를 졸업하고 한국으로 귀국할 때까지 30년 동안 중국군으로 활동한 것이다.

김홍일은 한국인으로 중국군의 주요 지휘관을 맡아 활동한 인물이었다. 1926년 국민혁명군에 참여하여 북벌전에 참전하면서 소교 계급과 함께 동로군 총사령부 참모를 맡은 것을 시작으로, 절강성 수비를 위해 편성된 독립경비연대 부연대장, 상해의 오송요새사령부 참모장과 병공창 주임, 남경의 공병학교 부관처장, 중국군사위원회 군정부 군수서설계위원, 귀주의 서남수정공서 고급참모, 제102사단 참모장, 제19집단군 총사령부 참모처장, 제19집단군 산하 제19사단 사단장, 계림의 제2병단 참모장, 한국광복군 참모장, 일제 패망 후 만주지역 접수를 위한 동북보안사령부 고급참모 등의 보직을 맡아 활동하였다. 그리고 1939년 5월 소장으로 진급하였고, 중국군의 최고급 교육기관인 육군대학을 졸업하기도 하였다.

김홍일은 중국군으로 복무하면서, 북벌전과 대일항전에 참전하여 직접 전투를 치렀다. 북벌전에 참전한 것은 귀주육군강무학교를 졸업한 후 운남지방군으로 북벌전에 참전한 것이 시작이었다. 이후 1926년 광동성 산두에서 국민혁명군에 참가하여, 복건 · 상해 · 항주를 거치며 손전방 군벌을 토벌하는 전투에 참여하였다. 이 중에서도 그는 절강성 수비를 위해 편성된 독립경비연대 부연대장으로 1927년 8월 남경 근처인 용담이라는 곳에서 손전방 군대를 격퇴시키는 커다란 전과를 거두었고, 이로 이해 중국정부로부터 공로표창을 받기도 하였다.

1937년 7월 중일전쟁이 발발한 이후에는 지휘관으로 일본군과 전투를 벌였다. 1938년 10월 제102사단 참모장으로 만가령 전투를 지휘한 것이 그 하나다. 만가령전투는 구강에서 무한을 공격하는 일본군 제106사단을 강서성 덕악현 만가령이란 곳에서 만나 치른 전투였다. 김홍일은 박격포로 일본군의 기관총 진지를 산산조각내고, 제106사단을 궤멸 패퇴시켰다. 만가령 전투는 중일전쟁 발발 후 1938년 4월 서주의 태아장전투에 이어 일본군을 대패시킨 전투였다고 한다.

또 상고회전이라 부르는 상고현전투를 직접 지휘하였다. 상고현전투는 제19집단군 산하의 제19사단 사단장으로 지휘한 전투였다. 1941년 3월 일본군은 남창에서 출발하여 장사에 대한 대규모 공격을 감행하였다. 장사로 향하던 일본군을 강서성 북부 상고현에서 만났다. 이후 15일 동안 치열한 전투를 벌였다. 김홍일은 일본군을 중국군 진지 깊숙이 유인하여 포위하는 작전을 전개하였고, 포위망에 걸려든 일본군은 중국군의 집중적인 공격을 받고 대참패를 당하였다. 상고현전투는 중국의 대일항전사에서 커다란 성과를 거둔 것이었고, 이를 '상고회전'이라 명명하고 있다.

이러한 김홍일의 활동은 한중공동항전의 중요한 사례로 부각될 필요가 있다. 20세기 전반기 한국과 중국은 일제의 침략을 받은 공동의 운명이 되었다. 이후 한중 양민족은 만주와 중국대륙 각지에서 다양한 형태와 방법으로 일제에 맞서 공동항전을 전개하였다. 그 중 하나가 김홍일의 경우와 같이 한국인이 중국군에 참여하여 일제와 항전을 벌인 것이다. 한중 양민족이 공동으로 대일항전을 전개한 역사에 대해 구체적인 사례를 발굴하여 연구할 필요가 있다.

제4장
중한문화협회의 결성과 활동

Ⅰ. 머리말

한국과 중국은 양국의 역사가 시작된 이래 수천년에 걸쳐 오랜 역사적 관계를 유지해오고 있다. 한중간의 역사적 관계는 다양한 형태로 이루어져 왔다. 국가와 국가간의 외교관계를 비롯하여, 민간 차원에서도 긴밀한 교류가 이루어졌다. 한중간의 교류가 가장 활발하고 긴밀하였던 시기는 20세기 전반기가 아니었나 생각된다. 한국이 일제에게 나라를 빼앗기고 중국에서 항일독립운동을 전개한 것이 그 계기였고, 이 과정에서 어느 시기보다도 긴밀한 유대와 우호관계가 형성된 것이다.

이러한 한중간의 교류와 유대관계를 상징하는 존재가 있다. 중한문화협회(中韓文化協會)가 바로 그것이다. 중한문화협회는 1942년 10월 11일 중국 사천성(四川省) 중경(重慶)에서 창립되었다. 당시 중경에서 활동하고 있던 한국의 독립운동 지사들과 중국의 국민당 · 공산당을 비롯한 각계 인사들이 참여하여 민간단체인 중한문화협회를 창립하였다. 창립 당시 참여한 인원이 400여 명에 이를 정도로 대규모였다. 이렇듯 많은 인사들이 참여하여 단체를 설립한 것은 한중간의 역사에서 처음이 아닌가 싶다.

중한문화협회는 한국의 독립운동사를 이해하는 데 있어서는 물론이고, 근현대 한중관계를 이해하는 데 있어서도 중요한 연구대상이 아닐 수 없다. 그렇지만 중한문화협회의 존재조차 제대로 알려지지 않을 정도로, 이에 대해서는 별다른 관심이 기울여지지 않았다. 2002년 협회 창립 60주년을 맞아 호춘혜(胡春惠)가 학술회의에서 개괄적인 소개를 한 것이 처음이 아니었나 한다,[1] 이후 석원화(石源華)에 의해 본격적인 연구가 이루어졌다. 그는 중국의 각종 신문자료를 이용하여 협회의 성립과 조직, 그리고 협회와 중국의 각 기관 및 한국독립운동과의 관계를 집중 조명하였다.[2] 이는 모두 중국학자에 의한 연구이고, 한국에서는 이를 단독주제로 다룬 연구가 아직 없다. 한국측에서는 한상도와 황묘희가 중경 임시정부 시기에 한중연대를 다루면서 중한문화협회를 언급한 것이[3] 유일한 연구이다.

---

1) 胡春惠,「中韓文化協會의 創立과 韓國의 獨立運動」. 이는 2002년 한중문화협회와 삼균학회가 주관한 한중수교10주년 및 한중문화협회창립60주년기념 학술회의에서 발표되었다.

2) 石源華는 이를 『中韓文化協會硏究』(世界知識出版社, 2007)라는 단행본으로 발간하였고, 이를 다시 수정하여 2009년 자신의 논문들을 모아 엮은 『韓國獨立運動與中國關係論集』 下(民族出版社, 2009)에 재수록 하였다.

3) 한상도, 『한국독립운동과 국제환경』, 한울 아카데미, 2000, 229~236쪽 ; 황묘희, 『重慶 大韓民國臨時政府史』, 경인문화사, 182~196쪽.

중한문화협회는 중경시기 대한민국 임시정부를 비롯한 한국 독립운동사, 그리고 근현대 한중관계사를 이해하는 데 있는 중요한 연구과제라고 생각한다. 이 글은 이러한 문제의식에서 중한문화협회의 존재를 밝혀보려는 것이다. 이를 위해 1910년대 이래 항일독립운동 과정에서 형성된 한중간의 관계를 통해 중한문화협회가 창립된 배경과 과정을 살펴보고, 협회의 구성원과 조직의 실상, 그리고 중경에서 어떠한 활동을 전개하였는지를 살펴보려고 한다.

II. 중한문화협회의 창립

1. 창립 배경

1910년을 전후하여 많은 한국인들이 중국으로 망명하였다. 한국인들은 남북만주를 비롯하여 상해·북경 등 중국 각지에 독립운동기지를 건설하고, 독립운동을 전개해 나갔다. 중국에서의 한국독립운동은 1945년 일제가 패망하는 시기까지 상해·북경·남경·장사(長沙)·무한(武漢)·광주(廣州)·중경 등 중국 각지에서 전개되었다. 특히 1931년 일제의 만주침략과 1937년 중국대륙침략을 계기로 한국과 중국은 일제침략에 대항하는 공동의 운명에 놓이게 되었고, 함께 대일항전을 전개하면서 긴밀한 유대와 우호관계를 형성하였다.

한중간의 유대관계는 다양한 형태로 이루어졌다. 첫째는 한국과 중국의 국민들이 연합군을 편성하여 공동으로 대일항전을 전개한 것이다. 만주지역에서는 한국의 독립군과 중국의 반만항일군(反滿抗日軍)이 연합하여 일제와 치열한 항전을 전개하였다. 특히 1931년 9.18사변을 계기로 한국독립군과 조선혁명군 등의 독립군이 남북만주 일대에서 중국의 구국군(救國軍) · 자위대(自衛隊) · 호로군(護路軍) 등 각종 무장세력과 연합군을 편성하여 일본군과 치열한 전투를 벌였고,[4] 또 한중의 국민들이 함께 동북항일연군을 조직하여 대일항전을 전개한 것이 그러한 예이다.

한중간의 공동 항일전은 만주에서 뿐만 아니라 중국관내에서도 계속되었다. 1938년 한구(漢口)에서 결성된 조선의용대가 중국국민당 군사위원회의 지원을 받아 중국대륙 각지에서 대일항전을 전개하였고, 그 주력부대가 중국공산당 지역인 화북(華北)으로 이동하여 1942년 조선의용군을 편성한 이후에도 팔로군과 함께 화북지역 일대에서 치열한 항일전을 전개하였다.[5] 그리고 무정부주의 계열의 한인청년들이 결성한 한국청년전지공작대, 임시정부의 국군인 한국광복군도 서안(西安)을 중심으로 중국대륙에서 중국군과 함께 활동하였다.

둘째는 한인청년들이 중국의 군관학교에서 훈련받고 중국군

4) 장세윤, 『중국동북지역 민족운동과 한국현대사』, 명지사, 2005, 219~258쪽.
5) 염인호, 『조선의용군연구』, 나남출판, 2001.

으로 복무하면서 중국의 혁명과 항일전에 참가한 경우도 있다. 운남강무당(雲南講武堂)·귀주강무당(貴州講武堂)·황포군관학교(黃埔軍官學校) 등을 비롯한 중국의 각종 군관학교에 많은 한인청년들이 입교하여 군사훈련을 받았고, 이들 중 상당수가 중국군 장교로 복무한 것이다.[6] 그리고 이들은 중국의 국민혁명과 항일전에 참여하여 활동하였다. 황포군관학교 출신을 비롯한 광주지역의 한인 2백여 명이 1927년 광주봉기 때 이에 참여하여 피를 흘린 것을 비롯하여, 1937년 이후 중일전쟁에서 김홍일(金弘壹)·최용덕(崔用德)·박시창(朴始昌)·안춘생(安椿生) 등 많은 한인청년들이 중국군으로 활동한 것이다.

셋째는 한중의 인사들이 함께 단체를 결성하여 활동하기도 하였다. 1910년대 상해에서 신규식(申圭植)·조소앙(趙素昻) 등이 진기미(陳其美)·송교인(宋教仁) 등 중국의 혁명인사들과 신아동제사(新亞同濟社)를 결성한 것이나, 장박천(張博泉)·황각(黃覺) 등과 아세아민족반일대동당(亞細亞民族反日大同黨)을 결성한 것 등이 그것이다. 그리고 1921년을 전후하여 상해·장사·광동·한구·안경(安慶)·길림(吉林) 등 중국 각지에서 한중호조사(韓中互助社)를 결성하기도 하였다.[7]

다양한 형태와 방법으로 형성된 한중간의 유대관계는 임시정부를 매개로하여 더욱 긴밀해졌다. 한국독립운동자들은 1919년 상해에서 대한민국 임시정부를 수립하고, 이를 중심으로 독립

6) 한상도, 『韓國獨立運動과 中國軍官學校』, 문학과 지성사, 1994, 122~185쪽.
7) 金喜坤, 『大韓民國臨時政府 硏究』, 지식산업사, 2004, 117쪽.

운동을 전개하였다. 임시정부가 수립되었을 때, 유일하게 이를 인정한 것은 중국의 혁명정부였다. 1921년 11월 임시정부 국무총리 대리 신규식이 광동으로 손문(孫文)을 방문하여 임시정부에 대한 지원을 요청하자, 손문은 적극적인 지원을 약속한 것이다.[8] 손문의 이러한 정신은 그대고 계승되었다. 뒤를 이은 장개석(蔣介石)과 중국국민당 정부는 손문의 유훈을 따라 임시정부에 대한 지원과 협조를 아끼지 않았다.

한중간의 유대와 우호관계는 중경에서 더욱 강화되었다. 임시정부를 비롯한 한국독립운동 세력들이 1940년을 전후하여 중국국민당 정부의 전시수도인 중경에 정착한 것이 그 계기였다. 중경이란 곳에서 함께 활동하면서, 한국과 중국측 인사들의 교류가 활발해진 것이다. 특히 임시정부는 중경에 정착한 이후 중국정부를 상대로 한국광복군 창설, 임시정부에 대한 승인 및 재정적 지원 등 여러 문제를 가지고 중국정부 및 군사당국자들과 다양한 교섭을 전개하였다. 교섭이 빈번해지면서, 어느 시기보다도 한중 인사들 사이의 교류가 활발해졌다.

중국정부와 중국 각계의 인사들도 한국독립운동에 대해 어느 때보다도 협조적이고 우호적인 자세를 갖게 되었다. 한국의 독립운동을 지원하는 것이 중국의 항일전에 유익하다는 판단도 작용하였지만,[9] 상호간의 인적 교류가 활발해지면서 이러한 변화

8) 김희곤, 「대한민국임시정부와 신규식」, 『申圭植 · 閔弼鎬와 韓中關係』, 나남출판, 2003, 82~84쪽.

9) 한국담당자였던 중국국민당 조직부장 朱家驊가 1940년 11월 蔣介石에게 임시정부가 한국광복군을 창설하여 활동하는 것은 중국의 항일전에도 유익하다고

들이 나타났다. 이러한 변화는 다양한 방법으로 표출되고 있었다. 그 중에서도 대표적인 것은 중국정부와 중국 각계 인사들 사이에 임시정부를 승인하자는 의견이 대두된 것이다.

중국이 임시정부 승인문제를 거론하기 시작한 것은 1941년 말이었다. 주영중국대사였던 곽태기(郭泰祺)가 외교부장에 취임하면서부터 중국정부와 각계 인사들 사이에 임시정부를 승인하자는 논의가 일어났다. 곽태기는 영국에 주재하고 있을 때 독일에 나라를 빼앗긴 유럽의 여러 국가들이 런던에서 활동하는 것을 보았고, 외교부장에 취임한 직후인 1941년 가을 김구 · 조소앙을 만나 좌우익 독립운동 세력의 합작을 종용하면서 "임시정부 승인문제를 영 · 미 양국 정부와 협상하고 日間 중국의 국무회의에도 제출하겠다"고 언급하였다.[10)]

이를 계기로 임시정부는 중국정부에 대해 임시정부 승인을 적극적으로 요구하는 활동을 전개하기 시작하였다. 1942년 1월 주석 김구 명의로 장개석에게 영국이 런던에 있는 폴란드나 체코 망명정부에게 원조를 아끼지 않고 있다는 점을 강조하면서, "중국이 임시정부를 승인하는 것은 두 나라간 역사적 도의적 이해득실에서 중대한 의미를 갖고 있다"며 조속하게 임시정부를 승

하면서, 임시정부의 활동을 지원하자는 건의를 올린 것(「한국군 조직의 실제와 장애」)이 그러한 경우이다(독립운동사편찬위원회, 『독립운동사자료집』 별집2, 1976, 97~98쪽).

10) 郭泰祺는 臨時政府의 金九 · 趙素昂과의 面談에서 "臨時政府承認問題를 英 · 美 兩國 政府와 協商하고 日間 中國의 國務會議에도 提出하겠다"고 밝혔다(『韓國獨立運動資料集1』 趙素昂篇 3, 韓國精神文化研究院, 1997, 648쪽).

인해줄 것을 요청한 것이다.[11)]

임시정부의 승인요청에 대해 중국의 각계 인사들이 지원하고 나섰다. 적극적으로 나선 인사는 손과(孫科)였다. 손과는 손문의 아들로, 당시 중국의 입법원장이었다. 손과는 임시정부 승인문제를 중국의 언론이 다루도록 하는 한편, 강연회를 통해 이에 대한 여론을 조성해 나갔다. 1942년 3월 22일 손과가 주도하여 임시정부 외무부장 조소앙과 한국독립문제에 대한 강연회를 개최한 것이 그러한 예이다.[12)] 손과는 이 강연회를 통해 한국이 독립국가가 되어야 한다며, 이를 위해 한중이 상호 제휴하여야 한다는 것과 중국이 한국을 돕는 일은 임시정부를 승인하는 일이라는 것을 강조하였다.

중국의 각계 인사들을 중심으로 임시정부 승인에 대한 여론이 형성되어 가면서, 한중 인사들 사이에 우호와 유대관계가 더욱 강화되었다. 그리고 중국정부가 한국의 독립운동을 적극 지원하기 시작하면서 한중의 협력관계가 형성되어 갔다. 이러한 분위기 속에서 한중의 주요인사들이 그동안 쌓아 온 유대와 우호관계를 바탕으로 중한문화협회의 결성을 추진하게 되었다.

11) 「關於韓國臨時政府之節略」(국사편찬위원회, 『대한민국임시정부자료집』 22, 136~138쪽).

12) 《新華日報》 1942년 3월 23일, 「孫院長講演 韓國獨立問題」.

2. 창립 과정

중한문화협회의 창립은 임시정부측에서 먼저 제기하였다. 1942년 1월 15일자 《대공보(大公報)》에 "한국임시정부에서 한중 인사의 감정을 연락하기 위해 중한문화협회를 조직할 것을 제기하였다"라는 기사가 그것이다.[13] 중경에서 중국측 인사들과의 교류가 활발해지면서, 임시정부측에서 중한문화협회를 조직하자고 제의한 것이다.

중한문화협의를 조직하자고 제의한 임시정부측 인사는 조소앙이었다. 조소앙은 중소문화협회의 창립기념식에 참여하였다가 중국측 인사들과 다회(茶會)를 가졌고, 이때 중국측 인사들에게 중한문화협회를 조직하자고 제의하였다. 이러한 사실은 호추원(胡秋原)이 조소앙에게 보낸 편지를 통해 짐작할 수 있다.

> 日前 茶會에서 논의되었던 중한문화협회 설립문제에 대해 각방면에서 모두 찬동의 뜻을 표하고 있습니다. 다만 현재 상황으로는 이 문제를 논의하기 위해 여러 방면의 인사들이 한 자리에 모이는 것은 쉽지 않은 실정입니다. 우선 소수 인원이 모여 의견을 교환한 뒤 발기인회를 소집하여 정식 성립을 준비하는 것이 좋을 듯 합니다.[14]

---

13) 《大公報》 1942년 1월 15일, 「中韓聯誼」.

14) 胡秋原이 趙素昂에게 보낸 書信(한국정신문화연구원, 『韓國獨立運動史資料集』 趙素昂篇4, 616쪽).

호추원은 중국 국민참정회(國民參政會) 정원으로 활동하며 중한문화협회 창립에 관여하였던 인물이다. 이는 호추원이 그동안 중한문화협회 설립 문제에 대해 의견을 구하였다는 사실, 그리고 대체로 중국측 인사들이 찬동한다는 뜻을 조소앙에게 편지를 통해 알려온 것이다. 조소앙이 다회에서 중한문화협회를 설립하자고 제의한 것에 대한 답신이었다. 이를 통해 호추원은 우선 소수인원이 모여 의견을 교환하고, 발기인회를 조직하여 협회 성립을 준비하자고 하였다.

이로써 한중 인사들에 의해 중한문화협회의 설립이 추진되었다. 이를 추진하는 데 있어 핵심적인 역할을 한 것은 조소앙과 손과였다. 조소앙과 손과가 중한문화협회 설립 문제를 가지고 자주 만나고 있는 것이 그것을 짐작케 한다. 협회 설립문제를 논의하기 위해 조소앙과 손과가 만난 사실이 세 차례 확인된다. 이들은 1942년 3월 24일, 5월 18일, 6월 8일에 걸쳐 만남을 가졌다.[15)]

중한문화협회를 설립하는 문제에 대해 중국 외교부도 관여하였던 것 같다. 조소앙이 손과를 만나 중한문화협회의 설립을 논의하던 시기에 중국외교부 관계자가 조소앙을 외교부로 부른 것이 그것을 짐작케 한다. 1942년 5월 4일 외교부 정보사(情報司) 사장(司長) 소육린(邵毓麟)이 중한문화협회에 관한 일로 협의하자고 하면서, 조소앙에게 외교부를 방문해 줄 것을 요청하고 있

15)『韓國獨立運動史資料集』 趙素昂篇 4, 731 · 732 · 728쪽.

다.[16)]

협회 설립은 주비회(籌備會)를 결성하여 추진하였다. 주비회는 1942년 4월 15일 결성되었다. 주비회가 결성된 사실을《대공보》는 "중한문화협회가 곧 성립된다. 제1차 주비회가 어제 중소문화협회에서 개회되었다. 동방각민족의 저명인사들이 발기인으로 참여하였다"라고 보도하고 있다.[17)] 발기인 명단은 나와 있지 않지만, 발기인들이 주비회를 결성하고, 이를 통해 협회설립을 준비한 것이다.

주비회는 여러 차례 모임을 갖고 협회의 설립을 준비하였다. 주비회의 구성이나 활동상에 대해 명확하게 알려주는 자료는 없지만, 1942년 10월 8일 주비회가 그동안 추진해 온 준비상황을 보고한 사실이 신문에 보도되었다. 이에 의하면 주비회의 주석은 사도덕(司徒德)이었고, 주비회에서는 '한중은 역사적으로 오랜 우의를 가지고 있으며 중국은 일관되게 한국의 독립과 생존을 유지하는 정책을 가지고 있다는 것', '한중의 국방(國防)은 긴절한 관계에 있으며 국가의 안위가 공통된다는 것' 등의 논리에 기초하여 협회 결성을 추진하였다.[18)]

주비회가 결성된 지 6개월만에 중한문화협회가 성립되었다. 성립식은 1942년 10월 11일 열렸다. 이날 오전 김구 · 조소앙 · 이청천 · 김원봉 등 한국측 인사들과 손과 · 오철성(吳鐵城) · 백

16)『韓國獨立運動史資料集』趙素昂篇 4, 643~644쪽.
17)《大公報》1942년 4월 16일,「中韓文協卽將成立」.
18)《大公報》1942년 10월 9일,「中韓文協定十一日成立」.

숭희(白崇禧) · 왕총혜(王寵惠) · 풍옥상(馮玉祥) · 추로(鄒魯) · 주은래(周恩來) · 우빈(于斌) 등 중국측 인사들을 비롯하여 400여 명이 참가한 가운데 중경시 방송국에서 성립식을 거행하였다.[19] 성립식은 한중 양국의 국가(國歌) 연주, 전사장병 및 한국역사에 대한 묵념, 중국의 입법원장 손과의 개회사, 설립을 준비해 온 사도덕의 경과보고, 국민당 정부 대표 증패자(曾沛滋)의 훈사, 이어 한국측을 대표한 조소앙과 중국측을 대표한 풍옥상, 그리고 미국구제위원회 엔윗(艾瓦斯) 박사의 연설이 있었다. 마지막으로 협회의 규정과 대회선언을 채택하고, 간부를 선출하였다.

성립식에는 직접 참석하지 못하였지만, 장개석(蔣介石) 군사위원회 위원장도 훈사(訓詞)를 보내 협회의 성립을 축하하였다. 장개석은 훈사를 통해 "중한문화의 교류는 3천 여 년의 역사를 가지고 있고, 양국은 순치상의(脣齒相依)할 뿐만 아니라 같은 수족(手足)를 가지고 있다. 잔학한 일구(日寇)는 중한의 공적(公敵)이다"라고 하면서, "한국의 지사들이 복국운동과 반침략전쟁에 노력하고 있는데 이를 도울 것이고, 양국은 그 문화를 지키고 독립과 자유를 회복하여 민족부흥의 기본을 마련하는데 노력하여야 한다"고 하였다.[20]

이로써 한국과 중국의 인사들이 공동으로 참여한 중한문화협회가 창립되었다. 협회는 한중 인사들로 구성된 민간적 차원의

---

19) 《大公報》 1942년 10월 12일, 「中韓文協昨成立」; 《新華日報》 1942년 10월 12일자, 「反侵略的一支生力軍 中韓文協昨成立」.

20) 《新華日報》 1942년 10월 12일, 「蔣委員長訓詞」; 《大公報》 1942년 10월 12일, 「中韓文協昨成立 蔣委員長訓詞關懷綦深 勉以首重恢復獨立自由」.

기구였고, '한중문화를 발양하여 양민족의 영구합작을 가강(加強)함' '한중호조를 촉진하여 동양의 영구평화를 수립함'을 종지(宗旨)로 삼았다.[21] 그리고 협회성립식에서 통과한 협회의 장정(章程)에 의하면, 협회는 다음과 같은 임무를 수행한다고 하였다.

1. 중한 양민족의 聯絡 互助에 관한 사항
2. 중한 兩民族文化의 연구 발양에 관한 사항
3. 일본제국주의 침략에 대한 反抗과 消滅에 관한 사항
4. 중한 양민족의 文化 福利 및 東亞平和에 관한 사항[22]

중한문화협회는 한중간의 오랜 역사적 기반위에서, 그리고 항일독립운동시기에 형성된 한중간의 유대와 우호관계를 배경으로 성립되었다. 한중의 인사들이 상호연락을 위한 기구로, 또 한중 양민족의 문화를 연구 발양하기 위한 기구로, 그리고 일제의 침략을 막아내고 동아평화를 유지하기 위한 기구로 중한문화협회를 성립한 것이다.

중한문화협회의 성립은 한국으로서는 커다란 의미를 가지고 있다. 무엇보다도 임시정부의 국제적 지위가 크게 향상되었다는 점이다. 중국은 1935년 이후부터 중영(中英)·중미(中美)·중소(中蘇)문화협회 등 세계 여러 국가들과 문화협회를 결성한 일이

21) 「中韓文化協會成立宣言」(삼균학회, 『素昻先生文集』 上, 298~299쪽).

22) 「中韓文化協會章程」(국사편찬위원회, 『韓國獨立運動史』 資料 3, 1968, 526~528쪽).

있다.[23] 이는 국가와 국가 사이에 대등한 관계에서 성립된 것이다. 이런 점을 감안하면, 중한문화협회의 성립은 임시정부도 이들 국가와 동등한 지위에 있음을 상징하는 것이나 다름없었다. 중한문화협회가 성립됨으로써 그만큼 임시정부의 국제적 지위도 크게 제고된 것이라고 할 수 있다.

Ⅲ. 중한문화협회의 구성원과 조직

1. 구성원

중한문화협회는 한중 양국 각계의 인사들로 구성되었다. 앞에서 언급하였듯이 1942년 10월 11일 성립식장에 참석한 인사들이 400여 명이었다. 이들이 협회의 구성원이었다고 하겠다. 참석한 인사들의 전체적인 명단은 알 수 없지만, 성립식에서 간부로 선임된 인사들의 명단이 전해지고 있다.[24]

명예이사
중국 : 于右任, 戴季陶, 鄒魯, 張繼, 王寵惠, 馮玉祥, 陳果夫, 白崇禧,

---

23) 石源華,「中韓文化協會研究」, 75~76쪽.
24)《新華日報》1942년 10월 12일,「中韓文化協會昨成立」.

陳立夫, 覃振, 陳銘樞, 張治中, 郭沫若, 周恩來, 莫德惠, 于斌

한국 : 李青天, 趙素昂, 尹呌雲, 洪震, 柳東說, 李承晩, 徐載弼, 張建相

이사

중국 : 孫科, 吳鐵城, 朱家驊, 潘公展, 康澤, 司徒德, 章淵若, 甘家馨, 陳紹賢, 郭春海, 胡秋原, 洪鈁, 吳茂蓀, 周一志, 汪竹一, 吳景洲, 魏紹徵, 方一志, 陳堯聖, 崔萬秋, 林紫貴, 蕭次尹, 李俊龍, 宋裴如

한국 : 朴贊翊, 金奎植, 申翼熙, 金星淑, 金元鳳, 嚴恒燮, 柳子明

감사

중국 : 王世杰, 馬超俊, 梁寒操, 徐恩曾, 王卓然, 李超英, 孫幾伊

한국 : 崔東旿, 朴建雄

연락위원회

王豈崙, 梁大勵, 尹葆宇, 王炳南, 謝仁釗, 王夢賢, 馮若飛, 江兆虎, 陳炳章, 杭立武, 水雲祥, 溫廣彙, 孟健民, 鄧公玄, 馮雲仙, 潘朝英, 朱漢英, 禮長林, 吳煥章, 田雨時, 馬愚沈

연구위원회

謝廷式, 呂曉道, 王化成, 韓漢濤, 倪渭卿, 徐仲年, 錢淸廉, 盧前, 劉伯閔, 成條軒, 浦蔚鳳, 張秉義, 史維煥, 丘式如, ○德柏, 萬君黙, 周芳岡, 曹孟君

선전위원회

王芸生, 陳正飛, 陶百用, 丁文安, 彭革陳, ○培基, 陳銘德, 張九如, 龍文治, 戴克光, 劉光炎, 盧遺會, 陳恩成, 王公達, 王冠靑, 洪瑞釗, ○希孟, 李建民, 羅哈團, 馬義, 向理潤, 孟子還, 徐飛鴻, 陳行健, 朱欽岳, 鄭兆振, 劉炳黎, 譚○達, 林桂圃, 宣諦之, ○玉淸, 王平陵, 曾虎白

이들은 성립식에서 선임된 간부들이다. 한국측에서는 임시정부 외무부장 조소앙, 임시의정원 의장 홍진, 광복군 총사령 이청천 등 당 · 정 · 군을 비롯하여, 조선민족혁명당 주석 김규식, 조선민족해방동맹 김성숙, 무정부주의자연맹 유자명 등 중경에서 활동하고 있던 독립운동 세력이 모두 참여하였다. 이외에 미국에서 활동하고 있는 이승만과 서재필의 이름도 들어 있다. 중경에서 활동하고 있던 임시정부의 당 · 정 · 군 인사들을 비롯하여 여러 독립운동 단체의 인사들이 모두 참여한 것이다.

중국의 경우도 마찬가지이다. 국민당 인사(吳鐵城 : 秘書長, 朱家驊 : 組織部長, 馬超俊 : 中央執行委員會 常務委員 등), 군사위원회 이사(馮玉祥 : 副委員長, 梁寒操 : 政治部部長 등), 그리고 중국공산당 중앙위원회 대표 주은래 등, 중국의 당과 군의 유력인사들이 참가하였다. 이외에도 국민참정회 호추원, 三民主義靑年團 吳煥章, 中國民主革命同盟 王崑崙, 國際問題硏究所 秘書 龔德柏, 國民申報 社長 許孝炎, 그리고 천주교 주교 우빈 등, 중국의 각종 사회단체와 언론계 · 종교계 인사들이 참여하고 있다.

이들 간부명단만 가지고 보아도, 협회는 한중 양국의 당 ·

정 · 군 관계자들을 비롯하여 각종 사회단체 인사들이 참여하고 있다. 협회의 구성원은 당시 중경을 중심으로 활동하고 있던 한국과 중국의 당 · 정 · 군 관련인사들을 비롯하여, 각 사회단체의 인사들이었다. 이외에 이승만 · 서재필의 경우와 같이 중경 이외의 지역에서 활동하고 있던 인사들이 회원으로 참여한 경우도 있다.

협회는 성립 이후에도 회원을 받아들였다. 협회의 장정에 의하면 "협회의 종지(宗旨)에 찬동하고, 협회의 임무를 담임하기를 원하는 한중인사"는 회원 2인 이상의 소개에 의해 입회지원서를 제출하면 회원이 될 수 있다고 하였다.[25] 협회의 뜻에 찬동하는 사람이면, 두 사람의 소개에 의해 회원이 될 수 있도록 한 것이다. 이에 의해 성립 이후에도 많은 인사들이 회원으로 참여하였다.

협회의 회원은 크게 늘어났다. 1944년 10월 창립 2주년 때 비서장 사도덕의 보고에 의하면, 회원은 모두 668명이었고, 이중 한국측 인사가 100여 명이라고 하였다.[26] 성립 당시 400명이었던 것에 비하면, 270명 가까이 회원수가 늘어난 것이다. 그리고 668명 중 한국측 인사가 100명 정도였다고 하니, 회원을 구성하고 있는 대다수는 중국측 인사들이었다고 하겠다.

---

25)「中韓文化協會章程」(국사편찬위원회,『韓國獨立運動史』資料3, 526~528쪽).

26) 1944년 10월 8일 창립 제2주년 기념식에서 비서장 사도덕은 회무를 보고하면서 회원의 수를 668명이라고 하였다. (《中央日報》1944년 10월 9일,「中韓文協二週年 擧行大會通過五要案」).

2. 조직

중한문화협회는 성립 당시 이사와 감사만을 선출하였고, 그 활동을 위한 기구로 연락 · 연구 · 선전위원회를 두기로 하였다. 협회의 조직과 간부의 선출은 성립식 이후 이루어졌다. 성립식을 거행한 지 6일후인 10월 17일 제1차 이사 및 감사회의를 개최하고, 이를 통해 조직을 갖추었다. 협회의 조직과 선출된 간부는 다음과 같다.

상무이사 (5人) : 이사장 孫科, 부이사장 金奎植
孫科, 吳鐵城, 朱家驊, 朴贊翊, 金奎植
상무감사 (5人)
王世杰, 馬超俊, 徐恩曾, 梁寒操, 崔東旿
비서장 : 司徒德, 부비서장 : 安原生
연락위원회 : 주임 王崑崙, 부주임 謝仁釗, 위원 吳煥章
연구위원회 : 주임 錢清泉, 부주임 龔德柏, 위원 謝廷式
선전위원회 : 주임 王芸生, 부주임 許孝炎, 위원 陳正飛[27)]

협회의 조직은 크게 상무이사 · 상무감사 · 비서장, 그리고 연락 · 연구 · 선전의 3개 위원회로 구성되었다. 상무이사는 손과 · 오철성 · 주가화 · 박찬익 · 김규식 등 모두 5명으로, 중국측에서 3명, 한국측에서 2명이었다. 이사장은 손과가 부이사장은 김규식이 맡았다. 손과는 당시 입법원장으로 협회의 결성을 주

27) 《新華日報》 1942년 10월 18일,「中韓文協 理監事會議」.

도하였던 인물이었고, 손문의 아들로서 그 부친의 유훈을 이어 한국독립운동을 적극적으로 지원하고 있었다. 부이사장은 한국측 인사가 맡았고, 김규식이 선임되었다. 김규식이 부이사장으로 선출된 것은 아마도 미국유학생 출신으로 영어에 능통하였기 때문이 아닌가 한다. 그리고 오철성과 주가화는 중국국민당의 비서장과 조직부장으로 한국담당의 실무책임자들이었다. 한국측에서 이사를 맡은 것은 박찬익이었다. 박찬익은 중국어에 능통하였고, 1930년대 이래 김구의 측근으로, 또 중국국민당 국제부 선전과에 근무하면서 중국과의 교섭을 담당하고 있었던 인물이었다.[28]

상무감사는 왕세걸(王世杰) · 마초준(馬超俊) · 서은증(徐恩曾) · 양한조(梁寒操) · 최동오(崔東旿) 등 5명으로, 중국측에서 4명, 한국측에서 1명이 선출되었다. 중국측 인사들은 중국국민당의 간부들이었다. 왕세걸은 선전부장이고, 마초준은 중앙집행위원회 상무위원, 서은증은 조사통계국부국장, 양한조는 당시 삼민주의청년단중앙단부 간사였다.[29] 그리고 한국측 인사인 최동오는 임시의정원 부의장이었다.

협회의 실질적인 업무를 관장하는 것은 비서장이었다. 비서장은 중국측에서, 부비서장은 한국측에서 선임하였다. 비서장은 사도덕으로, 중국 외교부 동아사(東亞司)의 책임자였다. 그리고 안원생이 부비서장을 맡았다. 안원생은 안중근의 동생인 안정근

28) 南坡朴贊翊傳記간행위원회,『南坡朴贊翊傳記』, 을유문화사, 1989, 201쪽.
29) 余克礼 主編,『中國國民黨全書』下, 陝西人民出版社, 2001, 1156쪽.

의 아들이었다. 그가 부비서장으로 선임된 것은 안중근의 조카라는 점도 작용하였겠지만, 상해에 있던 복단대학 출신으로 중국어를 잘 할 수 있었다는 점이 크게 작용하였을 것으로 생각된다.

협회의 활동을 주관하는 조직은 연락위원회, 연구위원회, 선전위원회였다. 각 위원회의 주임과 부주임은 모두 중국인이 담당하였다. 연락위원회는 협회에서 주관하는 행사가 있을 때 회원을 소집하는 업무를, 연구위원회는 한중의 문화교류에 관한 업무를, 선전위원회는 협회의 활동을 대내외에 선전하는 업무를 맡고 있었다.

이러한 협회의 조직은 크게 바뀌지 않았다. 다만 성립 2주년 때 이사와 감사에 대한 선거를 실시하였고, 이를 통해 일부 간부가 바뀌었다. 1944년 10월 8일 성립 2주년 기념과 회원대회가 개최되었다. 한국과 중국측 인사 300여 명이 참가한 가운데 개최된 이 대회에서 이사와 감사에 대한 선거가 실시되었다. 선거를 통해 다음과 같이 이사와 감사를 선출하였다.

당선이사 : 孫科 · 吳鐵城 · 潘公展 · 朱家驊 등 31명
후보이사 : 方一志 등 15명
당선감사 : 王世杰 · 徐恩曾 등 9명
후보감사 : 李超英 등 4명[30]

30) 《中央日報》 1944년 10월 9일, 「中韓文協二週年 擧行大會通過五要案」.

이사와 감사의 임기는 2년이었다. 임기 2년이 되자 제2기 이사와 감사에 대한 선거를 실시한 것이다. 성립 당시와 커다란 변화는 없다. 성립식에서 이사 31명, 감사 9명을 선출하였는데, 이사와 감사의 숫자는 그대로 이다. 다만 후보 이사와 후보 감사를 선출한 것이 다른 점이라 하겠다. 이는 아마도 회원의 수가 성립 당시 400명에서 2주년 때에 668명으로 증가하자, 후보 이사와 후보 감사를 더 둔 것이 아닌가 생각된다.

3. 분회

중한문화협회는 본부를 중경에 두고, 각 지방에 분회를 설립하였다. 본부의 사무소는 결성 직후 중경시내 오사로(五四路) 강가항(江家巷) 9호에 두었다가, 성립 2주년 직전에 신생로(新生路) 57호로 옮겼다. 중경에 본부를 둔 협회는 결성 이후 중국 여러 도시에 분회(分會)를 설립하면서, 조직을 확대해 나갔다.

분회의 설립이 가장 먼저 추진된 곳은 성도(成都)였다. 성도는 사천성의 성도(省都)로, 중경에서 멀지않은 위치에 있었다. 성도에 언제부터 한인들이 거주하고 있었는지는 분명치 않다. 하지만 1920년대에 유림이 그곳에서 유학한 적이 있었고,[31] 1940년대에도 화서대학(華西大學)에서 교수로 활동하는 김윤택(金允澤)을 비롯한 적지 않은 한국인들이 거주하고 있었다.

31) 旦洲柳林先生紀念事業會,『旦洲柳林資料集』, 1991, 263쪽.

본회에서는 이러한 성도에 분회를 설립코자 하였다. 1944년 1월 중순경 명예이사 풍옥상과 비서장 사도덕이 직접 성도에 가서 분회설립을 추진하였다. 이들은 김윤택의 집에서 한중의 인사들을 모아놓고 다회를 열었다. 이 자리에서 풍옥상은 "한국과 중국은 순치상의(脣齒相依)하는 긴밀한 관계라는 것", 그리고 "한국은 안중근을 비롯하여 영광된 혁명역사를 가지고 있어 곧 독립의 목적을 달성할 수 있을 것"이라며, 한중이 단결하여 공동분투하자고 하였다.[32] 이어 사도덕이 중경에서 중한문화협회를 성립한 과정을 언급하면서, 성도에 분회를 설립할 것을 제의한 것이다.

성도분회의 설립은 우선 주비회를 결성하는 것으로 시작되었다. 주비회는 황계륙(黃季陸) · 곽유수(郭有守) · 엄소호(嚴嘯虎) · 황중상(黃仲翔) 등 중국측 인사와 김문(金文) · 이영무(李英茂) · 김윤택 등 한국측 인사들로 구성하였다.[33] 그리고 6개월여의 준비를 거처 그해 7월에 분회를 성립시켰다. 7월 16일 한중 인사 380여 명이 참석한 가운데 중한문화협회 성도분회 성립대회를 거행하고, 상무이사에 유명양(劉明揚) · 김문 · 황계륙, 상무감사에 장소이(張紹伊), 비서주임 장익명(蔣益明), 총무주임 동석곤(童錫坤), 조직주임 한백훈(韓伯勳), 선전주임 장몽홍(蔣夢鴻)을 선출하여 성도분회를 조직하였다.[34] 이로써 협회의 산하조직인 분회

32) 《中央日報》 1944년 1월 26일, 「旅蓉韓僑 歡迎馮玉祥等 籌組中韓文協分會」.

33) 石源華, 『韓國獨立運動與中國關係論集』 하, 91~92쪽.

34) 《獨立新聞》 1944년 8월 15일, 「中韓文協成都分會成立」.

가 성도에 설립되었고, 이후 각 지방에도 분회 설립을 추진하였다.

성도분회에 이어 동남분회(東南分會)의 설립이 추진되었다. 동남분회의 설립 사실은 명확하게 나타나지 않지만, 협회 성립 2주년기념식 때 분회설립이 보고된 적이 있다. 사도덕이 회무를 보고하면서, 동남분회 설립을 거론하였고, 이사장 손과가 치사를 보냈다고 한 것이다.[35] 그러나 동남분회는 이때 성립되지 못하였던 것 같다. 1946년 1월에 발행된 협회의 기관지《중한회신(中韓會訊)》에 마수례(馬樹禮)·등문의(鄧文儀)·유수인(柳樹人)·김문호(金文鎬)·노욱(盧旭)·이태화(李泰華)·고대영(顧大榮)·사승병(謝承炳) 등이 주비위원회 위원으로 선출되었다는 내용이 보인나.[36] 이로보면 동남분회는 1944년에 설립이 추진되었지만, 그 결실을 보지 못하고 있다가 일제 패망후에 다시 추진된 것이 아닌가 한다. 동남분회의 동남은 강서성(江西省) 상요(上饒)인 것으로 보인다. 주비위원 중 김문호는 광복군3분처 주임으로 상요에서 활동하고 있었던 것이[37] 그런 생각을 갖게 한다.

분회의 설립은 일제가 패망한 이후에도 계속되었다. 한국인들이 있는 주요 도시에서 분회를 설립한 것이다. 운남성(雲南省) 곤명(昆明)에서 분회를 설립하였다. 곤명은 한국의 독립운동과 밀접한 곳의 하나였다. 1910년대 이래 많은 한인청년들이 그곳에

35)《中央日報》1944년 10월 9일,「中韓文協二週年 擧行大會通過五要案」.

36)《中韓會訊》제5기, 1946년 1월(秋憲樹,『資料韓國獨立運動』2, 연세대출판부, 1972, 349쪽).

37) 한시준,『韓國光復軍研究』, 일조각, 1993, 215쪽.

있는 운남강무당에 입교하여 군사훈련을 받았고, 중일전쟁이 발발한 후 임시정부는 곤명에 이전하려고 한 적도 있었다.[38] 이러한 배경으로 곤명에서는 1945년 9월 29일 참정원 비서장 저보성(楮輔成)과 곤명시장 나패영(羅佩榮)을 비롯하여 용백지(龍白知) · 이배천(李培天) 등의 중국측 인사들과 곤명에서 의사로 활동하던 김좌경(金佐卿)과 이사영(李士英) · 장성철(張聖哲) 등 한국측 인사를 비롯하여 40여명이 참가한 가운데 곤명분회를 창립하였다.[39]

분회가 설치되지는 않았지만, 중국 각지에서 분회를 설립하기 위한 주비회가 결성된 곳들도 있었다. 상해에서 분회 설립이 추진되었다. 일제 패망 후 많은 한인들이 상해로 모여들자 협회에서 왕죽일(汪竹一) 비서를 파견하여 분회를 설립하고자 하였다. 이를 위해 1945년 11월 반공전(潘公展) · 손원량(孫元良) · 이청천을 지도위원으로 하고, 중국인 왕죽일 · 이약천(李若泉) 등과 한국인 김학규(金學奎) · 현정주(玄正柱) · 진춘호(陳春浩) 등을 주비위원으로 한 주비회를 결성한 것이다.[40] 이외에 남경(南京) · 청도(青島) · 북경(北京) · 대련(大連) · 개봉(開封) · 장춘(長春) 등지에서도 분회를 설립하기 위해 주비회를 결성한 사실이 확인된다.[41]

---

38) 「국사편찬위원회, 『대한민국임시정부자료집』 2(임시의정원1), 302쪽,

39) 《中韓會訊》第5期, 1946년 1월(秋憲樹, 『資料韓國獨立運動』 2, 1972, 延世大 出版部, 345~346쪽).

40) 《中韓會訊》 제5기, 1946년 1월(추헌수, 『資料韓國獨立運動』 2, 347~349쪽).

41) 《中韓會訊》 제5기, 1946년 1월(추헌수, 『資料韓國獨立運動』 2, 349쪽).

Ⅳ. 중한문화협회의 활동

1. 한국독립운동 지원

중한문화협회의 대표적인 활동은 회원을 주축으로 하여 한중 인사들의 모임을 갖는 것이었다. 한중 인사들의 모임은 다과회 · 강연회 · 좌담회 형식으로 이루어졌다. 특히 3 · 1운동기념일, 임시정부 수립기념일, 국치기념일 등을 비롯하여, 카이로선언 발표와 같은 중요한 사건이 있을 때에 강연회 · 좌담회 등을 개최하였다. 그리고 이를 통해 한중간의 우호와 협력방안을 논의하고, 한국독립운동에 대한 지원방안을 강구하기도 하였다.

중한문화협회는 성립 후 임시의정원 의원을 초대하여 다과회를 개최하는 것으로 활동을 시작하였다. 임시의정원은 한국독립운동의 여러 당파가 참여하여 구성된 입법기구였다. 협회가 첫 활동으로 의정원 의원을 초대한 데는 이유가 있었다. 한국독립운동 진영의 단결을 촉구하고자 한 것이었다. 중국에서는 한국독립운동 세력이 여러 당파로 나뉘어져 있다는 것, 그리고 이들이 각기 분산적으로 활동하고 있다는 점을 우려하고 있었다.[42)]

협회는 1942년 11월 10일 임시의정원 의원을 초대하였다. 의정원 의장 홍진(洪震)을 비롯하여 의원 전원, 그리고 임시정부에

---

42) 秋憲樹, 「중국국민당과 한국독립운동」, 『한민족의 독립운동과 임시정부의 위상』, 연세대 출판부, 1995, 271쪽.

서도 주석 김구와 외무부장 조소앙, 광복군에서도 총사령 이청천과 부사령 김원봉 등이 참석하였다. 임시정부의 당 · 정 · 군을 비롯하여 중경에서 활동하고 있는 독립운동 세력이 모두 참석한 것이다. 중국의 참석자는 협회의 이사장 손과와 손문의 부인 송경령(宋慶齡)을 비롯하여 풍옥상 · 오철성 · 주은래 · 양한조 · 서은증 등 100여 명이었다.

다과회의 주제는 단결이었다. 이사장 손과는 '단결은 존망의 관건이다'는 연설을 통해, 중국이 적극적인 항일전을 전개할 수 있게 된 것은 단결할 수 있었기 때문이라고 하면서 "열망하기는 한국도 단결을 성취하기를 바란다"고 하였다. 여러 이사들의 연설이 이어졌고, 주제는 모두 단결이었다. 그 중에서도 주은래는 황포군관학교 시절 한국동지들과 함께 활동한 사실을 거론하면서, "조선지사들의 끓는 피가 중국의 대지 위에 뿌려졌다. 그러나 조선혁명과 독립문제를 이야기할 때 피차간에 의견충돌이 있었다. 모든 이들의 목표는 국권회복과 독립인데 차이가 있다면 그 방법이 다른 것뿐이다"라며, 단결할 것을 강조하였다.[43)]

강연회도 자주 개최하였다. 강연회는 주로 3.1운동기념일 · 임시정부 수립기념일 · 국치기념일 등을 이용하였지만, 수시로 개최한 경우도 많았다. 강연회에서는 주로 한중합작이나 임시정부 승인문제 · 한국독립문제 등이 다루어졌다. 1943년 2월 28일에 개최된 제24주년 3.1운동기념 강연회에서 풍옥상이 "한중 양국의 운명은 상관관계에 있으므로 중국의 승리와 동맹국의 승리

43) 《新華日報》 1942년 11월 11일.

는 바로 한국의 승리이다. 한중은 서로 도와야 하며 서로 관심을 갖고 승리에 대한 믿음을 가져야 한다"며,[44] 한중합작을 강조한 것이 그러한 예이다.

강연회를 통해 임시정부의 승인을 촉구하기도 하였다. 1943년 3.1절 기념식에 임시정부 인사와 풍옥상·주가화 등 3백여 명이 참가한 가운데 강연회가 개최되었다. 이 강연회에서 김구는 "지금 우리가 중국과 동맹국을 향하여 희망하는 것은 임시정부를 승인하여 국제적 지위를 주어 한국의 인력 물력으로 하여금 동맹국의 승리를 돕게 하기를 바란다"며, 중국과 동맹국에 대해 임시정부의 승인을 촉구하였다.[45] 중국인사들도 임시정부 승인을 촉구하고 나섰다. 4월 11일 임시정부 수립기념식을 기해 개최된 강연회에서 중국의 우우임(于右任)과 사도덕도 연합국의 임시정부 승인을 촉구하는 연설을 한 것이다.

그리고 협회는 제2주년 기념식 때 강연회를 통해 임시정부 승인을 결의하고, 이를 중국정부에 촉구하기도 하였다. 제2주년 기념식은 1944년 10월 8일 개최되었다. 이 기념식에서 중국의 진립부(陳立夫)와 한국의 조소앙이 연사로 나서서 동맹국들이 임시정부를 조속히 승인할 것을 촉구하는 연설을 하였고, 협회에서는 중국정부에 정식으로 임시정부 승인을 건의하기로 결의한 것이다.[46]

44) 《大公報》 1943년 3월 1일, 「今日韓國革命紀念 中韓文協昨擧行講演會」.
45) 石源華, 「中韓文化協會研究」(『韓國獨立運動與中國關係論集』 下. 103~104쪽).
46) 《新華日報》 1944년 10월 9일, 「中韓文協二週年紀念 通過建議我政府 請趕快承認韓國臨時政府」.

협회에서 강연회를 통해 임시정부 승인문제를 공론화하고, 또 이를 중국정부에 촉구하기로 결의하면서, 중국측 인사들이 적극적으로 임시정부 승인을 촉구하고 나섰다. 국민참정회에서 임시정부 승인을 결의한 것이 그것이다. 국민참정회는 1938년 4월 중국이 총력을 결집하여 중일전쟁을 성공적으로 이끌어야 한다는 취지하에 국민당과 공산당을 비롯한 각 정당 대표자들로 구성한 최고 전시정책기구이자 국공합작 하에서 일종의 국회와 같은 역할을 담당하고 있던 기구였다.[47] 이러한 국민참정회에서 1944년 9월 임시정부 승인을 결의한 것이다. 협회의 간부로 활동하며 국민참정회 정원(政員)인 호추원 · 도행지(陶行知) 등 21명이 임시정부승인안을 제출하였고, 이것을 국민참정회에서 결의하였다.[48] 국민참정회가 임시정부승인을 결의하기까지에는 협회의 역할이 적지 않게 작용한 것이다.

강연회는 특별한 사안이 있을 때, 중국과 한국의 인사들을 초청하여 열기도 하였다. 1943년 12월 카이로회의에서 한국독립문제가 발표되었을 때, 소력자(召力子)를 초청하여 '한국독립과 세계평화'라는 강연회를 개최한 일,[49] 양한조를 초청하여 '한국독립지원'이라는 주제로 강연회를 개최한 것 등이 그것이다. 그리고 조소앙이 '조선혁명의 역사와 한국독립의 발전'이라는 주제

47) 金弘壹,『大陸의 憤怒』, 文潮社, 1972, 324쪽.

48)「正式承認自由韓國臨時政府及獨立阿比西尼亞王國案」(『韓國獨立運動史資料集』趙素昂篇4, 656쪽) ;《大公報》1944년 9월 17일,「參政會大會決議 請政府承認韓政府」.

49)《中央日報》1943년 12월 13일.

로 강연을 하기도 하였다.[50)]

좌담회도 협회의 주요 활동 중 하나였다. 좌담회는 주로 열강들 사이에 한국독립문제가 거론되는 시점과 관련하여 열리고 있다. 1943년초 미국과 영국 사이에 전후한국문제에 대해 국제공동관리한다는 논의가 이루어지고 있었다. 이 소식이 알려지면서, 협회에서는 한중인사들이 참여하는 좌담회를 개최하였다. 1943년 5월 9일 외무부장 조소앙을 비롯한 임시정부 인사들과 중국 외교부 인사들이 참석하여 '전쟁 후에 있어서의 한국독립문제'를 가지고 좌담회를 가졌다. 이 좌담회에서 전후한국독립문제에 관한 국제여론, 신탁통치설에 대한 임시정부의 입장, 중국측에 대한 지원 요청 등을 논의하였다.

1943년 12월 카이로회의에서 한국독립문제가 거론되었을 때도 좌담회를 개최하였다. 1943년 12월 21일 중경방송국에서 외무부장 조소앙과 신익희 · 김규식 · 안원생 등의 한국측 인사와 도희성(陶希聖) · 사노넉 · 임게보(林桂圃) · 사광남(謝光南) 등의 중국측 인사들이 참석하여 '한국독립문제'를 주제로 한 좌담회를 가졌다.[51)] 이외에도 국민참정회에서 임시정부승인안을 결의하였을 때,[52)] 샌프란시스코회의가 개최될 때 임시정부 참여를 촉구하는 좌담회를 개최하기도 하였다. 이러한 좌담회는 열강들 사이에 이루어지고 있는 전후 한국독립문제에 대해 그 정확한

---

50)『韓國獨立運動史資料集』趙素昂篇4, 735~736쪽.

51)《獨立新聞》1944년 8월 29일.

52)《大公報》1944년 9월 23일,「中韓文協昨擧行座談會」.

실상을 파악하고, 이에 대한 대책과 중국측의 협조를 구하려는 데 그 목적이 있었다.

2. 기관지 발행

협회의 활동 중 하나는 기관지를 발행한 일이었다. 기관지를 발행하는 문제는 창립 2주년기념대회에서 보고되었다. 비서장 사도덕이 회무를 보고하면서, 협의의 사업으로 기관지를 발행하겠다고 한 것이다.[53] 발행과정에 대해서는 알려져 있지 않지만, 《중한회신(中韓會訊)》과 《중한문화(中韓文化)》 두 종류가 발행된 사실이 확인된다.

《중한회신》은 중경의 본부, 즉 총회에서 발행한 것이다. 발행일자가 1946년 1월로 된 제5기만 자료집에 활자화되어 전해지고 있다.[54] 제5기가 발행된 것으로 보면, 그 앞에 4기가 더 발행되었을 것이다. 하지만 현재 전해지고 있는 것이 없다. 때문에 발간시기나 형태 등은 알 수 없고, 다만 중경에 있는 중한문화협회 총회에서 발행한 사실만 확인할 수 있는 정도이다.

제5기에 수록된 내용도 비교적 간단하다. 크게 두 가지인데, 하나는 1945년 10월 29일 중한문화협회 성립3주년기념식과 임

53) 《中央日報》 1944년 10월 9일, 「中韓文協二週年 擧行大會通過五要案」.

54) 《中韓會訊》 第5期(1946년 1월)는 秋憲樹의 『資料韓國獨立運動』 2卷 345~349쪽에 活字化되어 傳해지고 있다.

시정부 환송회를 유미청년학회(留美青年學會)에서 거행하였다는 것과 그 행사내용을 다루고 있다. 다른 하나는 곤명을 비롯하여 상해·남경·청도·북경·대련·개봉·장춘·동남 등지의 분회설립과 관련한 내용이다. 이들 각 지역에서 분회를 설립하기 위한 주비회가 결성되었다는 것과 그 주비위원회 위원 및 상황을 다룬 것이다.

편집자의 설명에 의하면, 중한문화협회는 일제가 투항한 후 각 지역에 분회설립을 추진하고 있었다. 한국임시정부 요인들이 모두 한국으로 돌아갔기 때문에 총회의 회무는 각지 분회로 옮긴다는 것이고, 이후 분회별로 활동이 계속될 것이라고 하였다. 그리고 중국 각지역에서 분회를 설립하기 위한 준비가 추진되는 상황을 지역별로 소개하고 있다. 이로보면 일제의 항복과 한국임시정부 요인들이 귀국하면서, 중한문화협회 총회의 활동은 더 이상 계속되지 못하였고, 기관지도 더 이상 발행되지 못하였던 것으로 생각된다.

《중한문화》는 성도분회에서 발행하였다. 현재 1945년 8월 1일자로 된 창간호만 전해지고 있다.[55] 그 편집후기에 의하면, 《중한문화》의 발행은 성도분회의 한국인 회원인 김문이 발기한 것으로 되어 있다. 그는 중한문화의 각종 문제를 토의하기 위해 잡지의 발간을 발의하였고, 중국인 회원 장몽홍(蔣夢鴻)·장익홍(張益弘) 등이 인쇄와 편집을 맡아 발행하였다고 한다. 《중한문화》 창간호는 모두 34쪽 분량으로, 중한문화협회 성도분회에서

55) 이는 국사편찬위원회에서 수집하여 소장하고 있다.

발행하였고, 발행주소는 성도 사당가(祠堂街) 제100호이다. 이곳이 성도분회 사무실이었던 것 같다.

창간호에는 모두 11편의 글의 실려 있다. 필자는 한국과 중국인이 공동으로 참여하였다. 중국인 유양명(劉陽明)이 발간사를 대신하여 「중한양국공동매진(中韓兩國共同邁進)」이란 글을, 장익홍과 장몽홍은 「한국필수독립적삼대이유(韓國必須獨立的三大理由)」와 「한국독립과 동아평화」라는 글을 기고하였다. 그리고 한국인 김문은 한국의 지리를 소개하는 「한국지리개황」을, 김은충(金恩忠)은 「한국개국사화(韓國開國史話)」라는 글을 실어 한국의 역사를 소개하고 있다. 이외에 중국인 동석곤(童錫坤)이 중한문화협회의 향후 활동에 대한 희망을 피력한 「目前對中韓文化協會的希望」, 그리고 장익홍이 안중근의사를 소개하는 「안중근선생전」이란 글을 싣고 있다.

창간호에 실린 내용으로 보면, 《중한문화》는 한중의 우호와 공동합작 문제, 한국의 독립운동에 대한 문제, 한국의 역사와 지리 등을 소개하는 글들이 실렸을 것으로 생각한다. 창간호를 발행한 이후 더 발행되었는지는 확인되지 않고 있다.

성도분회가 아닌 중한문화학회에서 발행한 《중한문화》도 있다. 중한문화학회는 그 성립 사실이나 경과를 명확하게 알 수 없다. 아마도 일제가 패망하고 임시정부 요인들이 환국한 후 중국에 남아있던 한인들과 중국인들이 중한문화학회를 결성한 것이 아닌가 생각되고, 한국측에서는 유수인(柳樹人)이 적극 참여하여 활동한 것 같다. 중한문화학회에서 1945년 12월 1일 《중한문화》

창간호를 발행하였고, 1946년 1월 제1권 제2기를 발행하였다.[56] 월간으로 발행된 것으로 보이지만, 이후 더 발행되었는지는 확인되지 않는다.

3. 문화교류

중한문화협회를 결성한 주요한 목적의 하나는 한국과 중국의 문화교류였다. 협회에서는 한중간의 문화교류를 위한 인재양성, 한국학생들에게 장학금 지급, 도서출판 등 여러 활동을 전개하였다.

한중간의 문화교류를 위한 인재양성을 추진하였다. 중국인들에게 한국어를 가르치는 한문반(韓文班)을 설립 운영한 것이 그 하나다. 한문반은 협회의 부설로 설치되었다. 그 설립과 운영에 대해서는 사세하게 일 수 없지만, 1944년 7월 31일 협회 비서장 사도덕과 한문반 주임 엄항섭 등 40여 명이 참가한 가운데 한문반 졸업식을 거행한 사실이 신문에 보도되었다.[57]

이 보도에 의하면 협회에서는 문화교류를 위한 인재를 양성하기 위해 한문반을 설립하고, 주임은 엄항섭이 맡았다. 엄항섭은 임시정부의 선전부장이면서 협회의 이사를 맡고 있던 인물이었

56) 중한문화학회에서 발행한 《중한문화》 창간호와 제1권 제2기는 국사편찬위원회에서 수집 소장하고 있다. 이 중 창간호는 국사편찬위원회에서 펴낸 『中國內韓國近現代關係資料』(1998)에 영인 수록되었다.

57) 《獨立新聞》 第2號, 1944년 8월 15일, 「溝通中韓文化 中韓文協韓文班卒業」.

다. 한문반은 중국인 학생들에게 6개월 동안 총 300시간 한글을 가르쳤고, 곡보정(曲寶鼎) · 육종품(陸宗品) · 진가군(陳可君) · 주준창(朱駿昌) · 장권(張權) 등 5명이 졸업하였다. 이로보면 한문반은 1944년 1월에 설립되었던 것으로 생각된다. 이후에도 한문반이 계속 운영되었는지는 확인되지 않는다.

중국인들에게 한국어를 가르친 것은 문화교류에 앞장설 인재를 양성하기 위한 것이었다. 주임 엄항섭은 졸업식 치사를 통해 "금후 중한문화를 교류 발양하여야 합니다. 본 반의 동학(同學)은 실로 최선봉에 서 있는 것입니다"라고 이들의 역할을 치하하였고, 비서장 사도덕은 "중한 역사의 관계를 바탕으로 여러분들은 중한문화를 연구하여 한국어로써 한국혁명동지에게 보답하고"라고 당부하였다.[58] 그리고 졸업생을 대표한 곡보정도 "오래지 않아 한국은 독립될 것입니다. 우리들은 중한문화 교류에 이바지 하기를 원합니다"라며, 한중간의 문화교류에 공헌한다는 각오를 피력하고 있다.

문화교류를 위한 인재양성 활동의 일환으로 추진한 또 하나는 중국에서 공부하고 있는 한국인 학생들에게 장학금을 지급한 일이다. 한적학생들에게 장학금을 지급하는 문제는 1944년 10월 성립 2주년 기념식 때 비서장 사도덕이 향후 활동을 보고하면서 언급되었다.[59] 협회는 장학금을 마련하여 중국에서 공부하는 한국의 우수한 학생에게 지급한다는 것이었다. 장학금을 언제부터

58) 위와 같음.
59) 《中央日報》 1944년 10월 9일, 「中韓文協二週年 擧行大會通過五要案」.

지급하였는지는 밝혀져 있지 않지만, 1945년 7월 대학생 2명, 중학생 4명, 소학생 6명에게 각각 1만 원, 6천 원, 3천 원을 지급한 사실이 신문보도를 통해 알려지고 있다.[60)]

이외에 도서를 출판하거나 연극을 공연하는 등의 활동을 추진하기도 하였다. 1943년 11월에 한국어본『삼민주의』를 발행하였고, 이후 한국의 애국가를 중국어로 번역하여 출판한 것이다.[61)] 잘 알려져 있듯이 삼민주의는 손문의 정치사상을 체계화한 것으로, 중국국민당의 정치이념이자 중화민국을 건설하기 위한 건국방안이었다. 이러한 삼민주의에 대해 한국의 독립운동가들도 크게 관심을 기울였고, 1933년에 양우조(楊宇朝)가 이를 한국어로 번역하여 출판한 일도 있었다.[62)]

연극을 공연하기도 하였다. 1945년 3·1절을 기념하여 중앙청년극장에서 '무궁화 꽃'이라는 주제로 연극을 공연한 것이다.[63)] 연극은 중국인들에게 항일의식을 고취하고, 항일전쟁에 한중이 공동합작하여야 하는 당위성을 선전하는 주요한 수단이었다. 이를 위해 광복군에서도 중국인들을 상대로 '아리랑', '국경의 밤(國境之夜)', '한국의 一勇士' 등 많은 연극공연을 하고 있었다.[64)]

60)《中央日報》1945년 9월 7일.

61) 石源華,『韓國獨立運動與中國關係』하, 154쪽.

62) 국가보훈처,『韓國獨立運動史料』楊宇朝篇, 1999, 142~328쪽.

63)《新華日報》1945년 3월 1일.

64) 한시준,『韓國光復軍硏究』, 일조각, 1993, 259쪽.

Ⅴ. 맺음말

중한문화협회는 1942년 10월 11일 중경에서 성립되었다. 한중간의 오랜 역사적 관계, 특히 일제에게 나라를 빼앗기고 중국에서 독립운동을 전개한 것이 성립배경이 되었다. 한국인들은 만주를 비롯하여 중국 각지에서 독립운동을 전개하였고, 이 과정에서 중국인들과 공동으로 항일투쟁을 전개하는 등, 다양한 형태로 교류와 우호관계를 형성하고 있었다. 일제가 중국대륙을 침략하고, 중국국민당 정부가 중경으로 옮겨가게 되자, 한국독립운동 세력들도 중경으로 집결하였다. 이것이 계기가 되어 중경에서 활동하고 있던 한국의 독립지사들과 중국의 각계 인사들이 중한문화협회를 성립한 것이다.

중한문화협회 성립에 핵심적 역할을 한 인물은 임시정부 외교부장 조소앙과 중국의 입법원장이며 손문의 아들인 손과였다. 조소앙이 손과에게 협회의 결성을 제의하였고, 손과가 이에 적극 협력하여 협회가 결성되었다. 이들은 한중 인사들의 상호연락, 한중 양민족의 문화연구와 교류, 일제의 침략을 막아내고 동양의 평화를 유지한다는 데 목적을 두고 중한문화협회를 성립하였다.

중한문화협회는 한중의 각계 인사들로 구성되었다. 한국과 중국의 당 · 정 · 군을 비롯하여, 각종 사회단체 · 언론계 · 종교계 인사들이 회원으로 참여하였다. 회원은 성립 당시 400여 명이었고, 2년 후에는 668명으로 늘어났다. 협회는 손과를 이사장, 김규식을 부이사장으로 선출하였다. 그리고 한중의 인사들이 공동으로 참여하는 상임이사 · 상임감사를 두었고, 실무는 비서장이 담당하도록 하였다. 업무를 추진하기 위하여 연락위원회 · 연구위원회 · 선전위원회를 두었고, 성도 · 곤명 · 상해 등지를 비롯하여 각 지역에 분회를 설립하였다.

중한문화협회는 다과회 · 강연회 · 좌담회 등을 통해 한국의 독립운동을 지원하는 한편, 문화교류를 위한 여러 활동을 전개하였다. 특히 협회에서는 강연회 등을 통해 한국임시정부에 대한 승인의 필요성과 당위성에 대한 여론을 조성하였고, 중국정부 당국에 임시정부에 대한 승인을 촉구하기도 하였다. 이러한 활동의 결과 국공합작하에서 국회와 같은 역할을 하던 국민참정회에서 임시정부승인안을 통과시키는 성과를 거두었다. 이외에 기관지로 중경의 총회에서는 《중한회신》을, 성도분회에서는 《중한문화》를 발행하였다. 그리고 문화교류 인재를 양성하기 위해 중국인들에게 한국어를 가르치는 한문반을 설립 운영하였고, 한국학생들에게 장학금을 지급하는 등 다양한 활동을 전개하였다.

중한문화협회는 한국과 중국이 오랜 역사적 관계를 맺어온 과정에서 가장 많은 인사들이 참여하여 성립한 대표적인 민간우호단체였고, 한중의 우호를 상징하는 대표적 단체였다고 할 수 있다. 그러나 1945년 8월 해방을 맞아 임시정부 인사들이 환국하면서, 활동이 중단되고 말았다. 이후 1965년에 한국측에서 이를 계승하는 한중문화협회를 결성하여, 그 전통을 이어가고 있다.

제5장

중국을 움직여서 얻어낸 카이로선언과 자유 독립

Ⅰ. 머리말

1943년 12월 1일 카이로선언이 발표되었다. 이집트 카이로에서 미·영·중 3국의 정상들이 11월 22일부터 26일까지 회의를 개최하고, 그 회의에서 합의한 내용을 카이로선언으로 발표한 것이다. 이 카이로선언에 "위의 3대국은 한국인의 노예상태에 유의하여 적당한 시기에 한국을 자유 독립하게 할 것을 결의한다"는 내용이 들어 있다. 이는 일본이 패망하면 한국은 독립시킨다는 것으로, 한민족의 운명을 결정짓는 그야말로 '대한민국 독립의 문'이[1] 아닐 수 없는 중요한 선언이었다.

카이로회의와 선언에 대해서는 그것이 갖는 중요성만큼이나, 그동안 적지 않은 연구가 이루어졌다. 국제정치학·정치외교

1) 정일화,『대한민국 독립의 문, 카이로선언』, 선한약속, 2010.

사 · 역사학 등 다양한 분야에서 많은 연구가 진행되었고, 이를 통해 카이로선언이 갖는 의미를 비롯하여 카이로선언에 한국독립문제가 들어가게 된 과정 등에 대해 상당한 언급이 있었다. 이러한 연구들을 통해 카이로선언에 한국독립문제가 들어가게 된 것은 장개석이 주장한 것이고, 장개석을 움직인 것은 주석 김구를 비롯한 대한민국 임시정부 요인이었던 것으로 알려져 왔다.[2)]

그러나 이러한 연구성과를 부정하는 저서와 글이 발표되고, 일부 언론에서 이를 크게 부각시키고 있다. "한국독립이 카이로선언에 들어간 것은 의외였다. 신비스럽기조차 한 것이다" "중국은 아니다"라며, 카이로선언은 "루스벨트와 홉킨스의 합작품"이라는 내용의 저서가 발간된 것이다.[3)] 그리고 여기서 더 나아가 "장제스는 1943년 11월 22일부터 26일까지 5일간 카이로에서 열린 회담 도중 한번도 한국문제를 공식 거론한 일이 없다"며, "이승만이야말로 카이로선언의 탄생에 가장 크게 이바지한 한국인 공로자였다"는 글이 발표되고,[4)] 이를 일부 언론에서 크게 부각시킨 것이다.

---

2) 신용하, 「대한민국임시정부와 카이로선언」, 『대한민국임시정부수립80주년기념논문집』 하, 1999 ; 박명희, 「카이로회담에서의 한국문제에 대한 중화민국정부의 태도」, 『동양학』 47, 2010 ; 이상철, 「장개석일기에 나타난 한국독립운동관계 사료」, 《월간조선》 2010년 11월호. 이외에 중국에서도 梁敬錞의 『開羅會議』(臺灣商務印書館, 1978)와 楊天石의 『 尋眞實的蔣介石~蔣介石日記解讀』II(華文出版社, 2010) 등의 저서를 비롯하여, 梁敬錞의 「開羅會議之背景」(『近代史硏究集刊』 제3기, 1972) 등의 논문이 발표되었다.

3) 정일화, 『대한민국 독립의 문, 카이로선언』, 선한약속, 2010.

4) 유영익, 『건국대통령 이승만』, 일조각, 2013, 58~62쪽.

지난 2013년은 카이로선언이 발표된지 70주년이 되는 해였다. 70주년을 맞아 이를 기념하는 학술회의가 개최되었지만,[5] 그 내용보다는 종전의 연구성과를 뒤집는 저서와 논의가 일부 언론을 통해 크게 부각되었다. 이로써 카이로회의에서 한국의 독립을 보장받게 된 것이 '중국에 의한 것'이냐 '미국에 의한 것'이냐, '김구의 공로'냐 '이승만의 공로'냐 하는 것으로 비화되는 실정에 이르렀다.

이러한 논란이 일어나게 된 원인은 카이로회의와 관련된 자료에 문제가 있다고 생각한다. 카이로회의가 갖는 중요성에 비추어 지금까지 이와 관련된 자료들을 수집 정리하는 작업은 제대로 이루어지지 못하였다. 이러한 상황에서 일부 자료만을 근거로 하여 연구를 진행함에 따라 논란이 일어나게 된 것이 아닌가 한다. 필자는 이런 생각에서 카이로회의와 관련된 자료들을 찾기 시작하였고, 카이로회의에 참석하였던 중국의 왕총혜(王寵惠)가 작성한 「카이로회의일지(開羅會議日誌)」를 비롯하여 기존에 알려지지 않은 자료들을 새로이 발굴할 수 있었다.[6] 이들 자료

---

5) 평화통일시민연대와 아시아사회과학원의 주관으로 2013년 7월 24일 카이로선언70주년을 기념하는 학술회의(대주제 : 카이로선언 정신 구현과 아시아의 평화문제)가 개최되었다. 이 학술회의에서 이완범은 「카이로선언의 결정과정에 대한 고찰」이란 주제의 발표를 통해, 카이로선언에 한국독립문제가 들어가게 된 것은 장개석의 주장에 의한 것이라는 점, 장개석을 움직인 것은 김구를 비롯한 임시정부 요인들이라는 점, 그리고 이승만의 역할보다는 김구의 역할이 컸다는 점을 밝혔다.

6) 劉自勤 編, 『開羅會議全貌』, 1943년 12월 28일. 이는 카이로회의 직후인 1943년 12월 28일 劉自勤이 카이로회의의 전과정을 정리한 것이다. 秦孝儀 主編, 『中華民國重要史料初編 : 對日抗戰時期』 第3編 戰時外交(3), 中國國民黨中央

에 미국이나 영국측에서 볼 수 없는 내용들이 적지 않고, 카이로회의에서 한국독립문제를 제의 · 논의 · 결정한 과정이 비교적 소상하게 나타나 있다.

이 글은 새로이 발굴한 자료들을 근거로 하여 카이로회의에서 한국독립문제가 제의 · 논의 · 결정된 과정을 살펴보고, 그것이 대한민국 임시정부와 어떠한 관계가 있었는지를 규명하는 데 목적이 있다. 우선 미국에서 국제공동관리 문제가 대두되자 임시정부가 이에 대한 반대운동을 전개한 사실과 미 · 중간에 회담교섭이 추진되고 있을 때 임시정부 요인들이 장개석을 찾아가 면담한 사실을 언급하려고 한다. 그리고 카이로회의에서 누가 한국독립문제를 제의하였고, 한국독립문제를 둘러싸고 어떠한 논의가 있었는지 하는 것과 '한국의 자유 독립'을 보장하는 내용이 담긴 카이로선언이 발표된 과정을 살펴보려고 한다.

委員會黨史委員會, 1981. 이는 總統府機要檔案에서 대일항전 시기 외교관계 자료들을 모두 5권으로 정리한 것인데, 그 중 제3권에 카이로회의 관련 자료들이 들어 있다. 이 자료들 중에는 중국군사위원회와 국방최고위원회에서 작성한 중국의 사전준비를 비롯하여, 국방최고위원회 비서장으로 카이로회의에 참석하였던 王寵惠가 작성한 '開羅會議日誌' 등의 자료가 수록되어 있다.

II. '국제공동관리' 문제 대두와 임시정부의 반대 운동

1. '국제공동관리' 문제 대두

1940년대 대한민국 임시정부(이하 임시정부로 약칭)가 크게 긴장한 것이 하나 있었다. 국제공동관리 문제였다. '국제공동관리'란 전후 한국을 열강들이 공동으로 관리한다는 것으로, 일종의 국제신탁통치를 일컫는 말이다. 이를 임시정부에서는 '국제공동관리'라는 용어로 표현하였다. 연합국들 사이에 전후 문제를 논의하는 과정에서 한국을 국제공동관리한다는 내용이 언론에 보도되기 시작하였고, 임시정부는 이에 대해 크게 긴장한 것이다.

국제공동관리 문제는 미국을 중심으로 일어났다. 미국은 제2차 세계대전을 치르면서 연합국과 전쟁을 추진하는 전략을 비롯하여 전후 문제에 대해 논의하기 시작하였다. 1941년 8월 미국 대통령 루스벨트와 영국 수상 처칠이 아우그스타(Augusta) 함상에서 만나 대서양회의를 한 이래 태평양전쟁이 발발한 직후인 1941년 12월과 다음 해 6월에도 워싱턴과 뉴욕에서 만나 회담을 가졌고, 1942년 8월에는 소련의 스탈린과 처칠이 모스크바에서 만나 회담을 갖기도 하였다. 1943년에 들어와서도 루스벨트와 처칠은 1월에 카사블랑카에서, 5월에 워싱턴에서, 8월에 퀘벡에

서 만났다.[7)]

미국은 연합국들과 회담을 가지면서 전후 대외정책에 대한 방안을 마련하였다. 미국의 방안은 대체로 식민지 국가들에 대해 국제신탁통치를 구상한 것으로 알려져 있고, 한국에 대해서도 신탁통치문제가 거론되었다. 1942년 2월 국무부 극동국 관리 랭던이 '한국인들은 반일정서와 독립열망을 가지고 있지만 정치적 · 군사적 · 경제적 어려움 때문에 상당기간 열강의 보호와 지도가 필요하다'는 취지의 보고서를 제출하였다고 한다.[8)] 이러한 미국의 방안은 대통령 루스벨트를 통해서도 언급되었다. 1942년 11월 '아시아에서 해방된 국가는 자치능력이 부족함으로 교육을 통한 준비기를 거쳐 독립이 달성되어야 한다'는 내용의 연설을 한 것이다.[9)]

1942년에 들어서면서 미국의 식민지 국가들에 대한 국제신탁통치에 대한 구상은 일부 언론에 보도되기 시작하였다. 미국의 일부 인사들이 이 문제를 거론한 것이다. 미국은 태평양전쟁이 발발한 직후 전후 대외정책을 마련하기 위해 국무부 관리와 외교관, 재계인사, 학자, 언론인 등으로 '전후 대외정책에 관한 자문위원회'를 구성하였다.[10)] 이 자문위원회가 전후 세계질서의 수립방안을 논의하면서, 식민지 국가들에 대한 국제신탁통치 문제와 더불어 한국을 국제공동관리한다는 내용이 자주 언론에 보

7) 梁敬錞,「開羅會議之背景」,『近代史硏究集刊』 第3期, 1972, 2~3쪽.
8) 정용욱,『해방 전후 미국의 대한정책』, 서울대 출판부, 2003, 41쪽.
9) 이완범,「카이로선언의 결정과정에 대한 고찰」, 20쪽.
10) 정용욱,『해방 전후 미국의 대한정책』, 20쪽.

도된 것이다.

한국에 대한 국제공동관리 문제가 언론을 통해 자주 거론된 것은 1942년 중반부터였다. 미국에서 발행되던 《포춘(*Fortune*)》, 《타임(*Time*)》, 《라이프(*The Life*)》 등의 잡지를 비롯하여, 7월에도 《아시안 매거진(*Asian Magazine*)》에 전후 한국문제에 대해 국제공동관리 방식이 거론된다는 내용이 실렸다. 언론만 아니라 학회에서도 같은 주제로 토론이 있었다는 사실이 알려졌다. 남캘리포니아 대학교의 국제학회에서 주최한 토론회에서 한국은 아직 독립의 자격을 갖추지 못하였다는 내용의 토론이 있었다는 사실이 언론을 통해 보도된 것이다.

1943년에 들어와 미국과 영국이 전후 한국에 대해 국제공동관리를 결정하였다는 소식이 전해졌다. 1943년 4월 29일 중국의 각 신문들이 워싱턴 전보로 이러한 내용을 보도한 것이다. 이는 루스벨트와 영국 외상 이든(Anthony Eden)이 만나 협의한 내용이 신문을 통해 알려진 것이다. 영국 외상 이든은 미국을 방문하여 1943년 3월 27일 루스벨트와 회담을 가졌다. 이때 루스벨트가 만주 · 한국 · 인도차이나 · 대만 등의 문제를 제기하면서 한국은 전후 국제신탁통치를 실시할 것을 제의하였고, 이든은 이에 찬성하였다.[11)]

루스벨트와 이든이 워싱턴에서 만나 회담한 이후, 그 내용이 신문보도를 통해 세상에 알려졌다. 4월 27일 시카고에서 발행되는 《*The Chicago Sun*(太陽報)》가 런던 통신으로 '영국 외상과 미국

11) 구대열, 『한국국제관계사연구』 2, 역사비평사, 1995, 257쪽.

대통령이 전후 세계기구를 논의하면서 한국은 독립되기 전에 국제공동관리로 하기로 하였다'라는 내용을 게재하였고, 중국 신문들이 이를 워싱턴 전보로 보도한 것이다.[12)]

이상의 예를 든 것과 같이 1942년 이래 국제공동관리 문제가 대두되고 있었다. 국제공동관리 문제는 미국을 중심으로 일어나고 있었고, 이것이 여러 언론을 통해 알려진 것이다. 임시정부는 이러한 국제공동관리 문제에 대해 긴장하지 않을 수 없었다. 더욱이 1943년 3월 루스벨트와 영국 외상 이든이 만나 한국에 대해 국제공동관리를 하기로 하였다는 소식은 임시정부를 더욱 긴장하게 만들었다.

2. 임시정부의 반대운동

임시정부는 미국을 중심으로 한국에 대한 국제공동관리 문제가 논의되고 있다는 사실을 파악하고 있었다. 미국에 파견되어 있던 중국 언론의 특파원들이 그 소식을 전해왔고, 이러한 내용들이 《大公報》를 비롯한 중국의 여러 신문에도 그대로 보도되고 있었던 것이다. 임시정부가 그 실상을 파악하고 있었다는 것은 외무부 정무보고를 통해 확인할 수 있다.

12) 《대한민국임시정부공보》 제78호, 1943년 8월 4일(국사편찬위원회, 『대한민국임시정부자료집』 1, 2005, 290쪽).

> 미국 기타 방면에서는 작년 3월까지의 통계로 전후 문제를 토론하는 公私機關이 199개 단체이었다. 그 중에 우리에게 알려진 불리한 소식으로는 본년 4월 27일 전보로 발표된 바 시카고 太陽報에서 발표한 英美戰後世界機構建設計劃이라는 제목으로 한국에 관한 이러한 결론을 내리었다. 전후 한국이 독립하기 전에 응당 國際監護下에 두어야겠다고 하였다.[13)]

이는 1943년 10월 외무부가 임시의정원에 보고한 정무보고에 들어 있는 내용이다. 임시정부는 미국에서 일어나고 있는 국제공동관리 문제에 대해 그 실상을 파악하고 있었고, 그 중에서도 1943년 3월 루스벨트와 영국 외상 이든이 만나 국제공동관리 한다는 것을 가장 불리한 것으로 보았다.

국제공동관리 문제가 대두되자, 임시정부는 그 내용과 실상을 파악하면서 반대운동을 전개하였다. 반대운동은 외무부로 하여금 반대 성명서를 발표하는 것으로 시작되었다. 국제공동관리 문제가 언론을 통해 흘러나올 때, 외무부장 조소앙(趙素昂)이 「전후한국독립문제불능찬동국제공관(戰後韓國獨立問題不能贊同國際共管)」이란 제목의 성명서를 작성하여 발표한 것이다. 조소앙은 중경에 있는 각 신문사 기자들을 초청하여 성명서를 발표하였고, 중경에서 발행되고 있는 《대공보》는 1943년 2월 1일자에 이를 그대로 게재하였다.[14)]

조소앙은 성명서를 통해 크게 세 가지를 언급하였다. 하나는

---

13) 국사편찬위원회,『대한민국임시정부자료집』16(외무부), 2007, 64쪽.
14)《大公報》1943년 2월 1일.

윌슨 대통령이 누차 민족자결의 원칙을 언급한 바 있는데, 위임통치나 국제공동관리는 민족자결의 원칙에 위배된다는 것이었다. 둘째는 한국은 문화 · 정치 · 역사 등 모든 면에서 독립국가를 건설할 능력을 가지고 있다며, 한국을 외국인이 대신 관리할 이유가 없음을 강조하였다. 셋째는 한국을 국제공동관리에 두는 것은 원동의 평화를 파괴하는 것으로, 한국민족은 완전한 자유와 독립이 보장되지 않는다면, 지난 30년간 혈전을 전개해왔던 것처럼 어떠한 형식이라도 외세의 간섭에 대해서는 끝까지 저항할 것임을 천명하였다. 임시정부는 국제공동관리를 절대 받아들일 수 없다는 것, 그리고 일제가 패망하면 그 즉시 독립되어야 한다는 것을 밝힌 것이다.

성명서에 이어 임시정부는 적극적인 반대운동을 전개하였다. 그 계기는 루스벨트와 이든 사이에 국제공동관리 문제가 논의되었다는 소식이었다. 이 소식을 접한 임시정부는 즉각 국무위원회를 소집하고, 그 대책을 강구하였다. 국무위원회에서 결정한 대책은 크게 4가지 였다.

1. 외무부가 중국 외교부에 대하여 그 사실의 유무를 알아보고, 아울러 반대의사를 표시할 것.
2. 미 · 영 · 소 각국 원수에게 반대하는 전보를 보내고, 중국 당국자에게는 정식으로 신문에 반대성명서를 발표하도록 요구할 것.
3. 선전부에서는 우리측 간행물과 다른 나라의 간행물을 이용하여 반대하는 논문을 발표하고, 아울러 반대의사를 방송할 것.

4. 당 · 정 · 군 각 수뇌자를 소집하여 그 진상을 보고하고 대책을 토론케 할 것.[15)]

임시정부는 이러한 결의에 따라 국제공동관리에 대한 반대운동을 전개해 나갔다. 반대운동은 다양한 방법으로 전개되었다. 중국의 외교부 및 각 기관을 방문하여 국제공동관리 문제에 대한 실상과 그에 대해 중국정부가 반대의사를 표명해 줄 것을 요구한 것을 비롯하여, 중국의 주요 인사 방문, 각종 성명서와 간행물 발간 등을 통해 국제공동관리에 대한 반대를 표명한 것이다.

이러한 반대운동의 하나로 중국인사들의 지지와 후원을 위한 모임을 가졌다. 중한문화협회 좌담회를 개최한 것이다. 중한문화협회는 1942년 10월 한국과 중국의 주요 인사들을 회원으로 하여 조직한 일종의 한중 민간우호단체였다.[16)] 중한문화협회에는 임시정부 요인들과 중국의 당 · 정 · 군을 비롯한 각계의 주요 인사들이 참여하고 있었다. 임시정부는 이러한 중한문화협회를 통해 중국측 인사들에게 국제공동관리에 대한 부당성을 설명하고, 지원을 얻고자 한 것이다.

중한문화협회 주최로 중국 인사들과의 만남이 이루어졌다. 1943년 5월 9일 '전쟁 후의 한국독립문제'를 주제로 좌담회를 개

15) 《대한민국임시정부공보》 제78호, 1943년 8월 4일(『대한민국임시정부자료집』 1, 291쪽).

16) 한시준, 「중한문화협회의 성립과 활동」, 『한국독립운동사연구』 35, 2010, 383쪽.

최한 것이다. 임시정부측에서는 조소앙 · 김규식 · 장건상 등이, 중국측에서는 사도덕(司徒德) · 호추원(胡秋原) · 정희맹(程希孟) · 사인교(謝仁釗) 등 80여 명이 참가하였다. 좌담회는 엄항섭(嚴恒燮)의 '전후 한국독립문제에 대한 각국의 여론을 보고'하는 것으로 시작되었고, 이를 중심으로 토론이 이어졌다.

중한문화협회 좌담회를 개최한 것은 중국측 인사들의 반대여론을 이끌어 내기 위한 것이었고, 중국측 인사들의 발언이 쏟아졌다. 국민참정회의 호추원을 비롯한 중국측 인사들은 "한국인들이 일제에게 나라를 빼앗긴 뒤에 수십년 동안 반일투쟁을 전개하고 임시정부를 수립한 것은 한국인민이 남의 노예가 되지 않기를 원하는 증거"라거나 "영국과 미국이 한국을 국제공동관리하자는 것은 일본에 침략의 기회를 주는 잘못된 것"이라면서,[17] 한국에 국제공동관리를 실시하는 것은 부당하다는 발언을 하였다.

중국측 인사들과 좌담회를 개최한 다음 날에는 재중국자유한인대회를 개최하였다. 재중국자유한인대회는 중국에서 활동하고 있는 각 단체 및 한인들을 한 자리에 모아 반대운동을 전개하기 위한 것이었다. 1943년 5월 10일 한국독립당 · 조선민족혁명당 · 조선민족해방동맹 · 조선무정부주의자총연맹 · 한국애국부인회 · 한국청년회 등 중경에서 활동하고 있던 정당 및 단체, 그리고 중경에 거주하고 있던 한인들 3백여명이 참가한 가운데 재

17) 《독립신문》 1943년 6월 1일, 「中韓文化協會 戰後 韓國獨立問題 座談會 開催」.

중국자유한인대회가 개최되었다.[18)]

재중국자유한인대회는 대회를 주관하는 주석단을 선출하여 진행하였다. 주석단은 김붕준 · 김규광 · 유월파 · 김순애 · 한지성 등 각 단체 대표들로 구성하였고, 대회를 총괄하는 총주석은 임시의정원 의장 홍진이 맡았다.[19)] 홍진의 주관하에 자유한인대회가 진행되었다. 먼저 각 단체를 대표하는 인사들의 연설이 있었다. 조소앙 · 손두환 · 박건웅 · 유월파 · 방순희 · 성현원 등이 연사로 나서 "전후 한국은 완전히 독립되어야 하고, 어떠한 형식의 외래간섭도 반대한다"는 내용의 연설을 하였다.[20)]

각 단체 대표의 연설에 이어 선언문과 결의안, 그리고 각국 원수들에게 보내는 전문을 채택하였다. 선언문은 "한국은 마땅히 독립되어야 하고 한국민족은 마땅히 자유민이 되어야 한다"는 내용으로, 한국의 독립과 자유를 대내외에 선포한 것이었다. 그리고 "우리는 완전한 독립을 요구하며 소위 국제감호나 다른 어떠한 형식의 외래간섭도 반대한다"는 것을 핵심으로 한 4개 항의 결의안을 채택하였다. 이어 "전 인류의 진정한 평화와 행복을 위해 우리 국가의 완전 독립을 주장한다"고 하면서, 각 동맹국 원수를 향해 "우리 민족이 대일작전(對日作戰)의 주요한 역량이 된다는 것을 인정하고 적극적인 원조와 임시정부의 국제합법적인 지위를 승인해 줄 것"을 요청하는 「각 동맹국 원수들에게 보

18) 《독립신문》 1943년 6월 1일, 「在中國自由韓人大會」.
19) 한시준, 『의회정치의 기틀을 마련한 홍진』, 탐구당, 2006, 272쪽.
20) 《독립신문》 1943년 6월 1일, 「在中國自由韓人大會 要求戰後韓國之完整獨立反對任何形式之外來干涉」.

내는 전문」을 채택하였다.

국제공동관리 문제에 대한 임시정부의 입장은 분명했다. 한국은 일제가 패망하면 그 즉시 독립이 되어야 한다는 것이었고, 어떠한 형태이든지 국제세력에 의한 간섭이나 통치는 견결히 반대한다는 것이었다. 그리고 이러한 뜻을 외무부장 명의로 성명서를 작성하여 중국 · 미국 · 영국 · 소련 등에 보내고, 다른 한편으로는 중경에 있는 모든 독립운동 단체와 한인들을 동원하여 반대운동을 전개한 것이다.

Ⅲ. 미 · 중간의 회담교섭과 임시정부 요인들의 장개석 면담

1. 미 · 중간의 회담교섭

임시정부는 반대운동을 전개하면서, 다른 한편으로는 중국측에 국제공동관리 문제에 대한 사실을 확인하고자 하였다. 당시 임시정부로서는 동맹국들 사이에서 논의되고 있는 한국문제를 정확하게 파악할 수 있는 외교적 수단이나 정보력이 없었다. 때문에 중국측을 상대로 하여 그 사실 여부를 확인하고, 반대의사를 표명하고자 한 것이다.

임시정부는 중국의 여러 기관과 인사들을 방문하여 국제공동관리 문제에 대해 탐문하였다. 외무부의 정무보고에 의하면, 외무부에서는 중국의 외교부와 국방위원회, 그리고 입법원장 손과(孫科)와 행정원장 우우임(于右任) 등을 찾아가 국제공동관리 문제에 대해 탐문한 것으로 나타나 있다.[21] 중국의 외교부 · 국방최고위원회 · 입법원 · 행정원 등의 기관과 인사들을 방문하여 그 책임자들을 만난 것이다.

신익희는 중국 외교부를 방문하였다. 1943년 5월 6일 외교부를 찾아가 오국정(吳國楨) 차장에게 "영국과 미국이 주도하고 있는 전후 한국의 국제공동관리 문제에 대한 중국정부의 입장이 무엇인지"를 물었다.[22] 당시 신익희는 임시정부 외무부 차장이 있고, 중국어가 서투른 외무부장 조소앙을 대신하여 외교부를 방문한 것이다.

임시정부는 중국을 상대로 국제공동관리 문제를 탐문하는 과정에서, 중국과 미국 사이에 회담교섭이 추진되고 있다는 사실을 알게 되었다. 중국과 미국 사이의 회담교섭은 미국 대통령 루스벨트의 제의에 의해 시작되었다. 루스벨트는 1942년 장개석과 송미령(宋美齡)에게 미국을 방문하도록 요청한 일이 있었다. 장개석은 자신은 가기 어렵다며 송미령만 보냈고, 송미령과 만나 논의해 줄 것을 부탁하였다.[23] 송미령은 미국을 방문하여 의

---

21) 『대한민국임시정부자료집』 16(외무부), 66쪽.

22) 『대한민국임시정부자료집』 25(중국의 인식), 108쪽.

23) 박명희, 「宋美齡과 戰時中國外交-宋美齡의 訪美活動이 중국정치에 끼친 영향을 중심으로-」, 『중국근현대사연구』 51, 2011, 151쪽.

회에서 연설한 것을 비롯하여 미국 각지를 돌아다니며 여러 인사들을 만났다. 1943년 6월 송미령은 중국 외교부장 송자문과 함께 백악관을 방문하였다. 이때 루스벨트는 송미령에게 미 · 영 · 중 · 소 4국 정상회담을 갖고 싶다는 뜻을 밝혔다.[24)]

이후 장개석과 루스벨트 사이에 회담문제를 가지고 교섭이 이루어졌다. 장개석은 루스벨트가 회담을 갖고 싶어한다는 보고를 받고, 처음에는 이를 거절하였다. 소련과의 관계 때문이었다. 당시 소련은 일본과 중립조약을 맺고 있었고, 일본과 전쟁을 하지 않고 있었다. 이러한 상황에서 소련을 회담에 참여시키는 것은 적당하지 않다고 생각한 것이다. 장개석은 1943년 6월 7일 미국에 있는 송자문에게 전보를 보내 '소련이 일본과 결렬하기 전에 미 · 영 · 중 · 소의 정상들이 만나는 것은 스탈린을 불편하게 할 것'이라며 거절의사를 표시하였다.[25)]

중국과 미국 사이에 회담문제가 진전된 것은 1943년 7월 이후였다. 송미령이 미국에서 돌아온 것이 그 계기가 되었다. 장개석은 송미령으로부터 자세한 내용을 듣게 되었고, 루스벨트와 만나기로 하였다. 7월 8일 장개석은 부인으로부터 자세한 이야기를 들었다면서, 루스벨트에게 서로 이익이 되는 여러 문제들을

---

24) 李雲漢, 『中國國民黨史述』第3編, 中國國民黨中央委員會黨史委員會, 1994, 540쪽.

25) 秦孝儀 主編, 『中華民國重要史料初編-對日抗戰時期』第3編 戰時外交(3), 491쪽. 「蔣委員長自重慶致外交部長宋子文請面見羅斯福總統密商在蘇日未公開決裂以前委員長參加會談是否將使史達林感覺不便電」.

의논하자며, 9월 이후에 만날 것을 제의한 것이다.[26)]

이후 중국과 미국 사이에 회담장소와 참석대상자 및 시기를 두고 교섭이 오갔다. 회담장소로는 알래스카와 이집트 등이 거론되었고, 처칠과 스탈린도 참석하도록 할 것인가 하는 문제도 주요하게 논의되었다. 이러한 문제를 가지고 중국과 미국 사이에 몇 달 동안 교섭이 이루어졌다.

결론이 난 것은 11월에 들어서면서였다. 11월 1일 루스벨트가 장개석에게 장소는 이집트 카이로에서, 그리고 루스벨트 · 처칠 · 장개석 세 사람이 만나자고 한 것이다.[27)] 중국은 이를 받아들였다. 이로써 미 · 영 · 중 3국의 영수들이 카이로에서 회담을 갖게 되었다.

2. 임시정부 요인들의 장개석 면담

임시정부에서는 중국측에 국제공동관리 문제에 대해 탐문하면서 루스벨트와 장개석간의 회담이 추진된다는 사실을 알게 되었다. 이러한 정보를 입수한 임시정부는 장개석을 만나고자 하였고, 당시 중국국민당 조직부장으로 한국담당자인 오철성(吳鐵

---

26) 秦孝儀 主編, 『中華民國重要史料初編-對日抗戰時期』第3編 戰時外交(3), 492쪽.「蔣委員長自重慶致美國總統羅斯福建議相晤時間以九月以後最爲適宜電」.

27) 秦孝儀 主編, 『中華民國重要史料初編-對日抗戰時期』第3編 戰時外交(3), 495쪽.「美國總統羅斯福自華盛頓致蔣委員長希望委員長能決定於11월26일與邱吉爾首相及羅斯福總統會晤開羅隣近之處電」.

城)을 통해 장개석과의 면담을 요청하였다.

장개석과의 면담이 마침내 성사되었다. 1943년 7월 26일 오전 9시 주석 김구, 외무부장 조소앙, 선전부장 김규식, 광복군 총사령 이청천, 부사령 김원봉 등 임시정부 요인 5명이 통역 안원생을 대동하고, 군사위원회 2층 접견실에서 장개석과 만났다. 당시 장개석의 공식직함은 군사위원회 위원장이었다. 중국에서는 중국국민당 조직부장 오철성이 배석하였다.

임시정부 요인들이 장개석을 만나고자 한 데는 목적이 있었다. 미국과 영국이 주장하고 있는 국제공동관리 문제에 대해, 중국이 이를 반대하고 임시정부가 주장하고 있는 즉각 독립을 관철시켜 줄 것을 요청하기 위한 것이었다. 중국측은 임시정부 요인들과 장개석이 만나 나눈 대화를 기록하여 「총재접견한국영수담화기요(總裁接見韓國領袖談話紀要)」라는 제목으로 남겨 놓았다.

> 총재 : 중국혁명의 최후 목적은 조선과 태국의 완전 독립을 돕는 데 있습니다. 이러한 일을 이루는 데는 매우 어려움이 클 것입니다. 한국혁명 동지들이 한마음으로 단결하고 노력 분투하여 복국운동을 완성하기를 바랍니다.
>
> 김구 · 조소앙 : 영국과 미국은 조선의 장래 지위에 대해 국제공동관리 방식을 채용하자고 주장하고 있습니다. 바라건대 중국은 이에 현혹되지 말고 한국의 독립 주장을 지지하고 관철하여 주시기 바랍니다.
>
> 총재 : 영국과 미국 쪽에서는 확실히 그러한 논조를 가지고 있습니다. 앞으로 (이 문제를 가지고) 반드시 爭執이 많을 것입니다.

> 이러한 때문에 한국 내부의 精誠統一과 工作表現을 반드시 보여줄 필요가 있습다. 그래야만 중국도 力爭할 수 있고, 이 일에 착수하기도 쉬울 것입니다.[28)]

임시정부 요인들은 장개석을 찾아가 미국과 영국이 주장하고 있는 국제공동관리 문제에 현혹되지 말고, 중국이 한국의 독립을 지지하고 관철시켜 줄 것을 요청하였다. 이에 대해 장개석은 비교적 명쾌하게 자신의 뜻을 밝혔다. 중국은 한국의 완전 독립을 돕겠다는 것, 그리고 많은 어려움이 있을 터이지만 한국의 독립을 위해 '힘써 싸우겠다'고 한 것이다.

장개석은 중경에서 활동하고 있는 독립운동 세력들에 여러 당파가 있다는 것을 알고 있었다. 때문에 임시정부 요인들을 만났을 때 이들에게 "한국혁명 동지들은 한마음으로 단결하여 복국운동을 완성하기를 바란다"고 한 것이다. 그리고 독립운동 세력이 단결한 모습을 보여주는 것이 중국이 한국의 독립을 주장하는 데도 도움이 될 것이라고 하였다. 장개석의 이러한 생각은 그의 일기에도 그대로 나타나 있다.

> 조선혁명당 영수 김구 등을 만났다. 그들한테 내부 단결에 힘써 달라고 권하고 격려하였고, 우리 정부가 주장하려 하고 있는 전후 조선 독립 주장을 실현할 수 있도록 협력해 달라고 했다.[29)]

28) 『대한민국임시정부자료집』 22(대중국 외교활동), 238~239쪽 ; 대한매일신보사, 『白凡金九全集』 5, 1999, 251~252쪽.
29) 이상철, 「장개석일기에 나타난 한국독립운동 관계 사료」, 《월간조선》 2010년 11월호, 537쪽.

이는 김구를 비롯한 임시정부 요인들을 만난 바로 그날 장개석이 일기에 적어 놓은 내용이다. 장개석이 한국의 독립을 위해 '힘써 싸우겠다'고 한 약속은 의례적인 것이 아니었다. 이 무렵 장개석은 루스벨트와 회담을 갖기로 하고, 그 시기와 장소 문제를 가지고 교섭하던 중이었다. 루스벨트와 만날 때 한국의 독립을 주장하겠다는 생각이었다. 그리고 이를 실현하기 위해서는 분파되어 있는 한국의 독립운동 세력들이 단결할 필요가 있다고 보고, 김구 등에게 그것을 당부한 것이다.

임시정부 요인들은 장개석을 면담하고, 장개석이 한국의 독립을 주장하겠다는 '약속'에 크게 고무되었다. 장개석을 면담하였던 김규식이 임시정부 요인들이 장개석과 면담한 사실과 그 내용을 8월 5일 미주교포들에게 방송으로 알리고 있는 것이 그것을 말해준다. 당시 김규식은 임시정부의 선전부장이었다. 김규식은 라디오를 통해 미주교포들에게 "7월 26일의 사안에 대해 보고를 드리게 되어 기쁘다"면서 다음과 같이 소식을 전하였다.

> 국민당 비서실장 오철성 장군의 도움으로 김구 · 조소앙 · 이청천 · 김약산(김원봉) 그리고 저 이렇게 임시정부 한국독립당 그리고 조선민족혁명당의 요인들이 장개석 총통과 면담할 수 있는 영예를 갖게 되었습니다.
>
> 장개석 총통과 면담 중 나온 여러 가지 사안 중에서도, 장개석 총통은 "한국은 전쟁이 끝나면 반드시 독립된 상태가 되어야 한다는 것, 그리고 한국 혁명운동의 지도자들이 조속히 통일을 이루어 효과적인 결과를 달성할 수 있도록 보다 큰 통일을 이루어 활동하는

것이 내가 희망하는 바이며, 이것은 중국정부의 분명한 정책이자 나의 개인적 입장입니다"라고 말하였습니다.[30)]

이는 임시정부 요인들이 장개석을 면담한 사실, 장개석이 전후 한국의 독립을 약속하였다는 사실을 알린 것이다. 특별히 조선민족혁명당원들을 대상으로 한 데는 이유가 있었다. 김규식이 임시정부의 선전부장이면서 조선민족혁명당의 주석을 맡고 있었던 때문이었다. 동시에 한국독립당과 더불어 주요 독립운동 세력이었던 조선민족혁명당을 향해 임시정부를 중심으로 통일을 이루어야 한다는 것을 종용한 것이기도 하였다.

IV. 장개석의 한국독립 제의와 카이로선언

1. 카이로회의에 대한 중국측의 사전준비

중국은 카이로회의를 앞두고, 카이로회의에서 중국이 제의할 문제들에 대해 사전준비를 하였다. 사전준비는 두 곳에서 이루어졌다. 군사위원회 참사실(參事室)과 국방최고위원회 비서청(秘

30) 『백범김구전집』 5, 266쪽. 「Radio Broadcast Message to the Korean National Revolutionary Party in Hawaii and the Mainland U.S.A.」

書廳)에서 각각 별도로 중국이 제안할 준비사항을 정리하였고, 이를 장개석에게 보고한 것이다. 두 곳에서 준비한 사항은 카이로회의에서 중국이 무엇을 제안할 지에 대한 내용들이 소상하게 담겨져 있다.

군사위원회와 국방최고위원회에서 작성한 준비사항에 모두 '한국의 독립문제'가 들어가 있다. 군사위원회에서 작성한 준비사항은 크게 세 가지였다. 하나는 일본에 대한 반공전략(反攻戰略) 설비와 원동(遠東)의 여러 문제에 관한 토론, 둘째는 일본이 무조건투항할 때 접수해야 하는 조항, 셋째는 전후의 중요 문제에 관한 것이었다.[31] 이 중 한국의 독립 문제는 두 번째인 '일본이 무조건투항할 때 접수해야 하는 조항'에 들어 있다. 이 조항은 모두 8개 항목으로 되어 있는데, 그 중 7항목에 "승인조선독립(承認朝鮮獨立)"이라고 한 것이다.

국방최고위원회에서 작성한 준비사항에도 '한국의 독립'에 관한 조항이 들어 있다. 국방최고위원회에서 작성한 준비사항은 크게 세 가지였다. 「전시군사합작방안(戰時軍事合作方案)」「전시정치합작방안(戰時政治合作方案)」「전후중미경제합작방안(戰後中美經濟合作方案)」이 그것이다.[32] 이 중 '한국의 독립'에 대한 것은

31) 秦孝儀 主編, 『中華民國重要史料初編-對日抗戰時期』第3編 戰時外交(3), 498~499쪽. 「軍事委員會參事室自重慶呈蔣委員長關於開羅會議中我方應提出之問題草案」,

32) 秦孝儀 主編, 『中華民國重要史料初編-對日抗戰時期』第3編 戰時外交(3), 503~506쪽. 「國防最高委員會秘書廳自重慶呈蔣委員長關於準備在開羅會議中提出之戰時軍事合作, 戰時政治合作及戰後中美經濟合作等三種方案」,

「전시정치합작방안」에 들어 있다. 이는 모두 4개 항으로 되어 있다. 그 중 제일 첫 번째 항에서 '한국의 독립을 승인'하는 문제를 언급하고, 중국이 한국독립문제를 먼저 제안하는 데 대한 장점과 단점을 부연하여 설명하였다.

> 중 · 미 · 영 · 소는 즉시 함께 또는 개별적으로 조선의 독립을 승인하거나 조선의 전후 독립을 보장하는 선언을 발표한다. 기타 연합국가는 동일한 보조를 취하도록 요청한다.
>
> 설명 : 조선의 독립을 즉시 승인하거나 혹은 전후 조선의 독립을 보증하는 것에 관하여.
>
> 소련은 현재 일본과의 관계로 인해 그것을 표시하는 것을 원하지 않을 것이고, 영국은 인도문제에 끼칠 영향으로 인해 이에 대해 틀림없이 찬성하지 않을 것이다. 영국과 소련이 동의하지 않는다면, 미국도 주저할 것이다. 이러한 정형하에서 만일 중국이 단독으로 승인한다면 앞으로 세계인과 더불어 동맹국가로서 분열되는 나쁜 인상을 줄 것이니, 이것이 단독으로 승인하는 단점이다.
>
> 이에 반해 일본과 소련의 충돌이 언젠가 발생할 가능성이 있고, 이때 소련정부가 혹여 우리보다 먼저 조선의 독립을 승인한다면 소련이 좋은 기회를 갖게 될 것이다. 우리나라가 소련보다 먼저 조선의 독립을 승인하고 아울러 현재 중경에 있는 조선혁명정부와 관계를 발생시킨다면, 앞으로 소련이 조선의 독립을 승인한다 해도 조선정부와 관계를 발생시키는 데는 불편한 것이 있다, 이것이 단독으로 승인하는 이점이다.
>
> 결론적으로 우리가 단독으로 조선혁명정부를 승인하는 데 각각 장단점이 있다. 두 가지는 서로 충돌할 것이니, 적당한 시기에 먼저

승인하는 것이 옳을 것이라고 생각한다.[33)]

중 · 미 · 영 · 소가 즉시 함께 또는 개별적으로 한국의 독립을 승인하도록 하거나 전후 한국의 독립을 보장하도록 한다는 것이 중국의 방침이었다. 이러한 전제하에 중국이 한국독립문제를 제안할 경우, 소 · 영 · 미가 보일 반응과 그것이 중국에 미치는 장단점을 언급하였다. 소련은 일본과의 관계로 한국의 독립을 원하지 않을 것이고, 영국은 인도문제 때문에 찬성하지 않을 것이며, 영국과 소련이 동의하지 않으면 미국 또한 지지하지 않을 것이라 하고 있다. 그렇지만 소련이 먼저 한국의 독립을 제안할 경우도 있으니, 장차 한국과의 문제를 고려하면 중국이 먼저 제안하는 것이 좋겠다고 하였다.

장개석의 일기에도 한국의 독립을 제의한다는 내용이 들어 있다. 장개석은 매일 일기를 쓰면서 그날의 주요 사항, 그 날 해야 할 일, 그 날 한 일을 비롯하여, 금주 해야 할 일과 반성록 등을 기록해 놓았다고 한다. 카이로에 도착한 이후의 일기에도 장개석은 루스벨트와 처칠을 만나 제안할 내용들을 적어 놓았는데, "전후 한국의 완전 독립과 자유"라는 조목을 빼놓지 않고 적어 놓았으며, 회담에 임하기 직전인 22일자 일기에도 '금주의 주요 예정 업무 요강'에 회담에서 제안할 내용들을 적고 있는데 그 가운데 하나가 "전후 조선의 독립"이었다.[34)]

33) 秦孝儀 主編, 『中華民國重要史料初編-對日抗戰時期』第3編 戰時外交(3), 504~505쪽. 「戰時政治合作方案」.

34) 이상철, 「장개석일기에 나타난 한국독립운동 관계 사료」, 《월간조선》 2010년

이를 통해 알 수 있듯이 중국은 카이로회의를 준비하면서 '한국의 독립'을 제의한다는 계획이었다. 군사위원회에서 준비한 것에도, 국방최고위원회에서 준비한 것에도, 그리고 장개석의 일기에도 모두 '한국의 독립' 문제를 포함시키고 있었다. 이러한 준비작업을 거쳐 장개석은 카이로회의에서 루스벨트에게 한국의 독립을 제의하게 된 것이다.

2. 장개석의 한국독립 제의와 초안 작성

카이로회의는 미 · 영 · 중 3개국 원수가 도착하면서가 시작되었다. 가장 먼저 도착한 것은 장개석이었다. 장개석은 11월 21일 오전 7시 5분 카이로 교외 Paynefield공항에 도착하였고, 첸놀트(陳納德) 장군과 미제9항공대 장교들의 영접을 받았다.[35] 그리고 카이로 서남쪽 나일강 시인에 있는 메나(米納, Mena)호텔에 도착하여 제1호실에 숙소를 정하였다. 이어 21일 오후 3시 반에 처칠이, 다음날인 22일 오전에 루스벨트가 각각 도착하였다.

카이로에 도착한 3국 영수들은 정식회의에 앞서 만남을 가졌다. 처칠이 도착 직후 장개석에게 만남을 제의하였고, 21일 오후 6시에 장개석과 처칠은 왕총혜 비서장과 마운트배튼(Lord Louis Mountbatten) 경이 배석한 가운데 만나 약 30분간 담화를 나누었

11월호, 538쪽.

35) 梁敬錞, 『開羅會議』, 81~82쪽.

다.[36] 이어 장개석과 루스벨트도 만났다. 22일 오후 5시에 장개석이 부인 송미령과 함께 루스벨트를 내방하여 만남을 가졌다. 이는 공식회의가 아니라 개별적인 인사차원의 만남이었다.

카이로회의의 공식회의는 23일에 개최되었다. 23일 오전 11시 루스벨트 숙소에서 루스벨트 · 처칠 · 장개석이 참석한 가운데 회의가 열렸다. 제1차 정식회의였다. 이후 오후부터 군사부문을 비롯하여 각 분야별로 3국의 실무담당자들 사이에 회담이 이어졌다. 회담의 주요 의제는 미 · 영 · 중 3국이 일본과의 전쟁을 어떻게 수행할 것인지, 즉 대일작전에 대한 문제가 주요하게 다루어졌다.

한국문제가 논의된 것은 11월 23일 저녁이었다. 이 날 저녁 7시 반 장개석은 부인 송미령과 함께 루스벨트 숙소를 찾아가 저녁 만찬을 함께 하였다. 이 자리에는 장개석과 송미령, 루스벨트와 그의 보좌관 홉킨스 등 4명이 참석하였고, 시간은 밤 11시까지 이어졌다. 이때 장개석은 일본이 패망하면 일본이 차지한 만주와 대만 · 팽호도는 중국에 귀환되어야 한다는 것을 비롯하여, 전후 한국을 자유 독립국으로 할 것을 제안하였다.

1. 일본이 차지한 중국의 영토는 중국에 귀환하도록 한다.
2. 태평양상에서 일본이 강점한 島嶼들은 영구히 박탈한다.
3. 일본이 패망한 후 조선으로 하여금 자유 독립을 획득하도록 한

---

36) 秦孝儀 主編, 『中華民國重要史料初編-對日抗戰時期』第3編 戰時外交(3), 510쪽. 「國防最高委員會秘書長王寵惠自重慶呈蔣委員長關於開羅會議日誌」.

다.[37)]

이는 왕총혜가 작성한 카이로회의 일지에 들어 있는 것으로, 장개석과 루스벨트의 회담은 원만하게 이루어졌고, 양측이 동의한 내용이라며 기록해 놓은 것이다. 미국측에는 장개석과 루스벨트의 만찬에서 협의된 내용을 기록해 놓은 것이 없다고 한다. 그러나 중국측에는 왕총혜가 기록해 놓은 것이 있고, 장개석도 자신의 일기에서 루스벨트에게 한국독립문제를 제의하였음을 기록해 놓았다. 장개석은 11월 24일자 일기에 "어제 일을 계속 적는다"고 하면서, 23일 밤 루스벨트와 나눈 이야기를 10개 항목으로 정리하여 적었는데, 그 중 7번째 항목에 한국의 독립문제에 대해 다음과 같이 기록해 놓았다.

> 조선독립 문제에 대해 나는 특별히 루스벨트의 중시를 끄는 데 힘을 넣었다. 나는 루씨한테 (조선문제에 관한) 나의 주장에 찬동하고 도와줄 것을 요구했다.[38)]

장개석은 11월 23일 루스벨트 숙소에서 만찬을 함께 하며 전후 한국을 자유 독립되게 할 것을 제의하였고, 루스벨트는 이에 동의하였다. 장개석은 임시정부 요인들에게 약속한 것을 지킨 것이다.

---

37) 秦孝儀 主編, 『中華民國重要史料初編-對日抗戰時期』第3編 戰時外交(3), 528쪽.「國防最高委員會秘書長王寵惠自重慶呈蔣委員長關於開羅會議日誌」.

38) 이상철,「장개석일기에 나타난 한국독립운동 관계 사료」,《월간조선》2010년 11월호, 538쪽.

장개석과 루스벨트가 협의한 내용을 기초로 소위 카이로선언의 초안이 작성되었다. 장개석과 만찬을 가진 후 루스벨트는 그의 특별보좌관 홉킨스에게 장개석과 협의한 내용을 근거로 초안을 작성하도록 지시하였다.[39] 루스벨트의 지시를 받은 홉킨스는 초안을 작성하였다. 홉킨스가 초안을 작성한 과정은 미국측 기록에 상세하게 나타나 있다. 홉킨스는 24일 오후 루스벨트 숙소의 조용한 일광욕실로 백악관 문서기록관인 코넬리우스(Albert M. Cornelius)를 불러, 자신이 구술하는 내용을 타이프로 받아 적으라고 하였다. 당시 홉킨스는 아무런 문서나 쪽지를 갖지 않은 채 초안을 부르기 시작했고, 코넬리우스는 이를 타이프로 정리하였다고 한다.[40]

코넬리우스가 타이핑한 것을 홉킨스가 검토하고, 일부 수정하여 초안을 작성하였다. 홉킨스가 마련한 초안에는 한국문제가 다음과 같이 되어 있었다.

> 우리는 일본에 의한 반역적인 한국인의 노예화를 잊지 않으면서 일본패망이 있은 후 한국을 가능한 가장 빠른 순간에 자유 독립시킬 것을 결의했다.[41]

홉킨스는 자신이 일부 수정한 것을 코넬리우스에게 다시 타이

39) 秦孝儀 主編, 『中華民國重要史料初編-對日抗戰時期』第3編 戰時外交(3), 528쪽. "羅總統遂命霍布金斯根據討論之內容起草公報".

40) 정일화, 『대한민국 독립의 문, 카이로선언』, 30~31쪽.

41) 정일화, 『대한민국 독립의 문, 카이로선언』, 32쪽.

핑하도록 하였다. 그리고 다시 타이핑한 것을 루스벨트에게 제출하였다. 루스벨트는 이를 검토하고 5곳 정도 문장을 빼거나 단어를 바꿨다. 한국문제에 대해서는 '가능한 한 가장 빠른 순간에(at the possible earlist moment)'라고 되어 있는 것을 '적절한 순간(at the proper moment)'으로 고쳤다.[42] 이러한 과정을 거쳐 홉킨스가 작성한 초안이 완성되었다.

3. 한국독립을 둘러싼 갈등과 카이로선언

장개석과 루스벨트가 협의한 내용을 기초로 하여 초안이 작성되었다. 이 초안은 이후 미 · 영 · 중 사이에 다시 검토가 이루어졌다. 이 과정에서 적지 않은 논란과 파란이 일어났고, 많은 부분이 수정된 후 카이로선언으로 발표되었다. 논란과 파란이 되었던 문제의 하나는 한국독립에 관한 것이었다.

초안은 먼저 중국측에서 검토하였다. 초안을 작성한 홉킨스가 11월 24일 오후 4시에 초안 1부를 가지고 와 송미령에게 건네주었다. 그리고 왕총혜와 더불어 초안의 내용을 검토하고, 수개할 의견이 있으면 다음 날 오전 회담을 할 때 제출해 달라고 하였다. 왕총혜는 이를 중국어로 번역하여 장개석에게 보여주었다. 장개석은 '팽호도(澎湖島)'가 '소립원도(小笠原島)'로 잘못 표기되

42) 정일화, 『대한민국 독립의 문, 카이로선언』, 37쪽.

었다는 것을 지적하고, 나머지에 대해서는 동의하였다.[43] 장개석은 초안에 대해 비교적 만족해 하였던 것으로 보인다.

> 미국 대표가 루 총통이 작성한 회의 성명서 초안을 가지고 와 부인한테 건네며 내 뜻을 물어보라고 했다. 나는 그 안의 모든 사항이 완전히 전날 밤 내가 루 총통한테 제기한 요지 그대로임을 알고 마음속 깊이 루씨가 중국에 대한 성심성의의 자세와 정신을 알 수 있었다.[44]

이는 장개석의 일기에 기록된 것으로, 자신이 초안을 검토한 사실과 그에 대한 감상을 적은 것이다. 장개석은 초안에 자신이 전날 저녁 루스벨트와 협의한 내용이 그대로 들어 있음을 확인하고, 루스벨트가 자신의 제안에 대해 성심성의를 다하였다고 생각한 것이다. 홉킨스가 가지고 온 초안에는 한국문제가 다음과 같은 내용으로 기록되어 있었다.

> 日本對朝鮮人民之奴隷待遇 吾人初未忘懷. 日本潰敗後 於適當時期 吾人決定使朝鮮成爲一自由與獨立之國家.[45]
>
> (일본이 조선인민에 대해 노예대우를 하고 있음을 우리는 잊지 않고 있다. 일본이 패망한 후 적당한 시기에 우리는 조선으로 하여금 자유 독립의

43) 秦孝儀 主編, 『中華民國重要史料初編-對日抗戰時期』第3編 戰時外交(3), 528쪽.

44) 이상철, 「장제스, "전후 한국의 완전독립과 자유" 다짐」, 《월간조선》 2010년 11월호, 538~539쪽.

45) 秦孝儀 主編, 『中華民國重要史料初編-對日抗戰時期』第3編 戰時外交(3), 529쪽.

국가가 되도록 결정한다)

중국에 이어 영국도 초안을 검토하였다. 영국이 홉킨스로부터 초안을 건네받은 것은 11월 25일 오전이었다. 영국이 중국보다 늦게 초안을 받게 된 것은 영국 외상 이든(Anthony Eden)과 차관 카도간(Alexander Cadogan)이 11월 24일 카이로에 도착한 때문이었다. 영국측은 초안에 대해 불만이 많았다. 초안이 중국측에 먼저 전달되었다는 점도 그렇고, 내용도 유럽전쟁 보다 중국에 주는 선물이 너무 크다는 점 때문에도 그랬다. 영국은 '일본이 점령한 태평양 도서들을 박탈한다'는 내용을 '1914년 제1차 세계대전 이후에 점령했거나 차지한 것' 등을 비롯하여, 많은 부분을 수정하였다.[46)]

초안을 가지고 3국 실무자들이 자리를 함께 한 것은 11월 26일이었다. 이 날 오후 3시 30분 중국의 왕총혜, 영국의 카도간, 그리고 미국에서 주소미국대사 해리만이 참석하였다. 이때 한국의 독립문제를 둘러싸고 파란이 일어났다. 영국측이 한국문제에 대해 수정을 요구한 것이다. 영국은 초안에 들어있는 "한국을 자유독립국가로 되게 한다(成爲一自由與獨立之國家)"는 내용 대신에 "일본의 통치에서 벗어나게 한다(脫離日本之統治)"로 고치자고 하였다.[47)]

이러한 영국측의 수정제의에 대해 중국의 왕총혜가 강력히 반

46) 정일화,『대한민국 독립의 문, 카이로선언』, 46~49쪽.

47) 秦孝儀 主編, 『中華民國重要史料初編-對日抗戰時期』第3編 戰時外交(3), 530쪽.

대하고 나섰다. 왕총혜는 "한국은 일본의 침략으로 병탄되었고, 일본의 대륙정책은 한국을 병탄함으로부터 비롯된 것이다. 단지 일본의 통치에서 벗어나게 한다는 것은 말도 되지 않는다"는 것과 "선언에 이를 포함시키는 것은 중국 및 원동방면으로 볼 때는 매우 중요한 것이다"라며, 강력하게 반대하였다.[48)]

왕총혜가 강력히 반대하자, 영국도 강력하게 반발하였다. 카도간은 "영국은 내각에서 한국독립에 대해 토론한 일이 없다", 그리고 "소련의 한국독립 문제에 대한 태도와 반감에 대해 의견을 나눈바 없다"는 등의 이유를 들면서, "한국독립에 관한 것을 모두 빼버리자"고 한 것이다.[49)] 영국측은 "일본의 통치에서 벗어나게 한다"는 것을 받아들일 수 없다면, 초안에서 한국독립 문제를 완전히 빼버릴 것을 주장한 것이다.

한국독립 문제를 두고 중국과 영국 사이에 대립과 파란이 일어났다. 이를 수습한 것은 주소미국대사 해리만이었다. 해리만은 "루스벨트 대통령의 의견으로 볼 때 한국독립 문제에 대해서 소련은 아무런 관계가 없고, 특별히 소련과 협의할 필요도 없다"

---

48) 秦孝儀 主編, 『中華民國重要史料初編-對日抗戰時期』第3編 戰時外交(3), 532쪽. "王秘書長對此表示不贊成 聲稱朝鮮原由日本侵略倂呑 而日本之大陸政策卽由呑倂朝鮮而開始 僅言「脫離日本之統治」而不言其他 則祗爲將來留一重大之問題 殊非得計 宜於此時決定將來自由獨立之地位 並爲公報中關於此點 在中國及遠東方面視之 甚爲重要".

49) 秦孝儀 主編, 『中華民國重要史料初編-對日抗戰時期』第3編 戰時外交(3), 532쪽. "賈德幹次長謂關於朝鮮問題 英內閣前此並未討論 英係內閣制 若未經閣議而在此間決定 殊爲不宜 且蘇聯對此問題之態度與反感 事前未與接洽 無從知悉事宜顧及 故如不能照修正案更改 轉不如全段刪去也.

고 발언한 것이다.[50] 루스벨트의 의견이란, 11월 23일 만찬에서 장개석이 제의한 한국의 자유와 독립에 동의한 것을 염두에 둔 것이라 생각된다. 미국측이 중국의 의견에 동조하면서, 초안에 있는 그대로 하기로 결정되었다.

왕총혜 · 카도간 · 해리만 3인의 실무자들은 협의를 마친 후, 3국 영수들이 회담하고 있는 곳으로 갔다. 당시 3국 정상들은 세 번째 만남을 갖고 있었다. 회의장에는 루스벨트 · 처칠 · 장개석과 송미령이 참석해 있었다. 3인의 실무자들은 정상들 앞에서 자신들이 협의한 초안의 내용을 낭독하였다. 한국독립 문제에 이르렀을 때, 루스벨트는 "이 문제에 대해 소련의 의견을 헤아릴 것이 없다"고 하였다. 그리고 낭독을 마치자 3영수는 모두 찬성한다고 하였다.[51] 이로써 한국독립 문제가 들어가게 되었고, 3국 영수들의 찬성으로 카이로선언이 채택되었다.

11월 26일 카이로선언이 채택되었지만, 곧바로 발표되지 못하였다. 미국과 영국이 카이로회의에 이어 테헤란에서 소련의 스탈린과 회담을 갖기로 되어 있었기 때문이었다. 11월 27일 장개석은 중국을 향해 떠났고, 루스벨트와 처칠도 스탈린을 만나기 위해 테헤란으로 떠났다. 테헤란회담에서 카이로선언을 확인한

50) 秦孝儀 主編, 『中華民國重要史料初編-對日抗戰時期』第3編 戰時外交(3), 532쪽. "哈立曼旋謂照羅斯福總統之意見 此一問題似與蘇聯無甚關係 殊不必與蘇聯商量".

51) 秦孝儀 主編, 『中華民國重要史料初編-對日抗戰時期』第3編 戰時外交(3), 532~533쪽. "其時三領袖及蔣夫人正在會談中 上述商談會議公報草案之各員卽前往參加 將最後稿朗讀一次 讀至關於朝鮮一段 羅斯福總統謂蘇聯對於此點 諒無意見 讀畢 三領袖贊成 遂作爲定稿".

스탈린은 이에 대해 동의를 표시하였다.[52] 이로써 카이로선언은 미 · 영 · 중 · 소 4개국 영수들의 동의를 얻어 12월 1일 대내외에 발표되었다.

임시정부는 카이로선언이 발표된 당일 날 그 소식을 들었다. 소식을 접한 임시정부는 '그 기쁨을 형언할 수 없다'며, 즉각 주석 김구 명의로 '3국 영수에게 사의를 표'하는 내용의 담화문을 발표하였다.

> 開羅에서 개최된 3국회의에서 일본을 타도한 후 한국의 독립 자유를 보증한다는 공보가 발포되었다는 소식을 듣고 나의 유쾌는 형언할 수 없다. 조국의 독립을 위하여 3 · 40년간 혈전고투하던 3천만 한인의 전도의 광명을 전망하고 비상히 감분되는 바이다. 나는 3천만동포를 대표하여 3영수에게 만공의 사의를 표하는 동시에 일본에 무조건으로 투항할 때까지 동맹국의 승리와 아 조국의 독립을 위하여 최후까지 동맹국과 공동분투할 것을 확보한다.[53]

이 담화문은 12월 2일 《대한민국임시정부공보》 호외를 통해 발표되었다. 여기에 그 기쁨을 말로 표현할 수 없다는, 그리고 3 · 40년간 혈전고투한 3천만 한국인의 앞날에 광명을 안겨준 것이라며 감격해 한 임시정부의 반응이 고스란히 나타나 있다. 임시정부는 이 소식을 세상에 널리 알리고자 하였다. 다음 날인 12

---

52) 梁敬錞,『開羅會議』, 149쪽.

53) 《대한민국임시정부공보》 호외, 1943년 12월 2일 (『대한민국임시정부자료집』 1, 299쪽).

월 2일자로 《대한민국임시정부공보》 호외를 발간하여 카이로회의에서 미 · 영 · 중 3국이 한국의 독립 자유를 보증하였다는 사실을 공포한 것이다.

V. 맺음말

카이로선언은 미 · 영 · 중 3국 정상들이 회의를 갖고, 그 회의에서 합의한 내용을 발표한 것이다. 이러한 점에서 카이로선언에 대한 연구는 미 · 영 · 중 3국의 자료를 섭렵하는 것을 필요로 한다. 이 글은 미국과 영국의 자료를 근거로 이루어진 종전의 연구성과를 검토하고, 지금까지 활용되지 못한 중국측의 자료를 통해 카이로회의에서 '한국의 자유와 독립'이 제의 · 논의 · 결정된 과정을 살펴본 것이다.

중국에도 카이로회의와 관련된 자료들이 적지 않게 남아있다. 이중 카이로회의 직후인 1943년 12월 유자근(劉自勤)이 펴낸『카이로회의전모(開羅會議全貌)』, 그리고 1981년 진효의(秦孝儀)가 편찬한『중화민국중요사료초편(中華民國重要史料初編) : 대일항전시기(對日抗戰時期)』제3편 전시외교(3)에 들어 있는「카이로회의(開羅會議)」와 왕총혜(王寵惠)가 작성한「카이로회의일지(開羅會議日誌)」등은 지금까지 연구에서 활용되지 못한 새로운 자료이다. 특히 후자는 총통부기요당안(總統府機要檔案)을 정리한 것으로 자료적 가치가 높다. 이들 자료에는 루스벨트와 장개석이 회담을 교섭하는 과정을 비롯하여, 중국이 회의를 준비한 내용, 회의에 참가한 각국 대표들 명단, 카이로회의 일정 및 논의과정 등이 소상하게 기록되어 있다.

카이로회의는 1943년 6월 루스벨트의 제의에 의해 비롯되었다. 이후 루스벨트와 장개석 사이에 회담장소 · 참석자 · 시기 등을 두고 교섭이 이루어졌고, 11월 22일부터 26일까지 이집트 카이로에서 회의를 갖게 되었다. 중국은 회의를 앞두고 군사위원회와 국방최고위원회에서 각각 회의에서 제안할 내용들을 준비하였다. 두 곳에서 별도로 작성한 준비사항에 모두 '한국의 자유독립'을 제안한다는 항목이 들어가 있다. 뿐만 아니라 장개석도 회의에 임하면서 '한국의 자유와 독립'을 주요 사항으로 기록해 놓았다. 중국은 준비과정에서부터 카이로회의에서 한국의 독립을 제안한다는 방침이었다.

회의에서 한국의 독립을 제의한 것은 장개석이었다. 장개석은 11월 23일 저녁 부인 송미령과 함께 루스벨트 숙소를 찾아가 만찬을 가졌다. 여기서 일본이 차지한 만주 · 대만 · 팽호도 등의 영토는 중국에 반환한다는 것과 더불어 일제가 패망하면 '한국을 자유 독립국'으로 할 것을 제안한 것이다. 루스벨트는 이에 동의하였다.

초안은 홉킨스가 작성하였다. 루스벨트는 그의 보좌관 홉킨스에게 장개석과 협의한 내용을 근거로 하여 초안을 작성하도록 지시하였고, 홉킨스는 백악관 문서기록관 코넬리우스를 불러 초안을 만들었다. 홉킨스는 이를 루스벨트에게 보여주고 수정을 받았다. 그리고 11월 24일 오후 초안을 가지고 와 송미령에게 건넸고, 왕총혜에게 수정할 것이 있으면 다음 날 회담 때 제출해달라고 하였다. 왕총혜는 초안을 번역하여 장개석에게 보여주었다. 장개석은 전날 루스벨트와 협의한 내용이 모두 포함된 것을 확인하고 동의하였다. 영국측은 늦게 도착한 관계로 11월 25일 홉킨스로부터 초안을 받았다.

초안을 가지고 3국 실무자들이 협의한 것은 11월 26일 오후였다. 중국의 왕총혜, 영국 외무차관 카도간, 미국에서 주소미국대사 해리만이 참석하여 초안을 두고 협의를 가졌다. 여기서 '한국독립' 문제를 두고 논란이 일어났다. 영국측이 '한국을 자유 독립국가로 한다'는 문구 대신에 '일본의 통치에서 벗어나게 한다'로 고치자고 한 것이다. 왕총혜가 강력히 반발하였다. '한국은 일본의 침략으로 병단되었고, 일본의 대륙정채은 한국을 병탄함으로부터 비롯된 것'이라며, 이를 선언에 포함시키는 것은 '중국 및 원동방면으로 보면 매우 중요한 일'이라는 논리였다.

논란은 격렬했다. 영국측이 '내각에서 한국문제를 토의한 일이 없다'는 것과 '소련의 태도와 반대가 있을 것'이라는 이유를 대며, '한국독립에 관한 문구를 모두 빼버리자'고 한 것이다. 이로써 한국독립문제를 두고 중국과 영국 사이에 대립과 파란이 일어났다. 이를 수습한 것은 해리만이었다. 그는 '한국독립문제에 대해 소련은 아무런 관계가 없고 소련과 협의할 필요도 없다'고

한 것이다. 결국 논란 끝에 초안대로 하기로 하였다.

협의를 마친 3국의 실무자들은 곧바로 루스벨트 · 처칠 · 장개석 · 송미령이 회담하는 곳으로 갔다. 그리고 3국 영수 앞에서 초안을 낭독하였다. 한국독립문제에 이르자 루스벨트는 '소련의 의견을 헤아릴 것 없다'고 하였고, 3국 영수들이 모두 동의를 표명하였다. 이로써 카이로선언이 채택되었고, 그 안에 한국독립문제가 들어가게 되었다.

이러한 과정을 보면 카이로회의에서 한국독립문제를 제기한 것은 장개석이었고, 루스벨트가 이에 동의하여 실현된 것이다. 그렇다면 장개석은 어떻게 해서 한국독립문제를 제안하였을까 하는 문제가 남는다. 여기에는 주석 김구를 비롯한 임시정부 요인들의 역할이 있었다. 임시정부는 1942년 미국을 중심으로 국제공동관리 문제가 대두될 때부터 이를 반대하는 운동을 전개하고 있었다. 이 과정에서 장개석이 루스벨트와 회담한다는 것을 알게 되었고, 장개석과의 면담을 요청하였다.

1943년 7월 26일 장개석과의 면담이 이루어졌다. 주석 김구를 비롯하여 외무부장 조소앙, 선전부장 김규식, 광복군 총사령 이청천, 부사령 김원봉이 통역 안원생을 대동하고 장개석과 만났다. 임시정부 요인들은 장개석에게 미국과 영국이 주장하는 국제공동관리에 대해 현혹되지 말고, 한국의 독립을 지지 관철시켜 줄 것을 요청하였다. 장개석은 '한국의 완전 독립을 돕겠다'며 '어려움이 있겠지만 힘써 싸우겠다'고 하였다. 장개석은 임시정부 요인들에게 한 '약속'을 지켰다. 카이로회의에서 루스벨트에게 한국의 독립을 제의하여 관철시킨 것이다.

카이로선언은 '루스벨트와 홉킨스의 합작품' '중국은 아니다'는 것은 미국측 자료만 근거로 한 데서 나온 잘못된 결론이다. 그리고 이를 근거로 하여 '공로자는 이승만'이라고 덧붙인 것은 올바른 학문적 태도라 하기 어렵다. 카이로선언에서 한국의 독립을 보장한 것은 임시정부 요인들이 장개석을 통해 이루어낸 성과였다.

찾아보기

〈ㅇ〉

한시준

단국대학교 사학과 및 대학원을 졸업하고, 인하대학교 대학원 사학과에서 문학박사 학위를 받았다.
한국근현대사학회 회장, 독립기념관 한국독립운동사연구소 소장, 단국대 인문과학대학 학장, 백범학술원 원장, 국가보훈처 독립유공자공적심사위원, 문화재청 근대문화재위원, 단국대 동양학연구원 원장 등을 지냈다.
현재 단국대 사학과 교수로 재직하며, 국립대한민국임시정부기념관건립위원으로 활동하고 있다.
『한국광복군연구』, 『의회정치의 기틀을 마련한 홍진』, 『대한제국군에서 한국광복군까지, 황학수의 독립운동』, 『대한민국임시정부(중경시기)』, 『민족과 국가를 위해 살다간 백범 김구』, 『대한민국임시정부의 지도자들』, 『역사농단 -1948년 건국론과 건국절』 등 다수의 저서와 논문들이 있다.

일제침략에 대한 한·중의 공동항전

2019년 2월 23일 초판 인쇄
2019년 2월 28일 초판 발행

지은이 _ 한시준
엮은곳 _ 단국대학교 동양학연구원
펴낸이 _ 장호성
기 획 _ 김남필
제 작 _ 성두현
편 집 _ 김민배
펴낸곳 _ 단국대학교출판부
등 록 _ 1968.2.27 : No. 제03-00095호
주 소 _ 경기도 용인시 수지구 죽전로 152
전 화 _ 031-8005-2405
팩 스 _ 031-8021-7154
값 20,000원

ISBN 978-89-7092-708-4 93910